WIN-WIN ENTREPRENEUR
CHOICES AND STRATEGIES OF TALENT MANAGEMENT IN AN ALTRUISTIC ERA

共利型企业家
利他时代的人才经营抉择与方略

张诗信　王学敏　著

企业管理出版社
ENTERPRISE MANAGEMENT PUBLISHING HOUSE

图书在版编目（CIP）数据

共利型企业家：利他时代的人才经营抉择与方略/张诗信，王学敏著. —北京：企业管理出版社，2022.8

ISBN 978-7-5164-2653-1

Ⅰ.①共… Ⅱ.①张… ②王… Ⅲ.①企业管理—人才管理—研究 Ⅳ.① F272.92

中国版本图书馆 CIP 数据核字（2022）第 114890 号

书　　名	共利型企业家：利他时代的人才经营抉择与方略
作　　者	张诗信　王学敏
责任编辑	尚元经　陆　淼
书　　号	ISBN 978-7-5164-2653-1
出版发行	企业管理出版社
地　　址	北京市海淀区紫竹院南路17号　邮编：100048
网　　址	http：//www.emph.cn
电　　话	总编室（010）68701719　发行部（010）68701816 编辑部（010）68414643
电子信箱	qiguan1961@163.com
印　　刷	三河市东方印刷有限公司
经　　销	新华书店
规　　格	170毫米×240毫米　16开本　24印张　325千字
版　　次	2022年9月第1版　2022年9月第1次印刷
定　　价	138.00元

版权所有　翻印必究·印装错误　负责调换

前 言
PREAFCE

"共利型企业家"既是本书书名，也是本书原创的重要概念。这一概念具有某种程度的"诱导性"，因为当我们站在人类劳资关系演变规律的高度，来全景地观察、分析和理解企业界所面临的人才管理的若干现实问题，并通过比较中西方企业在人才管理方面的异同，来寻求系统长效的解决方案时，我们将看到：在利他时代到来以后，只有具备共利思维和情怀的企业家，才更有可能经营好新的用人环境下的人才资源，即所有的企业经营者都有必要向共利型企业家看齐；这不仅是一种理论主张，更是源于现实问题、机会和经验而指出的不二法门。

现实中，几乎每一家企业都面临着前所未有、层出不穷、错综复杂、棘手难解的人才管理问题。面对问题，每一家企业都在千方百计地寻求对策，但多数企业努力的结果，不过是"按下葫芦浮起瓢"。不仅如此，在人们努力解决问题的过程中，企业的用人成本却在快速攀升，且管理压力持续增加。换言之，如果企业依然只是试图"点对点"地追求问题解决，不仅不可能产生奇迹，而且一定会更趋被动。有效的做法应是，顺应人类劳资关系演变的历史规律，按照本书的指引，像共利型企业家那样，采取"共利型人才管理模式"来经营自己的人才团队。

本书提供的企业人才管理思想和方法，在极大程度上得益于我们大量客户的贡献：他们曾经的教训、提出的问题和分享的经验，启示了我们全面地思考问题；对他们企业人才管理历史与现状的了解，促使我们情境化地找到了专业灵感；我们辅导企业设计合伙人制度的咨询服务经历，为我们积累了第一手案例、实践经验与专业自信；他们之中的部分企业家给予我们的建议，使我们的观点得到了完善和丰满……在此，谨对他们表示由衷的感谢！

最后我们想说，越来越多的人们，已经习惯了通过智能手机来快速浏览即时资讯和被"肢解"或浓缩的专业知识，而没有耐心花时间沉下心来通读一本书，这也是不可抗拒的历史潮流。面对这一现实和趋势，我们却撰写了这样一本"大罪过"的厚书来召引大家阅读，可谓"不识时务"是也。换言之，我们必须要借此机会，对阅读本书的读者表示感谢和敬意：因为预见到你们与众不同的存在，我们才有了写作本书的勇气；因为你们的不吝阅读，才让我们有机会感受到文稿成书之后的慰藉。受限于我们的语文素养、管理理论水平和实践经验的不足，本书的文字和观点必有欠妥和谬误之处，敬请大家发现后及时指正。

张诗信　王学敏

2022 年 6 月于上海

目 录

第 1 章　引论：共利型企业家画像　1

1.1　四种类型的企业家　2
- 强权型企业家　3
- 交易型企业家　3
- 后交易型企业家　4
- 共利型企业家　4

1.2　劳资关系的发展规律　5
- 强权时代　5
- 交易时代　7
- 利他时代　9

1.3　共利型企业家的觉悟过程　12
- 起初碰到的问题　13
- 尝试后交易型模式　13
- 蓦然回首的顿悟　14

  兴奋过后又迷茫 15
  终于找到"真理" 16

1.4 面临的挑战和信心的来源 18
  面临的四个挑战 19
  信心的两个来源 22

第 2 章 人才管理问题的现象、原因和本质 25

2.1 五个现实难题 26
  优才难求 27
  用人不易 28
  育人更难 32
  留人亦难 33
  谁来负责 34

2.2 问题背后的原因分析 36

2.3 直击两个根本性问题 42
  支付压力 42
  管理压力 44

2.4 职业经理人制度之利弊 49
  职业经理人制度概述 50
  导入这一制度的直接原因 51
  为什么以失败而告终 52

第3章　必要的认知：劳资关系的三次演变 ········· 57

3.1 劳资关系的三个时代 ········· 58
三个时代 ········· 59
驱动变化的七大因素 ········· 64

3.2 西方企业劳资关系概说 ········· 69
强权时代：从"地理大发现"到"二战"结束 ········· 70
交易时代："二战"之后到经济全球化之前 ········· 73
利他时代：经济全球化之后 ········· 75

3.3 中国企业劳资关系概说 ········· 77
一家民企的人才管理简史 ········· 78
劳资关系各阶段划分 ········· 86

第4章　发现：第四种人才管理模式 ········· 97

4.1 三种典型的人才管理模式 ········· 98
强权型劳工管理模式 ········· 100
交易型员工管理模式 ········· 103
后交易型人才管理模式 ········· 107
必要的说明 ········· 112

4.2 第四种人才管理模式 ········· 114
新模式的来源 ········· 115
新模式的特征识别 ········· 131

4.3 定义现行模式及未来选择 ················· 136

第5章 再选择：共利模式的三种类型 ················· 139

5.1 三种共利类型 ················· 140

5.2 个别人才合伙模式 ················· 142
    模式的特征识别 ················· 143
    模式被选择的原因 ················· 151
    模式的变更与优化 ················· 152

5.3 精英层合伙模式 ················· 153
    模式的特征识别 ················· 154
    模式被选择的原因 ················· 155
    选择此模式的注意要点 ················· 157

5.4 全员合伙模式 ················· 161
    模式的特征识别 ················· 162
    模式被选择的原因 ················· 162
    模式有效的条件 ················· 164

5.5 本书的主张 ················· 166

第6章 共利型组织的"灵魂"：成就员工 ················· 169

6.1 为什么要"成就员工" ················· 170
    三层意义 ················· 171

两个方面的实证 ·· 175

6.2 两个关键点 ·· 179

6.3 要点1：理解员工 ·· 180
　　员工想要得到什么 ·· 181
　　员工怎样才能得到想要的东西 ·································· 186

6.4 要点2：帮助员工 ·· 194
　　成就员工的着眼点 ·· 195
　　成就员工的抓手 ·· 197

第7章 共利型人才管理方案设计：1+4模型（上） ········ 199

7.1 了解"1+4模型" ·· 200
　　"1+4模型" ·· 201
　　方案设计的五个步骤 ·· 204

7.2 步骤一：梳理梦想、逻辑和文化 ·································· 205
　　从"三件套"说起 ·· 206
　　我们的主张 ·· 210
　　在共利型组织中的地位 ·· 215

7.3 步骤二：制定身份层级标准 ···································· 219
　　必要性和意义 ·· 219
　　实现方式一：合伙人"金字塔" ································ 222
　　实现方式二：人才管理"万用表" ······························ 223

7.4 步骤三：设计（优化）股权激励机制 ······ 228

股权激励必备的七项内容 ······ 228

三大窘境、原因分析及解决之道 ······ 233

第8章 共利型人才管理方案设计：1+4模型（下） ······ 241

8.1 步骤四：构建贡献管理体系 ······ 242

"无需考核" VS "应该对赌" ······ 243

主张及理由 ······ 248

8.2 步骤五：定义赋能成长方式 ······ 254

培养什么 ······ 256

怎么培养 ······ 257

主张与建议 ······ 263

第9章 模式成败的关键：3S贡献管理体系 ······ 265

9.1 一个严肃的课题 ······ 266

9.2 KPI、OKR不能担负新使命 ······ 267

KPI的优缺点 ······ 268

OKR的优点与问题 ······ 272

9.3 合伙人贡献管理体系：3S ······ 275

三个评估方向 ······ 276

　　　　五项功能 280

　　　　内容框架与设计要领 284

9.4　导入 3S 体系的四种方式 299

第 10 章　企业发展阶段与共利型组织设计 301

10.1　企业发展的三个阶段 302

　　　　创业期企业的特征 304

　　　　扩张期企业的特征 304

　　　　成熟期企业的特征 305

　　　　"过渡阶段"的企业特征 305

10.2　创业期公司的共利型组织设计 306

　　　　直面五大问题 307

　　　　现状：三种典型的做法 312

　　　　制度的建立与优化 319

10.3　扩张期公司的共利型组织设计 319

　　　　扩张期前期的合伙 319

　　　　扩张期中期的合伙 321

　　　　扩张期后期的合伙 322

10.4　成熟期公司的共利型组织设计 324

10.5　共利型组织的设计流程 327

第11章　中国企业为什么会选择"共利模式" 335

11.1 中国企业特质与共利模式选择 336
中国式"竞争战法" 337
中国式人才管理策略选择 346

11.2 传统文化与共利模式选择 349
"帝王意识"的影响 350
"家文化"的影响 351
"抑商文化"的影响 352
"机智文化"的影响 355
"民本思想"的影响 362

11.3 现实国情与共利模式选择 363
社会主义的政治体制 363
多种经济成分并存 364
国家的战略导向 366

11.4 共利模式的社会价值 367
缓解贫富矛盾问题 367
增加国家的经济活力 369
促进国家层面的人力资源开发 371

第 1 章
引论：共利型企业家画像

- 1.1 四种类型的企业家
- 1.2 劳资关系的发展规律
- 1.3 共利型企业家的觉悟过程
- 1.4 面临的挑战和信心的来源

在今天的中国，有这样一批企业家，他们正高举着书写有"共利"二字的大旗，自信地用这面旗帜来召唤和凝聚优秀人才。他们倡议人才们与自己一道，以澎湃的激情和不懈的奋斗精神，向着共同的伟大事业目标乘风踏浪、同心同德、携手前进。他们向追随者庄严承诺：必将持续地分享共同奋斗而得来的利益、机会和荣耀！他们就是本书所称的"共利型企业家"。现在，我们就将带领大家首先来认识这样一批企业家。

阅读本章的过程中，读者的脑海里必将会产生一系列的疑问。这不足为怪，因为本章只是本书的引论部分，目的仅仅是让大家初步认识和概要了解共利型企业家。通读全书以后，读者的大多数疑问将会自然消解。

1.1 四种类型的企业家

迄今为止，在人类社会劳资关系的历史演进过程中，先后产生了四种类型的企业家：强权型企业家、交易型企业家、后交易型企业家、共利型企业家。

这四种类型的企业家，在现实中都能找到各自的代表人物。不过，强权型企业家已经少之又少了，因为这一类型的企业家完全与现时代应有的企业家精神水火不相容；交易型企业家在现实社会中还大量存在着，但是面对当今的社会环境和人力资源市场，他们的用人理念和行为正日趋无效；后交易型企业家目前在现实中也是大量存在的，主要是那些传统业务领域的大公司的经营者，以及那些虽然规模并不大，但却观念守旧的企业老板；共利型企业家是近十年来才出现的新型企业家群体，由于他们经营人才的理念和行为更具新时代精神，所以他们的队伍正在快速壮大。

强权型企业家

这类企业家的典型特征是，把劳工视为满足他们贪婪本性的工具。为了从劳工身上榨取到最大化利益，他们完全不关心劳工的疾苦，对劳工的悲惨处境没有同情之心，总是不遗余力地以少得可怜的工资和十分恶劣的劳动条件，要求甚至动用暴力手段逼迫劳工更多地产出、更长时间地工作；大多数劳工们则出于种种原因，在绝大多数时候只能被迫顺从他们的意志。故而，我们把这类在劳资关系中处于强势地位的资方称为"强权型企业家"。

交易型企业家

这类企业家的典型特征是，把员工视为"公平交易"的对象，愿意在国家法律和政策底线之上向员工支付工资和福利，并且为了让员工更高效地工作，他们也会尽量提供相应的劳动和生活条件。他们同时会与员工们"约定"：只要努力工作，具备足够的能力，做出足够的贡献，就能得到足够多的甚至是"上不封顶"的奖金、提成以及加薪和升职机会。由此可以看出，他们对员工的所有承诺，都是建立在交易原则之上的，且主动权永远掌握在他们手中。故而，我们把这类劳资关系中的资方称为"交易型企业家"。

后交易型企业家

这类企业家的典型特征是，或出于雄心勃勃的战略需要，或迫于业务市场和人才市场的竞争压力，他们不得不首先用远高于行业平均水平的薪酬、福利条件，以及虚高的职务头衔（甚至还包括授予一定数量的股票期权），来招揽和保留人才；进而，为了确保人才们的产出大于公司为使用人才而付出的高昂成本，他们不得不在管理、培训、绩效等各个方面绞尽脑汁，这样便导致了用人成本的进一步高企；当上述两种方式都不能解决问题时，他们进而会以更高的成本引入想象中的高级人才；如果公司出现持续的业绩下滑，他们会"合理"又"合法"地选择收缩业务、宣布破产、变卖公司和遣散员工，进而换一个地方或业务领域重新开始。这类企业家看起来比前两类企业家良善，因为他们在公司"经营正常"的情况下，愿意为获取和保留人才而支付更高的成本，然而这只是他们在迫不得已情况下的"下注"，其人才管理的心态、思维和行为并没有脱离"交易"的属性。故而，我们把这类劳资关系中的资方称为"后交易型企业家"。

共利型企业家

这类企业家的典型特征是，在看到或经历了上述交易型企业家和后交易型企业家所面临的人才管理问题之后，他们为建立本公司可持续的市场竞争优势，会在给予人才们较高薪酬和福利的同时，通过授予人才们以公司股份的方式，把人才们转变为自己的事业合伙人，并力求让人才们充分认同公司的事业梦想、业务逻辑和组织文化；为了取信于人才们，他们通过有法律效力的文书来确定彼此之间的新型关系，并确保人才们能够持续地分享公司的未来发展红利。此外，为了确保这种新型关系能够为参与合伙的各方均带来较大且可持续的回报，他们还制定出了用以确保人才们的心态、思维、行为、能力和业绩能够持续向上向善的全新的管理体系。故而，我们把这类合作关系中的公司创始人或经营者称为"共利型企业家"。

▶▶ 1.2 劳资关系的发展规律

前述四种类型的企业家，都是人类社会劳资关系发展的不同时代的产物。通过以下简要介绍（本书第2章和第3章将有更详细的论述），大家将看到：强权型企业家批量地产生于劳资关系的"强权时代"，交易型企业家批量地产生于劳资关系的"交易时代"，后交易型企业家和共利型企业家同时并存于劳资关系的"利他时代"。

强权时代

在西方资本主义国家，这一时代跨度约500年时间，即大约从15世纪末的"地理大发现"一直到第二次世界大战结束。而在中国，这一时代从1978年西方企业开始大规模进入中国市场始，至1993年止。

在西方资本主义世界，强权型企业家自私基因的形成，可以追溯到15世纪末。从那时开始，欧洲兴起了长达近300年的航海探险浪潮。在政府、王族和有钱人的投资入股下，一批又一批的探险者们一边挥舞着刀枪，一边手捧圣经，在全球各地纷纷"发现"新大陆和新海岛，因而"创造"了西方老牌资本主义国家至今都没有彻底终结的不光彩的海外殖民史。

新"发现"的陆地和海岛，被新的领主们瓜分，进而被开垦为庄园、农场、矿山、工厂。于是，世世代代在那片土地上生存和繁衍的原住民，被驱赶到新领主们的庄园、农场、矿山和工厂劳作，过着非人道的"新生活"。当地原住民不够用时，这些新领主的母国的统治者便号令把大量的罪犯押送到各殖民地，充当新领主们的奴隶。由于原住民和来自母国的奴隶们经常食不果腹、衣不遮体，再加上长年劳累和疾病侵袭，其人口数量持续减少，以至于无法满足新领主们的用工需求，于是大量的来自非洲和亚洲的奴隶被贩卖到了殖民地，加入到了被奴役的大军中。

上述殖民者的衣钵，后来被工业革命后的西方世界的企业主所继承。因为，自第一次工业革命在欧洲发生，直到第二次世界大战结束，其间的企业主们遵循的无不是与其当年"发现"新大陆和新海岛的祖先们相似的赚钱逻辑：穷尽一切方式残酷地剥削和压榨劳工。只不过，由于工业革命发生之后，企业的盈利模式发生了变化，民众的知识和技能水平发生了变化，劳工的总供给和总需求关系发生了变化，特别是工人阶级运动频繁发生所催生的新的社会思潮和政治运动的风起云涌，使得工业革命后劳工们的工作待遇，相较于前述"地理大发现"时期奴隶们的境遇，已经有了较大的改观。也正因如此，从19世纪中期到20世纪中期的100年左右的时间里，世界上出现了波澜壮阔的无产阶级针对资产阶级的革命运动，并最终催生了一批社会主义国家。

中国企业劳资关系所经历的强权时代，有三个成因：一是西方商人将他们过往构建的劳资关系的思维及经验，以不同的方式传播到了中国；二是中国商人对西方商人相关行为的学习；三是彼时中国社会存在着远超企业需求的需要就业的民众，并且政府在劳动者利益保护方面存在严重欠缺。

无论是西方国家还是中国，在劳资关系的强权时代，都是"盛产"强权型企业家的。因为，一个时代的社会观念、政治风气和经济行为，会左右这个时代里大多数人的思维方式、心理过程和行为倾向，很少有企业主会自觉自愿地选择违逆"社会共识"而"独善其身"，这不符合人之本性和社会发展规律。或许，在那个时代，也有过为数不少的愿意并能够善待员工的"良心"企业主，比如在中国改革开放后所经历的劳资关系的强权时代，因于传统文化，中国的企业主中间是不乏"善人"的，尤其是那些依托乡亲故里的熟人环境而实现生存与发展的个体或家庭式工商小业主，他们出于自身多方面的利益考虑，也曾在一定程度上善待过自己的员工或伙计或学徒。但不可否认的史实是，总体上讲，那个时代广大的民众属于乞求工作机会来赚取微薄薪水、用以养家糊口的弱势群体，他们无论如何都不大可能从企业主那里获得现如今企业员工这样的人格尊严、自由地位和经济利益。换言之，这一时代企业主的"良善"，无论如何都是有限的或小概率的。

交易时代

西方资本主义国家的劳资关系，在第二次世界大战结束后进入到了交易时代，一直延续至1985年左右经济全球化广泛兴起。这一时代的到来，且之所以持续了40年之久，与以下五个方面的因素有直接和重大关系。

其一，是社会主义和民族解放运动及社会主义国家阵营的崛起。"二战"前后，社会主义运动和民族解放运动在世界范围内风起云涌，并因此催生了社会主义国家和国家集团的诞生。这一历史背景，迫使西方资本主义国家不得不通过立法、政治干预和舆论导向等手段，来促使企业改善工人的待遇和工作条件。

其二，是在前述强权时代诞生和发展起来的强调"公平交易"原则的西方经济学，对指导国家管理经济、引导企业界管理员工的行为起到了历史性的积极作用。

其三，是战后欧洲、日本和南亚等国家和地区重建，给西方国家和企业带来了持续的繁荣机会，使得资本主义国家和企业有条件持续改善劳动者的待遇和工作条件。

其四，是在市场持续繁荣的背景下，企业的规模持续扩大、技术不断进步以及目标市场不断扩展，导致西方企业对各类专业人才的需求和依赖度不断增强，使得西方企业不得不持续增加在人力成本上的支出。

其五，是在上述背景下，西方社会一部分早先的"无产阶级"升级为了"中产阶级"，而与此同时，各社会主义国家却出现了政治的极左化倾向，经济发展缓慢，人民生活普遍清苦。在这种背景下，西方资本主义国家的政治界、学术界、新闻界和社会各界开始以"中产阶级的普遍崛起"为题大肆宣扬资本主义制度的优越性，如此一来，便从社会的普遍意识层面，进一步促使了企业员工的劳动待遇和工作条件的改善。日渐崛起的中产阶级作为一股新势力（职业经理人阶层），他们的种种表现和行为，又进一步促使了这个阶级的壮大及其声望与价值的提升。

可以说，在这一时代，西方企业管理员工的所有行为，均是建立在"公平交易"原则基础之上的，而这一原则正是资本主义理论大厦的核心价值观所在。

中国进入这一时代，是从西方企业大规模持续投资中国市场开始的。西方跨国公司进入中国市场后，也把以"公平交易"为核心价值观的西方经济学和管理学思想带到了中国。与此同时，无论是中国的学术界和企业界，还是法律界和新闻界，均无不推崇西方式的企业人力资源管理的思想与方法，加之1994年诞生的中国第一部劳动法的作用，中国企业的劳资关系也就于1993年前后，顺理成章地进入到了交易时代。与这一时代在西方社会经历了40年之久有所不同的是，这一时代在中国仅持续了20年左右的时间。

无论是西方国家还是中国，当劳资关系由此前的强权时代逐渐过渡到交易时代之后，交易型企业家也就应运而生了，并且随着时间的推移，其规模越来越庞大，以至于随着时代的进一步发展，绝大多数企业家不得不在员工管理上放弃强权型思维和行为，转而采取交易型思维和行为。之所以会出现这种转变，不是企业家们的良心发现，而是得益于多种因素的变化和相互作用所形成的逼迫效应：新的政治思潮的兴起，国家法律和政策对劳动者利益的保护，经济发展对人才供求关系的影响，企业资本的来源及其结构的变化，生产和产品技术持续进步使企业对各类专业人才的倚重度持续提高，企业产销规模日益扩大使得企业家的精力和能力变得不再够用，企业组织结构日趋复杂使得组织内沟通协调压力持续增加，竞争环境持续变化使得企业生命周期持续缩短，新的企业管理理论推陈出新对企业界管理观念和行为产生持续影响，社会大众生活条件持续改善和观念持续变化对企业人才管理的既有体系构成冲击，等等。

面对以上环境因素的全面和深刻变化，加上标杆企业的示范作用和社会舆论的推波助澜，一个时代的企业主及企业经营者在管理员工方面，也就自觉不自觉地从强权型思维和行为模式向交易型思维和行为模式转变。特别是，当交易型的员工管理思维和行为，被几乎所有的经济学家、社会学家、历史学家、政治学家和管理学家反复论证，并确信是人类商业关系的本质和不变法则，因而认为所有的社会组织和个人都应当竭力遵循和维护对"市场经济"的信仰时，交易型企业家与其员工进行无限博弈也就是天经地义的事情了。

利他时代

"利他时代"是指，一个时代里的大多数企业主为获得和保有自身利益，或是被迫无奈或是心甘情愿，通过给予员工们更大的利益来获取和保有人才。

西方国家大约是从1985年左右进入到这一时代的。其大致背景是，在战后高速持续发展的40年间，西方国家及企业已积累起了巨大的资金能力、技术能力、生产能力以及文化与品牌优势，西方国家市场已经越来越无法消化这些能力，因而它们迫切需要开发新的国家/地理市场，而此一时期，特别是此一时期的中后期，"第三世界"国家的经济发展却陷入了窘境，它们特别需要获得西方国家的资金、技术和管理经验。于是，一场全球范围内的"大交易"开始产生并不断扩展，这便是"经济全球化"时代全面开启的直接动因。

经济全球化的一个后果是，把西方企业的劳资关系推进到了利他时代。之所以这么说是因为，基于交易时代而建立起来的管理经验，西方企业普遍自信地认为：只要敢于向员工支付更高的薪酬和福利条件，就能够吸引到更多的优秀人才；只要有更多的优秀人才，就能够保持企业的持续增长；持续增长的效应，既可以弥补此前获取和保留大量优秀人才而导致的成本支出，又可以有条件进一步获取到更多更优秀的人才。于是，西方跨国公司一方面在新进入的国家/地理市场，以远高于当地企业的薪酬大量"招兵买马"，另一方面又持续地大幅度地提高其母国公司员工的薪酬和福利待遇（顺便一提，西方企业这一时期持续提高其母国公司员工待遇的一个后果是，随着时间的推移，当企业的经济效益开始因来自发展中国家的低价产品竞争而下滑时，它们便不得不一方面向发展中国家进一步转移供应链，另一方面大量裁减其母国公司高薪岗位的员工，这便是西方国家中产阶级自2000年左右开始持续走向衰落的直接原因）。

中国企业大约是在2013年左右进入到这一时代的。需要说明的是，西方跨国公司自20世纪90年代大规模进入中国市场以后，其人力资源管理的思想和方法一直是中国企业竞相学习的样板，只是中国企业没有像西方跨国公司那样财大气粗，一直没有条件，也不敢给予人才们过高的薪酬和福利，因此中国企业一直在沿用交易时代的人才管理思维，情愿只从人力资源市场获得二三流的人才。而且，中国于2007年出台了新的劳动法，这部法律一出台就让企业界大呼"吃不消"，因为它大大地增加了企业的用人成本支出及管理压力。如果这部法律一开始就得到严格执行，那么中国企业的劳资关系，便极有可能提前几年进入到利他时代。但恰在此时，美国发生了次贷危机（2008年），这场危机导致了连续多年的全球范围内的经济衰退。被危机波及的许多中国企业，其生存和发展受到了极大冲击，因而新版《中华人民共和国劳动合同法》直到中国企业逐步走出危机的2013年左右，才被全面执行。这样一来，直到2013年左右，中国企业才逐渐步入利他时代。

与强权时代盛产强权型企业家、交易时代盛产交易型企业家不同的是，当历史的车轮进入到利他时代以后，同时出现了两种类型的企业家：后交易型企业家和共利型企业家。

后交易型企业家是从交易型企业家直接"升级"而来的。最初，是一部分西方跨国公司的"老板"们（既可能是企业股东，也可能是高级职业经理人），他们在管理人才的思维和行为上，率先从交易形态转变为后交易形态。他们相信这样的逻辑：人才是稀缺资源，只有向人才们支付更高的薪酬和福利（甚至包括股票期权），才能获取和保留优秀人才；只有优秀的人才才能为公司创造价值，当优秀的人才为公司创造了足够的价值时，就可以弥补高成本获取和保留人才而导致的账面损失。他们之所以如此认知和实践，是有其深厚"理论基础"的，因为在西方国家的实用主义哲学、经济学理论和管理学著作中，用"交换"或"市场"的逻辑来解决企业经营管理中出现的问题，被普遍地认为是放之四海而皆准的法则。

西方跨国公司在人才管理方面的"最佳实践"，不仅为西方国家的其他公司做出了表率，而且也成为了包括中国在内的众多发展中国家中有实力的大公司竞相效仿的标杆。最为重要的是，在特定的历史时期和市场，这种后交易型人才管理方式的确获得过阶段性成功。

就在后交易型人才管理模式一度成为利他时代人才管理的主流思潮时，一种新的人才管理思想开始萌芽，并逐步大放异彩，这便是"共利型人才管理模式"。

共利型人才管理模式，是由共利型企业家们或自主创造或学习跟进的，它是一种迥异于传统的企业人才管理理念和行为。这种人才管理模式，最初发源于众多的企业对特定人才实行"股权激励"的管理思想。股权激励的核心思想是，为了解决薪酬不足以激励和约束核心人才的缺憾，应该在给予人才们以高薪酬的同时，再通过股权这一"金手铐"来把人才们捆绑在企业的"战车"上。然而，随着越来越多的企业运用股权来激励员工，人们逐渐发现，虽然股权激励的确能够在一定时间内，对人才们起到一定的激励和约束作用，但如果企业只是试图把股权作为与人才们进行更高级博弈的"筹码"，则其效果不可能持续，甚至有可能走向愿望的反面——导致更为严重且难于解决的问题。于是，一部分企业家基于自身面临的具体情况和问题，开始思谋着对这种激励人才的方式加以改造或优化，力图使之不仅具备激励人才的作用，而且具备"牵一发而动全身"地解决一揽子人才管理问题的功能。经过一部分独具创新精神的企业家（或在外部管理专家的帮助下）默默无闻地相互借鉴和持续探索，一种能够全面解决企业所面临的时代性人才管理问题的思想和方法体系逐步形成，并渐呈燎原之势，这便是共利型人才管理的思想和方法体系。该体系的中心内容依然是股权激励，但股权却已不再是企业与人才们进行更高级博弈的筹码，而是作为企业与人才之间实现共利的载体——不只是强调了让人才们长期分享企业发展的红利，更是提出了强大的企业与人才合作的严密逻辑主张：共识→共担→共创→共享（亦可反向推导：共享→共创→共担→共识）。

▶ ▶ 1.3 共利型企业家的觉悟过程

共利型企业家在创造或选择"共利模式"来解决本企业面临的人才管理问题时，大多并没有意识到，这一人才管理理念和行为是多么的高尚和伟大。因为，他们并非一开始就想到了要与人才们共利，而是在经历了一系列的问题、挫折和觉悟之后，才逐步自觉不自觉地创造或跟进选择了共利模式的。所以，如果一定要说他们的人才管理理念和行为具备高尚和伟大性质的话，那么他们的高尚和伟大主要体现在，其最终的理念和行为，刚好暗合了新的时代精神，并充满了智慧的灵光。

起初碰到的问题

绝大多数共利型企业家，是从交易型企业家脱胎换骨而来的。最初，他们碰到了一连串的现实问题和心理纠结：随着交易时代的终结和伴随而来的人才管理难度的不断增加，他们逐渐明白，只有建立起优秀的人才团队，才能经营和发展好自己的公司；但是，要想建立起优秀的人才团队，就需要付出相应的成本代价；然而，在优秀人才有效供给小于需求的市场背景下，人才们的心态、思维和行为是空前复杂和多变的，甚至是越来越具有离心倾向的，优秀的人才们会倾向于向想象中能够给自己带来更大利益的企业组织流动；在这种情况下，他们知道要想获取和保留住优秀的人才群体，就只能付出更高的成本代价，然而在此方面，自己的公司是无法跟那些财大气粗的知名大公司相比拟的，而且即便咬紧牙关付出了极高的用人成本代价，也未必能够如愿以偿地建立起高效能的人才团队；于是，究竟应该怎么办？这个问题一度成为了他们挥之不去的烦恼。

尝试后交易型模式

他们中的一部分企业家，也曾尝试采取"后交易型模式"来解决自身所面临的人才管理问题。他们之所以愿意这样尝试，多半是出于这样的原因：他们一直虔诚地认为，西方跨国公司的经营和管理经验，正是值得中国企业全面学习的东西，而后交易型模式恰恰是西方跨国公司普遍实行的人才管理模式；有无数的各类人士（大学教授、管理专家、行业前辈、商界大家等）在他们的耳边不断地游说，只有像跨国公司那样敢于花高薪聘请高能力素质的人才，他们的公司才能赢得好的发展；在他们的想象中，虽然花费超出能力范围的高薪聘用优秀人才的压力极大，但只要激励好人才，人才们就有可能创造出高价值，因而公司迟早会收回在人才方面的投资。

于是，他们开始花大价钱跟其他企业争夺人才，并且把来自西方跨国公司的、胃口已经被吊得极高的人才作为首选的猎取对象。结果是，他们的公司因空降高级人才而鸡飞狗跳、地动山摇、损失惨重——既有的体系因之而被破坏，新的有效的管理方式却无法形成，组织和人才管理因之而风雨飘摇。

然而，人才招聘与保留问题总还是要解决的，他们于是给自己打气说，应该"哪里跌倒哪里爬起来"。接下来，他们继续咬紧牙关、不惜血本地跟其他企业争夺人才。不幸的是，在几经左冲右突之后，奇迹依然没有发生，他们面临的只是流血的伤口和在人才招用育留方面愈加的迷茫。

蓦然回首的顿悟

直到有一天，这些早前的交易型企业家们，猛然间明白了一个看似浅显实则深刻的道理：西方跨国公司的许多管理经验固然值得学习，但如果自己的公司用跟跨国公司一样的方式去和跨国公司竞争，那么分分钟败下阵来的一定是自己的公司；这正如小块头与大块头打架，如果小块头用大块头一样的方式去跟大块头对决，那么头破血流的一定是小块头。

有了这个"发现"之后，一些差一点就转变为后交易型企业家的企业主们，便开始总结自己以及大多数中国企业的过往成功经验，得出来的结论令他们感到十分惊讶：中国企业在20世纪90年代到21世纪10年代的二十年间，之所以没有被西方跨国公司打垮，反而在中国市场上，让传统的跨国公司在竞争中由此前的进攻状态变为后来的收缩状态，进而还在许多领域与西方跨国公司平起平坐，甚至于有所超越，所有这些，都极大地得益于中国企业一直采取的是灵活多变的战略战术。其中，以"高性价比"的产品策略参与竞争，可以说是中国企业攻城略地、败少胜多的法宝，而高性价比竞争策略的重要来源，便是人力成本的相对低廉。顺藤摸瓜下去，他们进而意识到，过去十年来，在中国市场节节败退的传统业务领域的西方跨国公司，之所以在与中国企业的竞争中逐渐失去了此前的优势，又恰恰是因为它们采取了后交易型人才管理模式。这种模式不仅导致了西方跨国公司的人力成本居高不下，而且还进一步导致了其整体运营效率的低下和运营成本的高昂。一句话，这些差一点步入后交易型模式的中国企业家，已经确切地意识到：绝不能步西方跨国公司的后尘！

兴奋过后又迷茫

正当这部分中国企业家有了上述认知之时，一个概念进入了他们的视野，这便是"股权激励"。于是，他们如获至宝，竞相拿出股份，通过期权（对赌）的方式来激励人才。他们之所以愿意这样做，是因为已经有越来越多的企业实行了股权激励，与此同时，有众多的"歪嘴和尚"在大声鼓吹说"股权激励是人才管理的万灵妙药"，因而他们开始放量地想象股权激励的种种好处：只要拿出部分股份来激励人才，就无需在当下向人才们付出高薪酬，就可以以此把人才们捆绑到自己的战车上，就可以促使人才们大幅度提高工作责任心、投入度和创造性，就可以持续地提高公司的经营业绩，就可以消除人才管理中的一系列顽疾，就可以确保公司基业长青……这是多么如意的算盘和充满诱惑力的前景啊！

然而，他们中的部分人很快尝到了苦果。由于仅仅把股权作为与人才们进行更"高级"博弈的筹码，而没有考虑实施股权激励的前提条件（为什么人才们会对股权感兴趣），也没有设计出与股权激励相配套的管理方案（如何确保人才们持股以后不得不努力创造价值），就匆忙地在自己的公司推行了（或自主创建或经由外部律师、会计师、管理咨询师、证券从业人士帮助设计的）股权激励计划。

由于单纯的股权激励计划在复杂多变的人性面前，其逻辑漏洞百出，股权激励计划推行的结果也就令他们大感意外：有的企业隆重地推出了股权激励计划后，大多数员工却对此完全无感，或者是疑惑重重、牢骚满腹，因而很快便以草草收场（失败）而告终；有的企业在实行股权激励的初期，的确出现了振奋人心的效应，但不出半年，人才们便又回到了之前的打工心态、思维和行为状态；虽然一部分企业由于文化基础较好，实行股权激励以后，对被激励到的人才产生了一定的积极效果，但却同时挫伤了一大批（有可能成长为公司未来将要倚重的）高潜人才，使他们心生异志或以不同的方式消极对待；更多的企业则出现了一系列严重的后遗症（诸如股份行权、分红和奖励方面的不公平，持股人才的业绩贡献和未来能力发展方面的差异性，持股人才因股份退出或离职而导致的法律纠纷，等等），使企业的人才管理问题更加错综复杂、积重难返，甚至有的企业因之而人心尽失、摇摇欲坠……

终于找到"真理"

至此，一个严肃而又重大的历史课题便摆在了一部分企业家的面前：用过往的交易型模式来管理人才已经不再有效，没有实力像后交易型企业家那样向人才们支付高薪酬，而实行股权激励又问题多多、风险巨大……那么，人才管理的出路究竟何在呢？

正当一大批企业家因此而左冲右突、千回百转、困惑不已之时，一些先行的极具开创精神的共利型企业家经过大胆而又艰苦的探索，渐渐找到了一种可以全面化解新时代人才管理问题的思想和方法体系，这便是"共利型人才管理模式"（亦称"合伙人制度"）。如前所述，该体系的中心内容依然是股权激励，但股权却已不再是企业与人才们进行更高级博弈的筹码，而是作为企业与人才之间实现共利的载体——不只是强调了让人才们长期分享企业发展的红利，更是提出了强大的企业与人才合作的严密逻辑主张：共识→共担→共创→共享（亦可反向推导：共享→共创→共担→共识）。本书将这个体系归纳总结和提升成为一套解决时代性人才管理问题的思想和方法论，并将之命名为共利型人才管理方案设计的"1+4模型"（参见本书第5至8章的内容）。可以这么说：自发现了这套体系开始，中国企业从此便有了属于自己的人才管理理论。

不过，这套全新的人才管理思想和方法体系，多少年来并不广泛地被认为是由中国人所发明的。这是因为：改革开放四十多年来，中国企业一直推崇的是西方企业的管理理论，而未曾设想或不敢提出属于自己独创的人才管理思想，即使是那些创造和应用"1+4模型"的企业，也不认为这套思想和方法体系为中国人所创造；鉴于它的中心内容是股权激励，而股权激励的思想被普遍地认为是由西方企业创造的（事实上并非如此，早在300年前的中国晋商，便已经对其核心人才实行了股权激励，而且晋商在这方面的制度设计远远比西方企业先进。参见本书第11章的相关内容介绍），人们至多会"理所当然"地认为，这套实际上由中国人创造的人才管理理论和方法体系，只是对西方式股权激励思想的改良。

好在，随着时间的推移，并伴随着中国的进一步崛起，中国企业在企业管理方面的认知和自信，也正在悄然而又快速地发生变化。这种变化，将因为共利型人才管理模式在更多的企业卓有成效的应用而发生质的飞跃。到那时，全球企业界人士和企业管理专家，或将不得不承认一个事实，即中国企业早在2013年左右，便已经逐步形成了属于自己的鲜明的人才管理主张和定见。

▶ 1.4 面临的挑战和信心的来源

历史的经验告诉我们：任何一种先进的企业管理理念与方式，率先被少数企业创造出来并证明有效之后，总是会招致众多企业的竞相跟进模仿；在被模仿的过程中，由于模仿者的智慧、能力、个性等方面的不同，模仿效果往往是千差万别的。所以，尽管共利型人才管理模式是最适于当代劳资关系的创举，但并非每一位决定采取这一模式的企业家，都会如愿地看到这一模式在本公司产生理想的效果。这是因为，这种人才管理模式所包含的思想和方法，极大地脱离了传统人力资源管理的经验轨道，试图采取这一模式的企业，只有克服了来自人性的诸多弱点，并有意愿和能力化解来自环境的种种阻力，才有可能有成效地导入和应用这一模式。

不过，历史的车轮不会因为有人没有上车或中途下车或上错车而停滞不前。尽管共利型人才管理模式在被广泛的企业跟进模仿的过程中，可能（甚至必然）会出现各种各样的挑战，并因为存在挑战而出现一部分应用效果不佳的案例，但这并不会对这一模式的生命力和扩张力产生根本性影响（这正如某几棵樱桃树结出的樱桃不好吃，但这并不影响"好吃的樱桃产自于樱桃树"这一基本事实）；事实上，在企业发展史上，任何一种新创的管理体系，比如ISO系列质量体系、ERP企业资源计划、精益生产、六西格玛等等，它们在应用过程中，都出现过大量的导入和应用失败的案例，但这并不会对一个真正有价值的体系本身的发展构成毁灭性影响。好消息是，共利型人才管理模式经过十来年的发展，已经生成了一套完备的思想和方法体系，只要企业严格按照相关思想和方法的指引来导入和应用这套体系，便一定会产生良好的人才管理效果。

面临的四个挑战

已经有经验显示，如果那些想成为共利型企业家的人们，他们在决定跟进模仿这一模式时，不知道或不愿意按照"1+4模型"的要求，审慎地建立起系统有效、逻辑严密的制度体系，并创造性地加以执行，而只是东施效颦般地模仿这一模式的外在形式，或者说只是将这一模式狭隘地理解为股权激励时，则这一模式在他们的公司，是不可能产生应有的人才管理效果的。

具体说，对于那些跟进模仿这一模式的企业家来说，将极有可能会面临以下四个方面的挑战。

（1）认知的局限性、意志的不坚定和人性的懒惰

"认知的局限性"是指，试图成为共利型企业家的人们，虽然初步具备要与人才们共利的良愿，但却有可能只是在基于短期利益考虑，仅仅是把股权激励作为与人才们进行更高级博弈的筹码，而不知道，当他们的认知如此褊狭和短视时，只会让这一模式产生短期的极为有限的效果，甚至极有可能会产生更大的负面效果。

"意志的不坚定"是指，试图成为共利型企业家的人们，在有了与人才共利的良愿后，起初阶段会为自己的这一想法而热情洋溢、心潮澎湃，但随着时间的推移，特别是当股权激励政策因缺少有效的配套方案而没有立即产生好的效果时，抑或是效果不能持续时，他们便可能开始怀疑起自己当初的决策是否明智。当他们这样自我怀疑时，他们的怀疑

便会不可避免地被印证。

"人性的懒惰"是指，试图成为共利型企业家的人们有可能都知道，建立与股权激励政策相配套的管理方案十分有必要，但由于他们始终"有更重要的事情要做"，或者不愿意在建立配套管理方案这件事情上投入时间、人力和金钱，或者不确定出台了所谓配套管理方案后是否能够产生理想的效果，或者习惯于"放一放再说"，因而一再拖延，等到发现问题已经迫在眉睫或层出不穷时，他们也还在犹豫：有无必要？由谁来解决？到了这个时候，可能已经错过了防范与解决问题的最佳时机，甚至已经不再有转圜机会了。

（2）来自人才们的心态、思维和行为惯性

每一个人都有自私、短视和惰性的一面，这是"人"这一生物的本性使然。然而，共利型人才管理理念和方式则要求人才们做到：要有利他精神，因为只有首先利他，才能更好地利己；要放眼于长期的多样化利益，而不是过分计较眼前直接的金钱利益；要有竭尽全力甚至于向死而生的工作精神状态，而不能只是沿袭打工者的心态、思维和行为模式……面对这些可能出现的冲突，试图成为共利型企业家的人们将陷入困惑：究竟应该顺从人性？还是诱善人性？

大多数人会倾向于认为要诱善人性，但如此一来，他们又必将面临一个新的十分棘手的问题就是：怎样做才算是以及才能够诱善人性？而当这个问题与前述共利型企业家自身可能存在的认知的局限性、意志的不坚定性和人性的懒惰交织在一起时，这个方面的挑战性就又进一步陡然增加。

（3）来自社会的反向拉力

在人类漫长的历史进程中，交易型思维一直是商业社会的主体性和根本性思维，并且一直是西方经济学和管理学的原点性思维。这种思维

训练了几乎所有近现代商业社会中的人们，使得大家的思维方式普通趋同。在这种背景下，试图成为共利型企业家的人们，将势必面临来自传统的巨大挑战。

这是因为，正如一切新生事物在其发展过程中，都有可能遭遇到来自传统的旧思想、旧观念、旧模式的冷漠以对甚或抵制/对抗一样，共利型企业家的主张和行为，也必将遭到一切守旧势力的冷漠以对甚或抵制/对抗。旧势力一直在以无言但却强而有力的方式，试图把共利型企业家拉回到过去，让他们回到交易时代的劳资关系状态，或让他们改弦更张成为后交易型企业家。

面对这种反向拉力，一部分试图成为共利型企业家的人们，可能根本就招架不住，特别是当这一反向拉力不幸与上面指出的两大挑战合流之后，导入共利模式的成功概率将大幅度降低。

（4）来自相关助手的不得力

面对上述三大挑战，一部分试图成为共利型企业家的人们，必然会感到孤独、压抑、无奈和彷徨。这个时候，他们应该十分希望在他们公司内部，有人主动站出来给予理解和帮助，并弥补他们自身精力和能力的不足。事实上，由于他们是企业家，有大量的经营和管理事务或问题需要他们操心，人才管理方面的具体事务，理应由其他人为之分担一部分责任。

然而，那些被他们寄予了厚望并授予了权力的人才们，却由于其思维还停留在劳资关系的交易时代，或适应新要求的能力明显不足，或认为本公司应该实行后交易型人才管理模式，因而并不能为他们提供应有的帮助与支持，甚至可能提出的是落后的建议和主张。

于是，这一挑战叠加上述三大挑战，使得共利型企业家的孤独感、压抑感、无奈感和彷徨感倍增。在这种情况下，那些试图成为共利型企业家的人们中的一部分，极有可能会自觉不自觉地向现实低头。

信心的两个来源

其实，世界上所有的新生事物在其发展过程中，都会面临相似的挑战，而所有的新生事物一定会以其青春活力和进攻性而不断突破各种障碍，以它固有的方式向前运动，最终实现其历史使命。采取共利型人才管理模式，不仅是时代大势所趋，而且经过无数企业和管理专家的合力创新，已经形成了一套有章可循、行之有效的思想和方法体系，只要有意愿导入这一模式的企业家同时具备足够的胆识，就可以避免走弯路。

（1）大势使然

在本章的前面部分，我们已经指出了人类劳资关系发展的三个时代，并描绘了在不同劳资关系时代的企业家群体画像，以及在利他时代到来以后企业面临的两种模式选择。这些内容，应可给读者带来这样的启示：劳资关系的强权时代早已成为了历史，试图选择强权型人才管理模式来解决利他时代的人才管理问题，将是十分鲁莽而又愚蠢的；劳资关系的交易时代也已经离我们远去，试图采取交易型人才管理模式来管理利他时代的人力资源，或许在极为有限的范围内还有一定的效果，但从总体上和前瞻性地来看，将是比较盲目或短视的；在劳资关系的利他时代，只有后交易型人才管理模式和共利型人才管理模式可供选择，而选择前者是风险巨大的，只有选择后者才有可能做到"进可攻，退可守"（本书第2~4章将对此展开详细论述）。

换言之，不仅有胆识的企业家会意识到，选择共利型人才管理模式是明智的，而且即使一位企业家不主动选择这一人才管理模式，他也会为滚滚前行的历史浪潮所裹挟，而不得不采取这一模式。既然别无选择，不如"义无反顾"。

（2）已然有方

经过无数企业的共同努力创造和本书作者"集大成"式的归纳与提炼，关于企业如何有效导入和应用共利型人才管理模式，已经有了较为系统完备的思想、方法与工具，只要严格地遵循相关指引来导入和应用这一模式，便一定会产生良好的人才管理效果。

本书第5~10章全面地介绍了导入和应用共利型人才管理模式应当遵循的思想和方法：第5章，介绍了共利模式的三种类型，意在说明不同的企业应选择不同的适合于自身的共利模式；第6章，介绍了共利模式的"灵魂"——"成就员工"，并就如何成就员工给出了结构化的认知方式，以及如何促使这一理念落地的方向性指引；第7~8章，系统地介绍了导入共利型人才管理模式的方法论（1+4模型），全面地遵循相关方法、步骤和要领来设计共利模式，就能确保模式的有效；第9章，特地就决定共利模式成败的关键因素——合伙人贡献管理——相关的问题，给出了具体的实用性方法和工具，只要按照相关思想和方法来促使和确保合伙人为合伙事业持续地做出应有的贡献，企业设计出的共利型人才管理模式，便一定会产生锦上添花的效果；第10章，就不同发展阶段的公司如何导入共利模式，给出了方向性和原则性的分析、意见和建议。

第 2 章
人才管理问题的现象、原因和本质

- ◆ 2.1 五个现实难题
- ◆ 2.2 问题背后的原因分析
- ◆ 2.3 直击两个根本性问题
- ◆ 2.4 职业经理人制度之利弊

现实中的大多数企业，在人才招聘、任用、培养和保留等多个方面，都碰到了越来越棘手的管理问题。然而，大多数人所能看到的问题往往只是表象，如果不能看到问题的实质并找到导致问题的原因，便不可能真正长效地予以解决。更重要的还在于，即便看到了问题的实质，也找到了背后的原因，其所选择的解决问题的方式也未必会是有效的。

本章旨在引导读者全面考虑两点：其一，你公司所面临的人才管理问题以及导致问题的原因究竟是什么？其二，你公司已经或正在通过什么策略来解决自身所面临的人才管理问题，效果如何，可持续吗？

2.1 五个现实难题

现实中的绝大多数企业，都面临了许多具体的前所未有的"人才管理的烦恼"。我们的观察和研究显示，现实中的企业所面临的人才管理烦恼，大致可以归纳为图2-1所示的五个方面：人才招聘方面的烦恼、人才使用方面的烦恼、人才培育方面的烦恼，人才保留方面的烦恼，以及谁来负责解决问题的烦恼。这五个方面的烦恼是相伴而生、互为因果的。

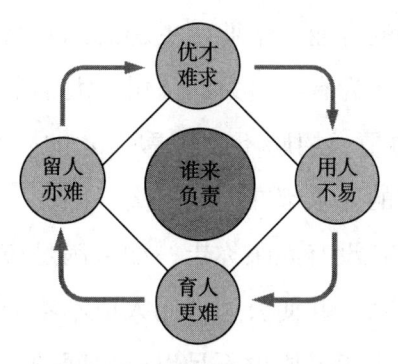

图2-1 人才管理的五个烦恼

优才难求

现实中的大多数企业都面临"求才难"的问题，如果你公司没有这类问题，要么是你公司发展得太好了，因而是人才们竞相前往的工作去处；要么是你公司的经营出现了比较严重的问题，因而无需招人。

问题的关键是，招不到理想的人才，大多数时候只能在"矮子里面拔将军"，甚至连可供挑选的"矮子"也是十分有限的，以至于招聘来的多是有缺陷的人才。这是因为，在市面上"流通"的人才超过半数是有不同缺陷的——要么价值观存在问题，要么胜任能力达不到要求。这一点其实是正常的，因为价值观优良、胜任能力很强的人才在每一家企业都是"宝贝"，其所在公司一般都会尽力为其提供更好的职位和待遇，若非特殊情况他们没有必要主动另寻工作；偶尔有小部分价值观和胜任能力都不错的人才需要找工作，但也是市场上的"香饽饽"，而且这类人才大多不会主动找工作，而是被动地被其他公司"挖角"。

由于从"社招"渠道招聘不到足够数量和符合要求的人才，越来越多的企业便开始把目光投向过去只有大企业才光顾的人才来源——大学。然而，一个不争的事实是，现在即便应届大学毕业生也是很抢手的，好的大学里的好的专业的毕业生更愿意到知名的大公司工作，不知名的或没有被大学生认为有吸引力的公司，大学生们是不屑一顾的。

在此值得一提的是，招聘不到优秀人才的一个表面原因是，各个来源的应聘者对薪酬的要求都在不断提高。因而，便出现了一个效应：如果不能满足要求，就没有人跟你走；如果满足应聘者的要求，又破坏了公司既定的薪酬体系，并使公司的用人成本不断被推高；严重的问题还在于，即便公司作出了妥协也不足以解决问题，因为随后人才们对薪酬的要求会进一步水涨船高。然而不得不说，这只是表面现象，深层的原因是，社会性/行业性/专业性有效的人才供给小于企业界对人才的需求。

在上述情况下，企业不得不加大招聘投入力度，包括：聘用更能干的人才来负责招聘工作；增加招聘人员或增设招聘部门（甚至有些初具规模的公司设置有三个招聘部门：总经办负责核心人才的招聘，HR部门负责关键管理和技术人员的招聘，生产/销售基层单位负责招聘本部门需要的基层管理人员和一线工作人员）；与更多的招聘平台机构合作；同时与多家猎头公司建立合作关系；通过一定的奖励措施鼓励员工内推人才。所有的努力，在短期内都会产生一定的效果，但长期看来，依然无法满足企业不断增长的用人需求。

招聘不到理想的人才，进而直接导致了两个方面的问题：一是不得不把某些"问题员工"招进公司里来，或不得不让"问题员工"在公司里继续存在；二是前述问题使得公司整体的人才管理水平持续处于较低状态，因为面对整体素质偏低的人才，公司缺少有效改善管理的压力、动力和条件。

用人不易

在使用人才方面，我们看到了一个两极分化的现象：高速成长的公司，其人力资源管理效能远远高于其他公司，员工更具拼搏精神，更有团队合作意识，更加信任公司，也更具成长性；低速成长的公司，其人力资源管理效能停滞不前甚至持续降低，员工缺少责任意识和拼搏精神，且能力状况不佳，对公司的信任度也存在不同程度的问题。通过接下来的论述，你不妨对你公司进行必要的"对号入座"。

  说到这里，不得不表达这样的观点：上述"高速成长的公司"之所以在使用人才方面有良好的正面效应，是因为这类公司有条件招聘到更为优秀的人才，也包括有条件随时替换掉那些不能满足要求的人才，并且公司给予的职业机会多样而极具吸引力；此外，这类公司更有条件在人才管理方面采取更为"科学"或"人性化"的管理与训练手段。所有这些因素，都在从不同方向迫使人才们不得不珍惜公司给予的机会，并满足公司对他们的要求。反观上述"低速成长的公司"，它们所面临的用人问题，在极大程度上是因为它们无法吸引优秀的人才加盟，公司给予人才们的工作待遇和机会，不足以使人才们在工作上有更佳的表现，同时公司也不愿意或没有条件在人才管理方向上采取更有效的举措。所有这些因素，都从不同的方向导致了一系列人才管理问题的产生与进一步发酵。（上述观点引申出一个值得每一位企业经营者深入思考的命题：企业人才管理问题究竟与企业的整体经营与管理有怎样的关系。）

  企业界在使用人才的过程中，普遍面临的问题主要可以归纳为以下五个方面。

  其一，企业的薪酬政策永远无法满足人才们对更高薪酬的诉求。具体表现为，在内外部多种因素的共同作用下，企业不得不增加人才们的薪酬，然而通常涨薪以后只能维持3~6个月的效果，随后是"昨天的故事"又重新上演。特别是在"新老员工工资倒挂"问题比较突出的公司，对薪酬不满的声音更是此起彼伏（我们的观察显示，在这类公司中，拿到高工资的员工不一定会感激公司，而拿低工资的员工一定会抱怨公司），其结果是有能力的员工心生去意，没有能力（因而难于找到更好的工作机会）的员工在不满中混日子，拿到高工资的员工也只是在尽力而为地工作，因为他们认为自己拿高工资是理所当然的事情。这个问题的背后，看似是企业不愿意或没有条件向人才开出高于行业平均水平的薪酬，实则是企业在人才的薪酬政策设计上缺乏通盘和长远考虑。

其二，相当多员工的价值观、责任心、工作意愿和能力与企业的要求存在较大落差。表现为，许多员工只能勉强地胜任岗位工作，其工作行为、效率、质量总是不能达到企业的要求。但由于没有替代人选，企业只能勉强地继续使用这些员工。特别是一些重要的管理岗位，企业明明知道当事人并不胜任岗位工作，但由于没有替代人选，所以不得不"拔苗助长"地把他们放到那个岗位上，这导致了极为严重的负面效应。试想，一位管理者无论是在价值观、责任心方面存在问题，还是仅仅是能力不足，都将影响其所带领团队的整体表现，而且一位管理者及其团队的不良表现，一定会对其他管理者及团队构成多样的负面影响。存在这类问题的企业一直在试图设法解决问题，比如采取更为规范化的管理，但却总是收效甚微。究其原因，还是企业在两个方面存在问题所导致：一是企业在人力资源市场上缺乏竞争力，因而吸引不了优秀人才，以至于出现人才管理的恶性循环；二是企业在人才管理上缺乏整体规划与设计，总是在"点对点"地解决具体的问题，以至于出现"按下葫芦起来瓢"的现象——旧的问题没有解决，新的问题又随之出现，而且周而复始、无穷无尽。

其三，没有或无法解决人才们在公司内部的可持续成长问题。举个例子，我们在深圳有一家做网络安全技术服务的客户，该公司过去几年技术人才的离职率过高，因而极大地影响了公司的业务稳定与发展。我们介入咨询服务之后，经过分析发现，主要原因是该公司在招聘人才时，一直把有两年左右工作经验的候选人作为重点招聘对象。由于这部分人才急于获得更好的工作与学习机会，加上这家公司不仅发展势头较好，在业内有一定的知名度，最重要的是在招聘人才时，愿意支付高于行业平均水平的薪酬，因而招聘效果颇佳。然而，新招聘来的大多数技术人才在公司工作两三年左右，就会选择辞职另谋高就。我们分析后认为，之所以出现这一问题，就在于该公司没有为技术人才在公司的发展提供可信赖的上升通道，以及没有设计出相应的激励机制。因而，人才们来公司时，已经是工程师或高级工程师头衔，几年以后还是工程师或高级工程师头衔，而他们却在服务公司的过程中获得了成长，"翅膀长硬了"的工程师们，在内部看不到进一步发展的希望时，便会被外部工作机会（高薪+高职）所诱惑。

其四，员工绩效管理水平差。每一家企业都知道员工绩效管理的重要性，因为它是企业经营业绩的直接来源，企业有了好的业绩，就意味着会有好的发展，而有了好的发展，企业所面临的各个方面的人才管理压力都会因之而减轻。因而，企业家们无不知道加强业务规划和绩效管理的重要性。然而，在这个方向上，他们一直在烦恼着和探索着，但却一直没有找到持续有效地解决员工绩效管理问题的方法。他们有一系列的理由来解释为什么公司在这个方面做得不够好，但最终大多会把本公司绩效管理水平低下的原因归结为外部环境不好，没有有效的方法可供采用，或者认为自身的条件不足。其实，最根本的原因或许只有两个字——"偷懒"。

其五，分工协作模式有问题。留心观察后大家将看到，在人才使用方面问题较少的公司都有一个共同的特征，就是企业内部分工协作模式比较"科学"，管理层级、业务部门和岗位之间分工明晰，且分工的专业化程度普遍较高。而在人才使用方面存在较严重问题的公司则恰恰相反，管理层级、业务部门和岗位之间分工模糊，"一个萝卜多个坑"的现象十分普遍。在用人上，采取"一个萝卜多个坑"的组织和岗位工作设计，会面临一个致命的问题：对人才的能力素质要求程度高，但高能力素质的人才难于获取,且对高能力素质的人才进行管理的难度也相对较高。可能有人会说,我公司规模较小,无法做到分工细致,过于细致的分工会导致人力成本提高和管理难度增加。但是,有两点值得大家思考:如果不解决分工问题,便只能容忍上述人才使用问题存在;优秀的公司也是从小规模的公司发展而来的,始终超前半步来进行组织与工作设计,才是对企业发展真正有利的选择。

育人更难

在招人难、用人亦难的背景下,企业普遍意识到培养人才的重要性。我们相信,无论你公司属于前述两类公司中的哪一类,你公司一定在如何培养人才方面已经费尽了心思。

各类企业之所以重视人才培养,是因为至少在想象中,只要能够有效地培养人才,就有可能把招聘来的"毛坯人才"或"有缺陷的人才"改造成为企业所需要的人才,就有可能把低级人才转变为高级人才;进而,人才们的能力素质提高了,企业的业绩也就必然会更好,更好的业绩可以反向缓解招聘、用人压力,也促使企业在人才培养方面有投入上的保障。

于是我们看到,在过去十几年中,几乎每一家公司都在不断增加人才培养方面的投入。具体表现为:设立培训部门/中心/企业大学(没有被国家政策限制之前),请外部培训师到公司内部来授课,把人才送到外面去参加各种名目的培训学习,也包括让一部分人才去读MBA、EMBA,建设企业在线学习系统,加强企业内训师教学,等等。

然而,这些培养人才的方式产生了怎样的效果呢?或许有一定的效果,但肯定没有达到企业期望看到的那种效果。

早在2011年,本书作者之一(张诗信)就写过一本颇为畅销的图书，书名叫《成就卓越的培训经理》。那本书中指出，企业在培养人才方面普遍面临了四个问题：①把课堂式培训与人才培养画等号，而事实上，课堂式培训只是花钱较多，但其效果却只是停留在想象与期望中的人才培养方式之一；②在大多数情况下，课堂式培训通常只是企业强加给员工的，而不是员工发自内心的希望，因而培训效果不佳十分"正常"；③课堂式培训没有有效地解决课堂所学知识的应用环境问题，因为理想化的培训内容安排，在许多时候是无法在工作之中得到有效应用的；④课堂式培训特别是送人才们读MBA、EMBA，让一部分员工具有了更多的重新选择工作（跳槽）的机会和资本。

留人亦难

需要说明的是，这里所说的留人问题，并不单纯是指企业员工的流失率过高，而是指以下三个方面的问题。

一是员工流失本身。流失的对象既有优秀人才，也有不怎么优秀的人才。无论是流失优秀人才，还是流失一般性人才，都是企业的损失，因为招聘到合适的替代者并不容易或成本很高。如果只是人才们主动跳槽，也属正常现象，问题在于，有大量的人才要么是被竞争对手挖走的，要么是离职创业（也包括联合创业）与老东家竞争。这就带来一个值得大家思考的问题：即便企业努力通过增加人才待遇、提升人才能力来改善人才管理，但由于外部机会对人才们的诱惑持续增加，企业的所有努力还是可能会前功尽弃。

二是挽留人才导致的问题。许多企业到了员工提出辞职申请（也包括假辞职）时，才意识到如果申请者离职了，短期内某些工作会搞不定，于是便在薪酬政策上予以妥协。进而，更多的人以相同的方式变相要求公司给自己上涨工资，公司的管理体系尤其是薪酬体系便会因此而被"破窗"。问题还在于，当这一情况发生时，公司通常会左右为难：

同意员工辞职意味着工作会一定程度地陷入被动，短期内很难找到替代者；通过上涨工资的方式挽留人才，必然导致制度被进一步"破窗"。这是在过去十几年中十分常见的企业与人才之间反复上演的一种博弈现象。在这种博弈中，理论上讲，企业是强势者，员工是弱势群体，然而实际上对于大多数中小公司而言，在这种博弈中，一再被动的是企业，因为如果企业不能满足员工的诉求，员工可以随时换一个地方重新开始，而事实上对于一位稍有能力的员工而言，换一个地方工作，获取的待遇几乎十有八九会高于此前的公司。

三是采取预防性保留人才的策略问题。除了少数公司在这方面做得较好以外，比如通过合伙人制度让人才与企业的利益实现捆绑，大多数企业大致还是通过普遍提高员工薪酬和福利待遇的举措来试图解决问题的。然而，并不是所有的企业都愿意或者有条件来普遍明显提高员工的工作待遇，也并不是每一家普遍上涨了员工薪酬的公司，都能同步带来员工工作效能的提升。

谁来负责

这是很多公司没有意识到的，但实际上十分严肃的人才管理相关问题，即在面临上述人才招用育留四个方向的问题时，谁来承担解决问题的主体责任？

在很早以前，员工管理中的一切大事，只要老板定下基本原则和政策基调，人事部门和直线部门按照既定的原则和政策来实施员工管理，便能确保管理基本有效。偶尔在执行过程中碰到具体问题，只要向老板请示汇报，或有关人员在一起简单研究一下，问题也会很快得到解决。后来，人力资源管理的问题越来越复杂，各公司纷纷设立了人力资源管理部门，以内部"专家"的角色对公司的人力资源管理负主体责任，人力资源部门人员经过各种学习，也建立起了人力资源管理各个模块的能力，因而在老板确定的原则和基调下，总体上也能够保证公司人才管理的基本有效。然而，随着时间的推移，人力资源管理的问题快速地超越了人力资源专业管理人员的能力边界，也超越了老板和直线主管的能力边界。于是，谁来承担解决人力资源管理问题的主体责任，便成为一个容易被忽略、但却十分现实的问题。

我们的观察和研究显示，当一家公司的人才招用育留问题较为严重时，该公司一定存在一个人才管理的"三角真空地带"。所谓"三角真空地带"是指，在面临人才招用育留问题时，老板、人力资源部门和直线主管之间，彼此会明里暗里相互指责，谁也不愿意主动承担解决问题的责任。表现为：面对公司错综复杂、层出不穷的人才管理问题，老板会认为是人力资源部门无能或没有尽职尽责，同时也可能会认为直线部门主管在用人方面不够上心或方法过于简单粗暴；人力资源部门则会认为是老板的用人理念和用人政策存在问题，同时会认为直线部门主管在逃避应尽的责任；直线部门主管则一定会认为，是老板用人理念、政策存在问题，同时必然会认为人力资源部门能力低下、责任心不够强。由于三者之间明里暗里相互推责和扯皮，公司的人才管理问题始终是"涛声依旧"，或者面临的问题越来越严重。

这个三角真空地带之所以存在，是因为所涉三方中的各方都有充分的理由认为，自己不应承担解决问题的主体责任。老板会认为，自己是老板，有太多的大事需要自己操心，解决人才招用育留问题的责任，当然应该是人力资源部门和直线主管，他们之间应密切沟通协作来解决问题。人力资源部门会认为，用人原则和政策是老板把控的，直线主管是掌握人才招用育留实权的人，本部门只能起到协调和辅助作用，而且本部门在公司的地位和权力有限，根本没有办法解决这么复杂的问题。直线部门主管则认为，本部门有堆积如山的工作要做，哪里有时间和精力来解决人的问题，如果由自己来解决人的问题，那公司要人力资源部门干什么？如果要本部门自己来负责解决部门人才的招用育留问题，老板需要下放相应的财务和人事权力，才有可能做到。

毫无疑问，大家都是有道理的，但问题就是得不到解决。最重要的是，各方越是认为自己有理，这个三角真空地带也就越是成为问题，企业的人才管理问题便越是层出不穷。如果这时公司所在的行业正处于发展的"顺周期"，那么与人相关的问题可能会被繁荣的景象所掩盖，而一旦企业成长减速，则所有的问题都会迅速跳将出来，导致企业加速衰退。

▶ ▶ 2.2 问题背后的原因分析

当一家公司碰到了上述五个方面的人才管理问题时，它应该怎么做呢？我们的观点是，不要指望能够一夜之间"干净、彻底地解决"。理由是：第一，不可能做到；第二，即便做到了，新的人才管理问题还会产生，因为人才们的想法在不断地发生变化，组织的内部环境在不断地发生变化，企业生存和发展所依赖的外部环境也在不断地发生变化。但是，这并不意味着企业可以对自己面临的人才管理问题听之任之，或认为是理所当然的。

我们对此的进一步观点是，不应该立刻考虑怎样解决问题，而应该优先分析问题为什么会发生。只有知道了问题发生的原因，才可能真正找到有效解决问题的方法。

在我们看来，现实中的人才管理问题，大致是由以下四个方面的原因导致的，它们构成了图2-2所示的因果链条。认识并理解这个因果链条，才能逐步发现并开启"突围之门"。

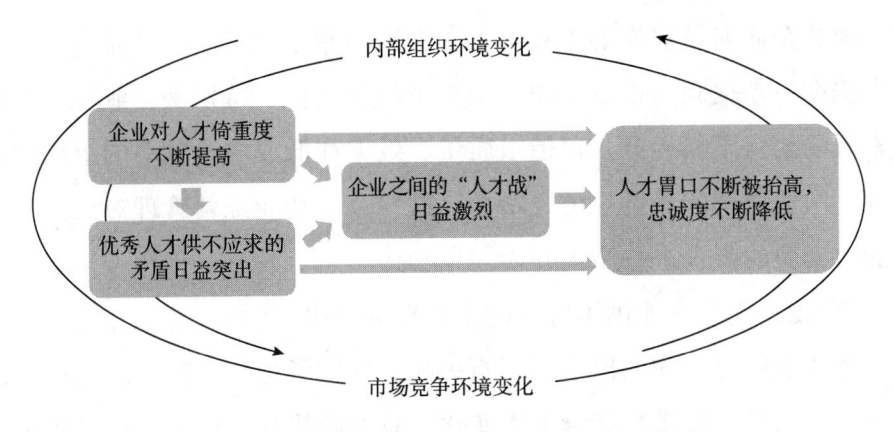

图2-2 导致人才管理问题发生的因果链条

原因1：企业对人才的倚重度不断提高。

这是导致一系列人才管理问题出现的起始原因。研究企业发展的历史我们将看到，越是早期的企业，其发展对人才的倚重度越低，随着时间的推移，企业生存与发展对人才的倚重度不断提高。

最早的企业，老板的能力和智慧决定了企业的一切，员工只是老板实现自身经营管理意志的工具。随着时间的推移，一部分中高级管理和技术型人才开始合力决定企业的发展方向、路径、原则和方式，普通员工依然只是企业赚钱的工具，这时候企业在经营与管理过程中，表现出了对中高级管理和技术人才的越来越多的倚重。而到了现时代，大多数企业对人才的倚重逐渐下移，即中基层管理和技术人才逐渐成为了企业生存与发展不得不倚重的对象，甚至在一些新兴行业和公司，如技术型公司、互联网公司和现代服务行业的大多数公司，几乎每一个岗位都在影响着公司的发展，即企业对每一岗位人才都有不同程度的倚重。

企业对人才倚重度不断提高，与企业面临的市场竞争环境和内部组织环境的变化有直接的关系。就外部市场竞争环境变化而言，随着市场需求的不断变化和竞争的日益激烈，企业必须要有更具竞争力的产品和服务，才能赢得生存与发展机会，而要向市场提供更具竞争力的产品和服务，就需要有更优秀的人才群体来参与创造。就内部组织环境变化而言，随着企业人员规模的不断扩大，组织内专业化工作的日益多样化和要求程度不断提高，以及组织结构越来越复杂化，特别是企业对人才能力素质的要求不断提升，以追求质量、效率和低成本为轴心的组织内部管理、沟通协调的难度也随之增加，这导致了企业经营管理对全体人员的能力素质的要求进一步提升。

原因2：优秀人才供不应求的矛盾日益突出。

企业发展对人才的倚重度不断提高，导致了另一个问题的出现，即优秀人才的供求关系在持续发生变化。总的趋势是，最早是供过于求，后来是供求平衡，现在是供不应求；最初是高端人才供不应求，后来是中端人才或一些专门人才供不应求，现在几乎是全线人才供不应求。

一部分企业的规模在持续地扩大，这在很大程度上意味着企业对人才的需求相应增加；新的创业型公司正在雨后春笋般地冒出来，它们必然会从其他公司挖走大量的人才（国家鼓励创业的政策正在加速这一趋势）。这两点加在一起，便导致了人才的相对短缺。

对此，有人可能会搞不懂，我国每年有一千万左右的大学应届毕业生需要就业，有大量的城镇和农村劳动力需要找工作，局部经济不景气正在致使大量被裁人员需要重新找工作，又怎么会出现人才短缺呢？没错，每年的确存在大量新增劳动力和大量的假性失业者需要就业，而且经常有企业（如一部分老牌跨国公司在中国的分支机构）因经营状况不佳或转移供应链而大量裁员，从这个意义上说，似乎并不存在总体上的人才短缺问题。

但是，我们不得不承认这样一个事实：在劳动力市场上等待就业的大军中，绝大多数人并不是企业渴望得到的人才，因为企业更渴望得到的是高效能的人才。什么是高效能的人才呢？高效能的人才，就是那些不仅学历高、职业素养良好、有相应工作经验的人才，更重要的标准是，高效能的人才应该能够解决企业特定的问题，或给企业带来实质性的绩效增长。这类高效能人才的缺乏，可以从一个普遍的事实中清楚地得到证实：几乎每一家企业都在"将就着用人"——明明知道某位应聘者的能力并不能满足要求，但他已经是"矮子"里面的"将军"了，只能将就着把他招进来，先用着再说；明明知道某位管理者并不能胜任更高一级的管理工作，但实在找不到更合适的人选，因而还是将就着把他提拔了上来。

企业对人才能力的要求与许多因素有关：企业的组织规模和结构一直在发生变化，企业的生产方式一直在发生变化，企业面对的市场环境一直在发生变化，企业之间的竞争形态和强度也一直在发生变化……所有这些，都导致企业对人才要求的标准不断提高，都促使企业始终希望寻找到更能满足要求的人才。

说到这里，我们不能不指出两个事实。其一，我国经济的不断增长，必然导致各类企业组织对人才的需求持续增加。但我国社会人口的增长率在过去几年出现持续下降，国家出台三孩政策后，人口出生率即便可能会有所上升，但在18年以内不会形成劳动人口。我国虽然每年有近一千万左右大学生需要就业，但也有800万以上的老人面临退休。这导致了一系列的经济与社会问题，并且这一问题还将持续地对我国经济和社会的发展产生重大影响。

其二，企业所需要的高效能人才，要在特定的社会文化、教育和工作环境中才能成长起来，而且成长的速度通常是缓慢的。按照前些年公认的人才成长周期的说法，一个人需要一万小时以上，才可能成长为中等级别的人才（"一万小时定律"）。一万小时是什么概念呢？是指一个人在某一专业领域全心全意地工作六年以上；如果只是"半心半意"地工作，则需要十年以上。而且工作了这么长的时间，也并不保证他一定能够成长为人才。

原因3：企业之间的"人才战"日益激烈。

上述两个问题同时存在，导致了一个现象的出现：企业之间的"人才争夺战"和"人才保卫战"，正在我们身边越来越激烈地上演。

所谓"人才争夺战"是指，几乎每一家公司，为了自身的发展，都在千方百计地吸引其他公司的人才；所谓"人才保卫战"是指，面对其他公司的人才招聘行为，几乎每一家公司都在千方百计地保留住自己的人才。企业间围绕"人才"这种资源而展开的"争夺"和"保卫"行为，就像是看不见的"战争"，故曰"人才战"。

因为参与"人才战"，现实中的绝大多数公司都不同程度地陷入三重困境：一是用人成本急速上升，但用人的效率却并没有同比例增长；二是公司间竞相提供更好的条件来获取和保留人才，但由于其他公司也在这么做，故其效果复归于零；三是如果放弃"人才战"，必将导致公司发展停滞。

原因4：人才们的胃口不断被抬高，忠诚度不断降低。

在上述三种背景因素下，出现了两个效应：一是人才们对于工作回报的胃口在不断攀高，二是人才们对企业的忠诚度在持续降低。这两点所导致的"寒意"，是企业最能感受到的。

人才们对于工作回报的胃口这些年一直在不断抬升，这是无可争议的事实。表现为，希望薪酬更高，而且高了还想高，似乎永远也"喂不饱"，不仅希望拿到更高的薪酬，而且希望工作更轻松开心，同时希望公司有美好前景，甚至希望拿到公司更多的股份。这一现象与三点因素有直接关系：一是企业间竞相"挖角"以及猎头公司的行为，迅速推高了人才们对工作回报的期望；二是企业经营和发展抑或是未来的不确定性，使得人才们更关注当期利益的最大化；三是新生代人才们受教育的程度、家庭经济背景，以及他们的职业观、世界观、价值观、人生观较以往的时代有着根本的不同。

在上述原因或情况下，人才们对企业的忠诚度不断降低也就成为必然。表现为，虽然人才们也希望自己工作的公司好，但如果"公司不好"也没关系，"我只要能拿到自己该拿的东西就好，公司不行了我可以换一家公司工作""即便自己工作的公司不错，但如果有更好的公司向我伸出橄榄枝，我也会考虑离开现在的公司"；更有甚者，在欲望和想象的驱使下，相当数量的人才们会主动向外寻求更好的机会。问题在于，当人才们这样思考问题或对待工作时，企业不想看到的一系列人才管理问题都会因之而衍生出来。

顺便提请注意的是，忠诚度问题不仅表现在跳槽的人才和准备跳槽的人才身上，那些因个人原因不愿意或无法轻易跳槽的人才，即便他们选择继续在公司中工作，也并不意味着他们中的每一个人都对公司有着无可挑剔的忠诚度。

还有两个情况值得引起大家的注意：一是人才们实际上通过跳槽可以获得某些机会，二是人才们想象中可以通过跳槽获得某些机会。无论属于哪种情况，带来的一个共同后果就是：人才们对企业的忠诚度、责任心和服从度降低。这是一个普遍的不争事实。但让人更加忧心的是，这个普遍的不争事实，还因以下原因而更趋严峻。

——国家教育的不断发展，使得民众接受高等教育的机会持续增加，它导致的一个后果就是，人才们更有选择跳槽的学历条件或知识资本。

——国家的法律和政策对劳动者的保护越来越多，社会舆论也越来越多地在道义上站到了劳动者的一边。

——社会文化方面的发展，使得人们的价值观日益多样化，思想观念越来越开放，越来越希望获得自由。

——过去的独生子女政策和四十多年来经济的超速发展，使得居民家庭经济收入不断增加，许多人才们即便跳槽失败，甚至于暂时失去工作，也不影响他们的生活。

——人力资源市场上的招聘机构/平台和众多的媒体出于自身利益考虑，一直在不断地鼓动人才们"良禽择木而栖"。

上述一系列因素叠加在一起，不仅导致了许多企业人才流失率的不断攀升，也导致了企业中现有人才/员工工作绩效的降低，以及忠诚度、责任心和服从度的降低。

2.3 直击两个根本性问题

上述所有现象及其背后的原因，直指图2-3所示的两个更为核心或本质的问题：一是企业面临的支付压力不断增加，二是企业面临的管理压力不断增加。而且，在通常情况下这两种压力是相互推动、彼此加强的。

支付压力

管理压力

图2-3　两个根本性问题

我们之所以郑重其事地指出这两个更为核心或本质的问题，所基于的考虑是：如果不是从这两个问题出发来寻求解决方案，而是纠结于此起彼伏、层出不穷的各种问题，或者是试图从几乎不为本企业所掌控的错综复杂的社会原因入手来解决问题，可以说根本就不可能解决问题。只有认知到并聚焦于这两个问题，才有可能真正地找到应对策略及方法。

支付压力

这里所说的支付压力，来源于以下五个方面。

一是招聘人才所付出的成本持续增加导致的压力。包括支付给猎头公司、招聘网站、招聘专家和劳务输出公司的费用，以及招聘时动用内部相关人员撰写招聘资料、面试应聘者、调查应聘者背景、管理层开会讨论决定取舍应聘者、创建新进人员档案、为新进人员申报劳动登记、为新进人员进行入职培训等等涉及的费用。公司需要招聘的员工数量和岗位越多，招聘岗位的职务/职称层级越高，在这个方向上的花费也就越大。

二是定期和不定期发放给全体员工的金钱报偿导致的压力。包括薪酬、福利、奖金、提成、津贴等可以用货币来衡量的一切成本支出，这方面的支付一直在增加。

三是边际用人成本支出导致的压力。包括员工工作场所、设施、设备和用具，以及员工住宿、交通、饮食、休息、娱乐、医护、团建等等各种相关费用。

四是培训方面的支出而导致的压力。包括培训场地费用、培训师资费用、培训组织费用、教学材料费用、人员脱产参加学习涉及的成本等等。

五是为保留员工而涉及的成本压力。包括挽留辞职者涉及的沟通费用、薪酬上涨，以及员工离职或被辞退涉及的补偿、赔付等费用，也包括动用法律程序解决劳动纠纷而发生的费用，等等。

由于企业在人才招用育留方面的成本一直在上涨，许多公司已经对用人成本上涨处于一种麻木状态。也有公司寄希望于通过产品/服务的销售价格上涨来对冲人力成本上涨的压力，但是这种由市场来对冲人力成本压力的做法，其效果是不容乐观的，除非全球行业性人力成本攀升，导致行业内的企业普遍不得不在销售端上涨产品/服务价格，否则涨价会削减企业产品和服务的市场竞争力。过去十几年来，西方老牌跨国公司不断收缩在中国市场的业务，在极大程度上是由于它们的人力成本高企，但销售与利润增长却乏力所导致。如果一家公司面临的是国际企业间的竞争，那么人力成本上涨过快的企业，其竞争力必然降低。这几年，中国的产品价格竞争越来越不如南亚的一些国家，其实就是因为中国的人力成本这些年来一直在上涨。

管理压力

当一家公司面临着不断上涨的用人成本压力时,其所面临的人才管理压力也会迅速增加。不幸的是,这时如果企业采取更具进取性的管理改善措施,则有一半的可能会进一步增加成本压力(除非采取全面节约成本的措施,但全面采取措施则极有可能导致负面的经营效应);更为不幸的是,支付压力的进一步增加又有可能会刺激企业更为大胆地采取有可能增加成本支付的管理改善举措。换言之,一般来说,在欠缺系统思考和整体把控的情况下,这两种压力会持续地相互推高。

大多数企业在面临前述人力成本上涨的压力时,通常都不甘坐以待毙,它们会通过各种方式来试图解决问题。所谓"各种方式"大致可分为两类:一是尽量控制或削减公司各项成本开支(包括人力成本),以便使公司的成本增加不至于影响公司的正常发展;二是通过推行一系列大大小小的组织设计、工作设计、业务组合、运营管理等创新,来提高公司的运营效率,试图以高效率来对冲人力成本上涨带来的压力。然而,这两种路数都既有积极的一面,也有弊端。前一种努力会在短期内收到一定的效果,但这种保守策略却极有可能会导致企业生机与活力的降低;后一种努力会给予人们以希望与鼓舞感,但通常又会导致企业整体运营成本的进一步(甚至有可能大幅度地)上升,特别是人力成本的快速攀升。

特别值得警惕的是上述第二类"进取精神"。这类进取精神,通常涉及以下方面的改革或改善策略的应用:向新的业务领域进军,扩充产品线,进入新的地理市场,变革组织结构,加大招聘力度,增加培训活动,进行员工职业规划,重新设计或梳理业务流程,增加员工关怀,加强团队建设活动,改变绩效考核模式,聘请外部咨询专家来协助解决特定问题,等等。理性思考,大家将会发现,所有这些变革举措要想成功,一定会涉及到人。一旦涉及到人,便必然会涉及两个问题:一是对现有的部分人才提出更高的要求，二是增加新的更有能力的人才。问题在于，无论是对现有的部分人才提出更高的要求，还是增加新的人才，一定会付出更大的代价，这便是上涨部分现有人员的薪酬，以及用更高的薪酬聘用能力更强的人才。同时，无论是针对部分现有的人才，还是针对即将新进的人才，企业在要求他们承担变革责任时，他们十有八九会提出两项要求，一是增加新的有能力的下属，二是增加部分有能力的下属的薪酬。

不得不承认，在一种情况下，变革带来的由人力成本增加而引发的其他成本的普遍上涨是可以忽略不计的，这便是企业发展正处于"顺周期"，因而企业的销售和利润处于持续增长通道，增长周期带来的繁荣可以掩盖企业不止于成本和人才管理领域的许多问题。然而问题在于，这样的周期并不常有；问题还在于，这样的周期一旦结束，企业很可能会快速陷入衰落。以下短文是本书作者之一（张诗信）七年前撰写的，文章议论的是西方传统业务领域的跨国公司为什么会在中国走向衰落。该文可以从一个侧面呼应我们的上述观点。

为了获取优秀人才，你敢"预支未来利润"吗？

我至今还清楚地记得这样一个场景——

2013年的某一天，我在浙江嘉善一家客户公司做咨询服务，晚上住在嘉善县城的五星级酒店罗星阁。晚上11点多钟，我正准备休息时，接到位于广东的一家客户公司的老板打来的电话。他当天参加了某咨询公司组织的一场"私董会"。活动中，有专家建议他用"预支未来利润"的方式，高薪聘请高端人才来解决公司发展中碰到的瓶颈问题。他觉得很有道理，想要这么试一试，因而打电话征求我的意见。

我完全理解他说的是怎么一回事。我反对他的这种冲动，并充分地向他解释了我为什么要反对，而他则信心满满地向我反复解释，这个方案在他的公司是可以大胆一试的。我们通了一个多小时的电话，以至于声音吵到了隔壁房间的住客，引起了投诉。

第二天，这位企业家又给我打来电话说，他昨天晚上喝了点酒，头脑有点发热。今天早晨醒来后认真想了想，还是觉得我的话有道理：不可以用"预支未来利润"的方式高薪聘请高端人才来解决公司的发展问题。我听后十分欣慰。

这种理论对谁有效？

2008年金融危机以后，在"人才难求"的大背景下，"预支未来利润"高薪聘请高端人才解决企业发展问题的观点很有市场。据我所知，主要是跨国公司的高管和一些商学院的教授们，在这样游说企业或给企业"开药方"。

这一理论的逻辑是，把高薪聘请高端人才视为一种"投资"行为。既然是投资行为，就不要追求当期回报，而应该追求中长期投资收益。这在理论上也许是讲得通的：花费500万年薪聘请一位了不起的人才，如果这位人才未来五年总共可以为企业带来5个亿的利润（如果确能实现的话，企业长期的盈利潜力是不可小觑的），每年给予他500万元的年薪，不过是"小菜一碟"——多么划算的买卖呀！

我首先认为，这种理论在以下两种情况下或许是有效的——

其一，对于那些有能力从风险投资商那里拿到巨额投资的公司或许是有效的。不仅仅是"花别人的钱不心疼"，重要的是，花大价钱高薪聘用高端人才，可以进一步获得更多更大的风投，有了更多更大的风投以后，大家一块儿把公司"玩"上市，进而从股市上圈钱。这样的投资逻辑已经是见怪不怪了。

其二，向高端人才支付的薪酬属于"受限薪酬"。也就是说，给予他的高薪是与他的业绩高度挂钩的，给予他的无责任底薪其实并不高。

这也是可行的。但这种可行性，必须建立在"无责任底薪并不高"这个前提之下。

这种理论的实践后果

在我看来，民营企业实践这种理论，是隐含着极大风险的。主要有以下四大风险。

1. 可能看错人的风险

这是实践这一理论时会碰到的第一个风险。许多民营企业家在选用人才时总是十分自信，但他们用错人的概率之高也是众所周知的。现实中几乎每一家规模以上的民企，这些年在高薪聘才方面都有惨痛的教训。

对于普通岗位的人才来说，用错人问题不会很大，不过是浪费一点工资或管理费用。但如果高级人才选用错了，那损失就太大了：直接成本、间接成本、隐性成本和机会成本，算起来令人后怕。

民企在选用高级人才时看错人的概率有多高呢？我认为高达87.5%。这个数字是这样算出来的：众多光鲜亮丽的"高档人才"，有一半是"伪人才"，一不留神就会错把这类人请到公司里来，所以成功的概率首先要打对折；即便被请进来的人才是真正的"高人"，他在你的企业未必能够发挥出他的能力，未必就能适应你的企业环境，所以又要打对折；即便他在你的企业能够发挥作用，你的企业所面临的市场环境也不是他所能左右的，所以还要再一次打对折。

经过三次对折下来，成功的概率就只剩下12.5%了。我自信这个数字是相对客观的，因为现实中的大多数民企这些年对外高薪聘用的高级人才，存活一年以上并且业绩达到预期的，大约在12.5%左右。

2. 可能推高期望值的风险

民营企业家都有这样的体会，使用工资较低的普通人才，企业对他们的要求也低——不快速出业绩可以容忍,产出的业绩没有达到期望也可以容忍。但是,对于高薪聘请来的高级人才,企业通常会期望他快速产出高业绩。

那么问题来了,当一位高薪聘请来的人才不能快速产出期望的业绩,却每天都在大量地消耗企业的成本时,企业通常会以各种各样的方式给他施压,人才自身为了使自己能够在企业站稳脚跟,也会不断给自己施压。施压的结果如果依然不理想,双方就会彼此怀疑、指责、抱怨,最终十有八九会不欢而散。

3. 成本溢出效应风险

高薪聘请"高端人才"会带来至少两个方面的成本溢出效应。首先,被聘请来的高端人才,为了快速产出企业期望的业绩,通常会以较高的薪酬来大量招聘下属人才,这会导致企业的用人成本增加。

其次,新进人员的高薪酬,会导致薪酬较低的老员工们产生不公平感,这种不公平感会以发牢骚、消极怠工、跳槽等形式表现出来。在这种情况下,企业为了解决问题,不得不给部分表现相对较好的老员工增加工资。部分老员工增加工资后,又会带来两个后果:一是其他没有增加工资的人员会产生不满情绪,二是让新进人才的优越感受挫。企业解决这两个问题的办法通常是加工资,这又导致企业的用人成本进一步增加……

4. 未来不确定性风险

即便上述三大风险都不是问题,一位高薪聘请来的高端人才,是不是就能够帮助企业解决问题、带领企业走向辉煌呢?这也是一个大问题。

大家都知道"时势造英雄"的道理。现实中的许多企业之所以出现问题,往往不单纯是企业自身的能力存在问题,而是环境变化所致。柯达公司当年要多牛有多牛,但在数码相机时代,天大本事的人都不可能让柯达起死回生;在当前的全球市场条件下,有天大本事的人也不可能让百思买、施乐、索尼、松下等昔日的伟大企业重现奇迹；在今天的市场条件下，有天大本事的人也不大可能让那些鞋业企业、体育服装企业产生经营奇迹……

最重要的是，未来扑朔迷离，越来越多的企业无法预知未来，甚至很多企业无法预知公司明年将会取得怎样的业绩。在这种情况下，企业怎么可能仅仅指望一两个能人来带领企业走向美好的未来呢？！

结语：未来是不确定的，现实更为可靠；现在不能盈利，别指望未来好运从天而降。因而，用"预支未来利润"的方式高薪聘用能人的做法是巨大的冒险行为。

2.4 职业经理人制度之利弊

面对日益复杂的人才管理问题，曾经有无数的中国企业试图通过所谓的"职业经理人制度"，来一劳永逸地解决问题，甚至直到今天，还有极少数"另类"的企业在信誓旦旦地试图建立属于自己的职业经理人制度。然而，这条路基本上已经被证明是走不通的。

职业经理人制度是西方跨国公司创造出的管理经验。几乎所有老牌的西方跨国公司，都是由职业经理人群体来负责经营与管理的。因此，从20世纪90年代中期到2013年左右，中国的管理理论界和企业界乃至主管经济的政府官员都普遍地认为，中国企业只有采取职业经理人制度，才能解决企业的可持续发展问题。即便到了今天，偶尔也还会看到有人站出来，言之凿凿地向中国企业界推荐这一制度。

然而实际上，中国企业用接近二十年的时间尝试职业经理人制度之后，最终发现这一制度不但不能解决中国企业在发展过程中面临的问题，反而让中国企业面临的人才管理问题快速趋于复杂严峻。

需要特别说明，我们之所以在此要谈及这一并无新鲜感的话题，有三个理由：其一，中国企业曾经在长达二十年的时间里，一直对这一制度抱有美好的期望，但是在尝试过程中可谓是一地鸡毛、损失惨重，至今都令人心有余悸；其二，尽管这一制度早已过气，但现实中依然有不少"歪嘴和尚"在对其大力吹嘘，这使得还有不少的企业依然对这一制度抱以幻想，这一现象充满了"袁世凯式"的悲剧色彩；其三，对这一制度进行必要的剖析，将有助于读者逐步靠近并理解本书提供的解决时代性人才管理问题的思想和方法。

职业经理人制度概述

学者们曾经对职业经理人的定义大致是这样的："职业经理人"是指那些虽然不是老板（股东），却拥有经营管理企业的能力，甚至比老板更善于经营管理企业的人才。他们受过良好的教育，具备良好的职业素养，在先进的企业里从事过特定领域或层级的管理工作，擅长于解决企业面临的经营管理问题；他们无需创办自己的公司，而只需在企业间流动，始终从事管理工作。

学者们一致认为，职业经理人制度产生于现代企业制度的发源地——美国。其产生的背景是，随着企业的销售地域、产销规模、人员规模的快速扩大，以老板为中心的企业管理模式开始不能适应企业发展的需要，于是一大批拥有良好学历背景、工作经验和高潜力的人才被提拔到重要的管理岗位上，他们的出色工作为他们赢得了荣誉与财富。

与此同时，每一家快速发展的企业也都需要这类管理者。于是企业竞相开出有诱惑力的条件，并动用社交关系和猎头公司，诱使那些有管理经验、业绩突出、声名卓著的优秀经理人加盟。而且实践证明，其中一部分职业经理人从一家企业转换到另一家企业以后，也能取得良好的（甚至于更好的）经营与管理业绩。

于是，一个以管理为职业、经常在不同企业间流动的精英阶层，开始被人们称之为"职业经理人"。他们不仅被公众视为解决企业经营管理问题的行家里手，而且还在不断激励更多的年轻人把成为职业经理人作为自己的职业梦想。

导入这一制度的直接原因

职业经理人概念为中国企业所接纳，大约可追溯到20世纪90年代中后期。归纳起来，那时有四大因素导致了职业经理人制度在中国的兴起。

其一，一部分企业的产品规模、销售地域、产销规模和人员规模迅速扩大，老板已经没有精力和能力有效管理企业的所有事务，特别需要用组织化和制度化的管理形态，来取代此前以老板为中心的个人化和经验化的管理形态，因此，"将专业的管理工作交给专业的人去做"一度成为业界和学界的普遍共识。这便是职业经理人概念当初在中国流行的"温床"。

其二，那一时期，西方跨国公司在全球范围内的巨大声誉，以及它们在中国市场所向披靡、攻城略地的强大能力，使得"以职业经理人为企业经营管理主体"的跨国公司管理文化成为中国企业学习的楷模——中国企业无不希望全面借鉴跨国公司的管理经验，其中包括跨国公司的职业经理人制度。

其三，跨国公司人才的可流动性，为中国企业实践职业经理人制度创造了可能。少数企业率先从跨国公司获取人才并获得良好经营管理成效的实践，刺激了其他企业的竞相模仿。

其四，每年以两位数增长的中国经济，为中国企业提供了大好发展机遇，使得中国企业有条件和胆量对外引进职业经理人，并愿意和有能力为在本企业推行职业经理人制度（让职业经理人在本企业推行组织化和制度化管理）而支付相对高昂的成本。

职业经理人制度在中国仅仅经历了不到20年的时间，便已经夕阳西下，接近于落幕了。

为什么以失败而告终

职业经理人制度在中国的失效，有许多方面的原因。以下四个方面的原因最为核心。

其一，在经营不景气的背景下，引进职业经理人制度导致的直接后果是用人成本令企业不堪重负。

2001年中国加入世界贸易组织以后，中国经济迎来了连续多年的超速发展。在这一经济背景下，大多数中国企业都获得了超速发展，这为那一时期中国企业引进职业经理人制度创造了前提条件。

然而，让人们始料不及的是，2008年美国次贷危机爆发，随后引发全球性经济危机，世界经济陷入了长达五年左右的不景气。在这一背景下，对外贸深度依赖的中国经济不再以两位数的速度增长了，大量传统产业中企业的销售和利润增长大不如从前。

经济不景气为什么会影响企业对职业经理人制度的实践热情呢？这是因为，实践职业经理人制度首先是一件十分昂贵的事情。

一家年销售额3亿元的民营企业，如果引进五位高级职业经理人，每年可能因此要增加500万元的直接薪酬支出。请注意，对一家年销售额3亿元并有望通过建立职业经理人制度而在未来实现5亿元、进而实现10亿元年销售额的企业来讲，500万元似乎只是一个小数字。但是，有以下三个很现实的问题摆在了这家企业的面前。

第一个问题。看似这家企业聘请五位高级职业经理人，每年仅仅需要增加500万元的薪酬支出，但它实际要付出的薪酬肯定会远远高于500万元。因为，这些高级职业经理人来到企业以后，要把企业从个人化和经验化的管理形态变革成为组织化和制度化的管理形态，他们通常会高薪招聘更多的能人，而更多能人的到来，必然导致公司用人成本快速和大幅度的增加。要命的是，大批地高薪引进新的能人，导致企业内部薪酬政策不断改变：企业不得不调高老员工的薪酬待遇，而老员工薪酬待遇的提高又使得新进人才产生"不公平感"，于是企业的用人成本被反复推高。

第二个问题。假定该企业因为聘请五位高级职业经理人，导致企业整体用人成本增长了1000万元（一般不止于这个数字），而该企业的利润率仅为10%，那么意味着，该公司1/3的利润也就"泡汤"了。

第三个问题。假定因为这五位高级职业经理人的加盟，企业的销售和利润双双出现大幅度增长，那么增加1000万元的用人成本也不是问题。问题在于，多付出1000万元的用人成本，在经济普遍不景气的背景下，如何保证销售和利润增长？而大量的企业引入职业经理人失败的教训又反复暗示：聘请职业经理人解决企业的经营与管理问题，从而保证销售和利润的大幅度增长，这种可能性其实远没有想象中的那么高。

其二，在"职业经理人制度等同于先进的企业管理制度"这一社会性认知氛围中，出现了大量的"鱼目混珠"式的职业经理人，进一步致使企业损失惨重。

那一时期，全社会对职业经理人制度的普遍看好与期待，催生了一大批以职业经理人身份进入人才市场的人群。为数众多的自诩为职业经理人的人，其身上往往存在以下四个问题（同时也是企业在使用职业经理人时日趋谨慎的重要原因，甚至是最为核心的原因）。

第一个问题是，许多职业经理人徒有虚名。他们大多出身于跨国公司或国内知名公司。曾经，人们普遍认为在跨国公司和国内知名公司工作过的人一定会很优秀，而实践则反复证明，许多职业经理人在著名公司里只不过是既定制度的执行者，而不是创造者，而且他们通常只是在某一业务流程的某一环节具备有限的工作经验。此外，许多号称自己或在内心深处把自己定义为职业经理人的人,往往仅仅拥有虚高的头衔,而并不具备经营管理企业的实际能力。这样的人来到中小民营企业,基本上不能解决问题,反而可能会搞出许多新的问题来。

第二个问题是,许多职业经理人薪酬要求过高。这是一个十分普遍的现象,99%的被称为职业经理人的人,一定会在转换工作时开出一个较高的价码(薪酬要求)。因为两点:一是此前他们的薪酬较高,降不下来;二是只有在面对新的潜在东家时开出更高的薪酬,才能体现自身的价值。他们中的很多人,在口头上看重企业发展前景和企业给出的股份或股票期权,但是实际上他们更看重的是当下拿多少钱,因为在他们的内心里,企业的未来往往是不可靠的。可以说,这是越来越多的企业对职业经理人望而却步的核心原因之一。

第三个问题是,许多职业经理人只愿意承担有限的责任。大多数职业经理人只愿意在有限的时间和工作范围内为企业承担责任,这与他们的经历有关。他们在之前的企业中,已经习惯了只承担与特定职务权限相匹配的责任,并且往往只是在法定工作时间内承担工作责任,在承担责任时往往还需要企业提供相应的前提条件。同时,他们知道,由于自己的薪酬高,如果他们不能快速做出业绩,企业就会撵他们走,因而他们的管理行为往往具有短期性和自利性(现实中有许多触目惊心的例子,在此就不列举了)。而在中国民营企业中,老板们总是要求管理人员承担更多的责任,并且能够站在企业的立场上,为企业的长期利益着想。这是职业经理人越来越多地不被企业看好的又一重要原因。

最后一个问题是,许多职业经理人缺乏基本的忠诚。这一点通常由四个原因所导致。一是他们十分珍惜自己的个人品牌。当其所服务的企业"不行"时,他们中的绝大多数人不是想着如何与企业"同舟共济",而是谋划着如何尽快抽身离开,因为他们的想法是,万一企业真的不行了,将会损害到他们的职业声誉和前途。二是他们知道自己的薪酬高,企业裁员时可能会优先裁掉他们。三是因为他们是职业经理人,与外界企业及猎头公司有着广泛的联系，一旦有新的"冤大头"愿意开出更高的薪酬，提供更好的平台，他们就会找出各种借口选择辞职。四是当其所任职的企业并不能做到持续地信任他们时，他们也不会信任企业，而这种相互不信任并不对他们构成长期的利益损害，因为他们可以重新选择企业。

其三，老板的思维有局限，但他们在选择职业经理人时却充满了高度自信。

除了以上两大原因之外，职业经理人制度在中国企业不能成功落地，也与中国企业老板的思维局限有着某种程度的关系。归纳起来主要有以下两个方面。

一是看重外在光环。大多数聘请职业经理人失败的企业，在极大程度上是其老板在聘请职业经理人时就犯了一个大错误，即过分地以候选人的学历、工作过的公司和从事过的职务为"标准"来判断和取舍人才。拥有名牌大学MBA学历、在著名公司从事过总监级以上职务的人，通常会被认为更加优秀。殊不知，MBA学历只要有足够的时间和金钱就能考取；公司越是著名，个人对于公司发展的贡献越小；越是著名的公司，越是习惯于把那些丁点儿大的（基层执行岗位）职务也叫作"总"。

二是急于求成。由于聘请职业经理人的成本高昂，因而总是希望他们立刻产生理想的甚至超预期的绩效，否则就会对聘请来的职业经理人大失所望。通常，从对职业经理人充满热切期望，到对职业经理人大失所望，其周期不会超过一年时间。中国企业家的这种急于求成的心理也许是可以理解的：敢于花高薪聘请职业经理人，总是期望他们能够很快给企业带来脱胎换骨的改变。然而，这种期望是不切实际的，因为它违背了客观规律：一位职业经理人的能力再强，也不可能把一家企业几年甚至十几二十年都没有解决的问题在几个月内全部解决掉；即便仅仅是熟悉和融入一家企业，也有可能需要一年以上的时间。

其四，绝大多数职业经理人无法承担起企业转型升级的历史使命。

中国加入世界贸易组织后的最初几年，中国企业主要是在普通商品领域以低成本参与国际市场的竞争。由于中国商品具有明显的成本优势，故而快速赢得了市场。然而，随着竞争的白热化，尤其是随后发生的三件大事，使得中国企业无论是在国际市场上，还是在"家门口"的国内市场上，其竞争优势快速下降。一是新劳动法的出台，使中国企业的人力成本优势迅速降低；二是来自世界上其他劳动力资源充沛的国家（主要是东南亚国家）生产的产品，更具成本优势；三是2008年美国次贷危机引发的全球经济危机，使得中国企业的生存与发展更加雪上加霜。

在上述背景下，中国企业普遍意识到在经营与管理上进行"转型升级"的重要性、必要性和迫切性。这一需求快速产生了两大效应。

第一，使企业迫切需要招聘到更多的能够帮助企业转型升级的人才。恰在此时，由于中国"人口红利"的逐渐消失，大量的西方跨国公司在中国市场的经营开始捉襟见肘，进而有越来越多的西方跨国公司开始迁出中国市场。西方跨国公司在中国市场式微甚至退出中国市场，意味着有更多的人才要流向中国企业。这也是这一时期中国企业大面积高薪引进来自跨国公司"空降兵"的原因。

第二，在大量引进来自跨国公司"优秀人才"的同时，越来越多的企业开始发现，高薪招聘来的有着跨国公司光环的人才们，绝大多数并不能承担起企业"转型升级"的历史使命。这是因为，绝大多数来自跨国公司的人才，只是跨国公司庞大机器上的一个"零件"，他们来到中国企业以后，在按部就班的格局下进行管理、技术和工作的创新是有可能的，但指望他们承担起带领公司"转型升级"的历史使命，这不符合他们的能力和意愿，因而也是对他们不切实际的要求。

至此，职业经理人制度在中国市场快速降温，以至于到了今天，很少有企业会强调本公司实行的是职业经理人制度。

第 3 章
必要的认知：劳资关系的三次演变

◆ 3.1 劳资关系的三个时代

◆ 3.2 西方企业劳资关系概说

◆ 3.3 中国企业劳资关系概说

阅读完上一章之后，大家很可能会急切地希望看到本书给出的人才管理问题解决方案。这种心情是可以理解的，但在我们看来，只有把企业界所面临的人才管理问题放在宏大的历史背景中进行深入探究，才有可能真正透彻地理解问题并最终找到解决方案。

阅读本章大家将会看到，企业界今天所面临的一系列错综复杂的人才管理问题，实际上是与人类社会劳资关系在过去几百年间一直在持续不断地发生演变，有着直接和必然的因果联系的。可以这样认为，企业界今天之所以面临了层出不穷、剪不断理还乱的人才管理问题，归根结底是因为时代发生了深刻变化。不能意识到和理解此点，便不可能真正地找到长效解决问题的方案。

▶▶ 3.1 劳资关系的三个时代

一位原始丛林中的迷路者，如果他不在乎自己处在丛林的哪个位置，而只关心如何走好脚下的每一步，那么他很有可能走不出丛林。企业的人才管理大致也是如此：如果一家公司只注重如何应对随机出现的、此起彼伏的各种具体问题，而不是从系统的和历史的高度来分析问题并寻找解决方案，那么它为此而付出的总代价必然将十分昂贵。

下面，我们将从分析人类商业史上劳资关系发展的历程入手，对广泛的企业所面临的人才管理问题做进一步探讨。通过这一内容安排，将启发读者全面和深入地理解本公司所面临的人才管理困境，并找到长效解决现实问题的方向性和原则性的灵感。

对于那些"不喜欢理论"的读者来说，本节的内容可能会感到枯燥乏味。但是，要想真正地理解和有效地应用本书所倡导的人才管理思想和方法，需要大家具备相应的理论兴趣及思维。我们相信，只要你沉静下来读完这部分的内容，你的思维一定会更加开阔，解决你公司面临的人才管理问题的灵感将因之而在你的脑海里油然而生。

三个时代

2018年3月，我们两位作者合作撰写的第一部著作《合伙人制度顶层设计》出版。在那本书中，首次公开了我们的一项研究成果。这便是，迄今为止人类商业史上的劳资关系，经历了图3-1所示的三次大的演变：最初是"强权时代"，后来发展到了"交易时代"，现在正处于"利他时代"（简称"劳资关系的三个时代"）。

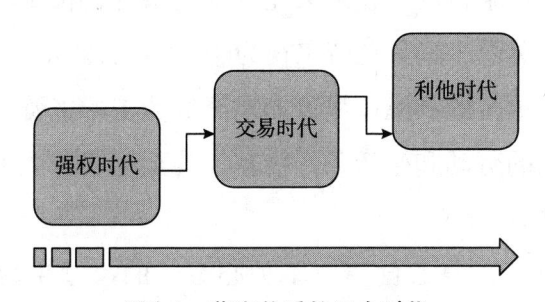

图3-1　劳资关系的三个时代

当我们站在劳资关系发展的历史高度，来看待和理解当前各企业所面临的人才管理问题时，对于许多在"埋头拉车"时不能理解的问题，就会一下子明白过来。现在，我们就来了解这三个时代，并对驱动时代变迁的因素进行必要的分析与归纳。

（1）强权时代

这里所说的"强权"，是指在特定的时空条件下，劳资关系中的资方很大程度上拥有可以任意支配另一方（劳工）的地位和权力，劳工一方则出于各种原因，不得不忍气吞声、逆来顺受地接受资方的支配。

在西方资本主义国家，这一时代跨度约500年时间，即大约从15世纪末的"地理大发现"一直到第二次世界大战结束（1945年）。而在中国，这一时代则以1978年中国实行改革开放为起点，直到1993年左右西方企业开始大规模进入中国市场。（需要说明的是，在新中国成立之前的数十年间，一度有过资本主义的萌芽，那个时期在中国东部沿海地区兴起的工商企业中，其劳资关系大体说来也明显具备强权特征。由于那一时期不具代表性，且与现时代脱节，故本书在论述中国企业劳资关系的强权时代时，有意略过了此一时期）。关于这一时代存在的证据和变化的动因，我们将在本章的随后部分再做详细论述。

在整个强权时代，绝大多数企业使用劳工的思维和行为，表现出了如下基本特征及其一致性。

——股东以追求自身利益最大化为最高宗旨，很少考虑劳工们的诉求、利益和人格尊严，只是把劳工视为赚钱的工具。

——为赚取更多的利润而尽可能地压低劳工的工资，延长劳工的劳动时间，所提供的劳动和生活条件极差，甚至运用非人道手段强迫劳工满足企业的要求。

——漠视劳工的身心健康，不关心劳工的家庭生活，随时可以根据企业的需要和股东或其代理人（监工和经理人）的好恶而将劳工扫地出门。

——为了更有效地支配劳工，企业主及其代理人会尽可能通过生产流水线、管理流程与标准将工作进行细分，以便让每一位劳工只是在细得不能再细的工作环节进行有限动作的劳作。如此一来，工作效率和质量会更高，而管理和使用劳工的成本则会维持在极低水平，劳工也因此根本就无法跟企业主讨价还价。

在今天看来，强权时代的企业，其管理劳工的思维和行为是缺乏人道精神的，甚至是极其黑暗的。然而在那个时代，上述思维和行为却被广泛地认为是天经地义的。关于为什么会出现强权时代，以及强权时代是怎样结束的，我们将在本章的随后部分加以说明。

（2）交易时代

这里所说的"交易"，是指在特定的时空条件下，劳资关系中的资方采取"做买卖"的方式与另一方（员工）进行价值交换：他们希望以尽可能少的成本付出，换取员工尽可能多的价值创造。但是，员工却并不买账，他们在对资方不满时，会以各种方式（如怠工、罢工、结党、辞职等）要求资方提供更好的待遇和工作/生活条件。在这种情况下，资方不得不把员工的工作结果与其所能获得的待遇条件进行挂钩。

在西方资本主义国家，这一时代持续了40年左右，即从第二次世界大战结束，一直到1985年左右经济全球化兴起。而在中国，这一时代则仅持续了20年左右，即从1993年西方跨国公司大规模进入中国市场开始，一直到2013年左右。关于这一时代存在的证据和变化的动因，我们也将在本章的随后部分再做论述。

交易时代的典型特征是，绝大多数企业管理员工的思维和行为，表现出了以下基本的一致性。

——不得不重视已经崛起的精英阶层（如中高级经理人员、技术和专业人员）的作用，不得不努力提高他们在企业内部的"政治地位"，不得不改善他们的工资待遇和工作及生活条件。与此同时，一线岗位员工的工资待遇、工作环境和生活条件也得到了相应改善。

——企业给予员工优于此前的劳动报偿是有条件的，即只愿意采取"低基本工资+高绩效工资/奖金"的薪酬模式。企业的共同做法是：

尽可能地压低支付给员工的基本（计时）工资，但可以给出与市场价格持平或略高的绩效（计件）工资/奖金/提成；为激励和保留已经逐步崛起的专业人才群体，会承诺给那些有能力和贡献的员工以升职加薪的机会，事实上也是这样做的。

——为了确保人力资源使用效率的提升，企业按照教科书的指引和参考标杆企业的经验，设置有专门的人力资源部门和岗位来对员工队伍实行"科学化"管理，包括：进行必要的组织和岗位工作设计，设计合理的薪酬福利政策，运用更合理的流程与标准来招聘和保留人才，运用更有效的方法来考核员工的工作绩效，开展多样化的员工培训，对员工的工作和生活环境与设施进行人性化改善，等等。

——企业主及其代理人（职业经理人）也会尽可能通过生产流水线、管理流程与标准将工作进行细分，让每一位员工尽可能地只在细分的工作环节进行工作，以便提升工作效率和质量，并使管理和使用员工的成本尽可能地维持在"合理"的水平，同时以此降低员工与企业讨价还价的筹码。但在优秀的专业人才供给相对不足的背景下，这方面的作用越来越有限。

尽管这一时代总体上讲已经结束，但这一时代中企业管理员工的思维和行为，我们并不陌生。这是因为，一方面我们脑子里有大量的这个时代的资方对于劳方种种管理观念和行为的记忆，另一方面现实中的许多企业，其管理员工的行为背后还有大量的交易性的成分（特别是传统行业中的企业对于基层员工的管理）。关于为什么会出现交易时代，以及交易时代是怎样结束的，我们将在本章的随后部分进行说明。

（3）利他时代

这里所说的"利他"，是指在特定的时空条件下，劳资关系中的资方不得不给予人才们以更大的利益，以吸引和保留人才或换取人才们的合作，但资方的慷慨是迫于现实压力而不得已采取的"进取性"行为。

因为在这种劳资关系中，员工一方总体上已经在双方的博弈中占据了某种程度的主动地位，他们的职业能力、行为、心态、思维等等，都在无声地迫使资方不得不一再做出某种程度的让步或妥协。

西方资本主义国家大约是从1985年左右进入到这一时代的，而中国则大约是在2013年左右进入到这一时代。关于这一时代的更多的观点，我们也将在本章的随后部分再做论述。

利他时代的典型特征是，越来越多的企业管理人才的思维和行为，表现出了以下基本的一致性。

——不得不首先用较高的薪酬、职务头衔、福利条件以及采取股权激励的方式来吸引人才加盟，否则企业便无法从人力资源市场获得企业生存与发展所必需的各类优秀人才。当企业这么做时，用人成本及人才管理压力也就相应持续增加。

——在用人成本和人才管理压力持续增加的背景下，企业又不得不通过持续加强教育训练和不断导入更有效的管理方式，来促使或确保人才们为企业创造价值，因为如果不这样做，便无法确保人才们创造的价值大于企业使用人才而支出的成本。

——大多数企业较历史上任何一个时期都更加尊重、关怀和爱护自己的员工，为了吸引、保留和用好人才，企业不惜持续花费大量的金钱做员工职业规划、组织员工开展内容丰富的"团建活动"，并试图通过有效的"文化价值观"训练来让人才们的观念与决策者保持一致。当企业这么努力地解决问题时，用人成本就进一步被推高，而被推高的用人成本在许多时候又进一步导致管理压力的增加。

——针对用人成本不断上涨的压力和由此带来的管理压力，大公司和部分有进取心的中小企业会本能地试图通过三种措施来予以缓解：一是通过持续的技术和管理创新来努力维持销售和利润的持续增长，二是以各种理由裁撤或不再续聘享受高薪酬和高福利的人才，三是到成本相对低廉的地区或国家开办公司。但所有这些努力，都无法遏制公司用人成本持续上涨的趋势。

总之，这是一个全新的时代：企业只有采取有利于人才的管理理念和方式，才能获取和保留人才。这在商业历史上是十分罕见的，因为在历史上的任何一个时期，企业都没有像现在这样对人才表现出如此的善意。然而，由于是全新的时代，企业究竟应该采取怎样的有利于人才的管理理念与方式，以及如何同时确保企业的可持续发展，这会是一个很大的问题。也正是因为这个问题的存在，我们看到，当下各种各样的新旧管理思想与方式正处在激烈的"斗争"之中，而且尚没有出现一种"放之四海而皆准"的因应这个时代的人才管理思想与方法体系。关于为什么会出现利他时代，以及在这个时代企业究竟应该采取怎样的人才管理战略、策略与方法，我们将在本章的随后部分再做说明。

驱动变化的七大因素

我们的研究显示，前述人类商业史上劳资关系由强权时代向交易时代的发展，再由交易时代发展到今天的利他时代，是在许多因素的交互作用下共同推动的。表3-1揭示了驱动上述变化的七大关键因素。

表3-1　　　　　　　　影响劳资关系变化的核心因素

	强权时代	交易时代	利他时代
资本因素	老板是企业资本的来源	以老板的资本为主体，股权、债权和商业融资并举	市场融资已经成为企业发展的主要资金来源
政法因素	政治和法律漠视劳动者权益	公民的政治和法律意识增强	政治和法律以保护劳动者权益为基本宗旨
技术因素	产品技术及生产方式简单	产品及生产方式日趋复杂	产品和生产技术迅猛发展
竞争因素	竞争围绕4P（产品、价格、渠道、促销）展开，边界清晰，变化缓慢	竞争围绕决策、营销和运营能力而展开，变化不断加速	跨界竞争无处不在，竞争力来源于团队爆发力和应变力
组织因素	人员较少，组织结构简单	人员规模不断扩大，组织结构日益复杂	组织结构复杂多样，权力重心持续下移

续表

	强权时代	交易时代	利他时代
人才供求因素	社会劳工的总供给远大于总需求	有效的人才供求开始出现不对称趋势	高效能人才的总供给明显小于总需求
社会经济因素	民众财富少，受教育程度低，工作是为了求生存	民众财富增多，受教育程度提高，工作是为了求发展	民众财富进一步增加，受教育程度普遍较高，职业观念多元化

（1）资本因素

在强权时代，企业生产经营所需要的资本来源于资本家；到了交易时代，企业生产经营所需要的资本不仅来源于资本家的投资，还来源于债务融资、商业融资和股权融资；而到了利他时代，越来越多的企业生产经营所需要的资本，并不完全来源于企业创始股东，而是来源于多元的市场化的融资途径。

企业生产经营所需资本来源的变化，在相当程度上是企业所有权和经营权的微妙变化，也是企业中的权力和利益不断发生再分配的过程。在这个过程中，员工一方（以精英人才为主体）的权力在持续增加，而企业股东一方的权力和利益则在持续相应削弱。当一家公司创业与发展所需资本主要来源于风险投资方，而不是公司创始人时，高管们在公司的话语权和利益就必然会增加。

（2）政法因素

在西方国家劳资关系的强权时代，国家权力机关普遍为新兴的资产阶级所"控制"，城市工人阶级的权利不为政府所保护。社会主义运动之所以在第二次世界大战前风起云涌，并推动世界发生翻天覆地的变化，其肥沃的社会土壤就是普遍的新兴资产阶级对广大工人阶级的残酷剥削和压榨，以及代表资产阶级利益的政党和政府无法代表广大无产阶级的根本利益。

第二次世界大战前后，随着以苏联为首的社会主义国家集团在全球范围内影响力的增强，以及随之而来的全球范围内风起云涌的社会主义运动（也包括民族独立运动）的不断兴起，迫使西方资本主义国家不得不采取两大举措，来解决资产阶级对工人阶级的无情剥削：一是各行各业的工会组织（产业工人为维护自身利益而自发成立的组织）迅速崛起，二是各个国家相继出台了大量的旨在保护工人阶级利益的法律法规。这两项举措，在一定程度上宣告了西方国家强权时代的结束，交易时代的到来。

随着国家政法体系中公民意识的进一步增强，加上全球化浪潮的兴起，媒体越来越多地为广大民众摇旗呐喊，旨在保护劳动者权益的法律法规不断建立和健全，以及在其他因素的共同作用下，劳资关系逐步进入到了一个全新的时代——利他时代。

在此或许有必要重点说一说政治和法律因素对中国企业劳资关系发展的影响。如前文所述，中国企业劳资关系的强权时代是从1978年改革开放开始，到1993年左右西方企业开始大规模进入中国市场结束的。这个阶段的到来，与国家宏观政治形势的风云巨变有十分直接的关系，可以说是国家乃至国际政治因素介入的结果。

我们之所以认为中国大约是在1993年左右进入交易时代的，其理由是，中国改革开放国策是在1992年邓小平南方谈话后进入到一个新的历史阶段的。正是这一阶段的到来，促使了西方跨国资本开始大规模投资中国市场，而且中国的第一部《劳动法》是在1994年出台并执行的。中国于2007年出台了第二部《劳动法》，如果此后没有发生由美国次贷危机引发的全球经济危机，那么中国经济的发展加上政治因素的介入，中国很有可能会在2008年左右便进入到利他时代。但是，由于始料未及的经济危机打乱了变化的正常节奏，使得这部史上最严苛的法律在经济不景气的几年间，并没有得到严格执行，再加上其他因素，所以中国企业劳资关系延迟到2013年左右才进入到利他时代。

（3）技术因素

强权时代的企业产品技术及生产方式均比较简单，企业大多是在自给自足的状态下完成产品生产的，只需要有限的原料供应。到了交易时代，企业的产品技术及生产方式日益复杂，而且越来越多地需要外部协作才能实现。到了利他时代，产品种类、技术和生产方式日益复杂化，特别是互联网的兴起和相关技术的发展，使得适应变化和外部协作成为广泛的企业有效生存与发展的关键。

产品和生产技术的发展对劳资关系变化的影响机理在于，产品与生产技术越复杂，越是需要高素质的人才积极主动地工作；而企业对高素质人才的依赖，在相当程度上则意味着，企业所有者不得不向高素质的人才一而再、再而三地出让原先属于自己的权力和利益。

（4）竞争因素

在强权时代，绝大多数企业所在行业市场都有清晰的边界，同业间均围绕4P（产品/Product、价格/Price、渠道/Place、促销/Promotion）展开竞争，不同行业间也彼此泾渭分明，同一行业内部不同层级市场之间同样是"井水不犯河水"，因而竞争环境变化十分缓慢。到了交易时代，竞争环境迅速发生变化，不仅同一行业内部竞争日趋激烈，行业之间也可以相互渗透，而所有的竞争都围绕着资本、决策、技术、生产、营销、人才、运营的能力而展开。到了利他时代，各行各业的竞争更趋激烈，机会在快速地出现，也在快速地消失，而且几乎每一个行业都出现了产品、渠道和市场的碎片化趋势，跨界竞争也是无处不在——不经意间，就可能有此前从未见过的强大对手向自己杀将过来，而小打小闹的跨行业渗透与竞争更是无时无处不在。

竞争环境的不断变化，意味着企业生存与发展对人才的依赖度不断提高——只有各个层级和专业的高能力与高素质人才，才能保证企业在越来越全方位的竞争中保持领先或不至于败北。

（5）组织因素

在强权时代，除了极少数的托拉斯（trust，垄断组织的高级形式之一）外，绝大多数企业的人员较少，组织结构简单。在那时的企业组织中，所有者（股东）只要采取个人化和经验化管理就能维持组织的正常运营。到了交易时代，各类工商企业的产销规模越来越大，人员规模也因此不断扩大，组织结构日益复杂，组织内部的运营、协调、沟通和管理难度随之不断增加。到了利他时代，随着产品结构、生产结构、市场结构和供应链结构的日益复杂化，企业组织结构也变得更加多元化、复杂化和柔性化。

组织因素的变化，导致了三重效应的出现：一是使得组织对高效能人才的需求增加；二是导致了组织的权力不断由"金字塔"的上部向中下部转移；三是上述两个因素又使得组织的管理与协调难度进一步增加，管理成本也因此而相应增加。

（6）人才供求因素

在强权时代，企业生产经营活动主要依赖于资本家的聪明才智，工人只是资本家实现其目的与意志的工具，且那时的企业相对较少，而需要找工作的劳动者又普遍地供过于求。到了交易时代，企业生存与发展对人才的依赖度不断提高，而这时社会供给人才的能力也在提升，因而供求基本平衡，只是占比较小的专业和技术员工出现了供应不足。到了利他时代，由于企业生存与发展对人才的倚重度更高，企业数量和规模不断增长，加上本书第2章中提及的其他多种因素的驱动，企业对人才能力素质的要求不断提高，而社会"生产"人才的速度则不能满足企业界的普遍需求，于是便在总体上出现了人才供不应求的局面。

人才的供求关系对劳资关系的影响机理是：当企业需要的人才供过于

求时，企业对待人才便可以"为所欲为"；反之，在人才供不应求的市场格局下，企业便只能一再妥协，即不得不更多地向人才出让更大的权力和利益。

（7）社会经济因素

在强权时代，工人家庭普遍生活贫困（"资产阶级"和"无产阶级"由此而分野），社会民众受教育的程度普遍较低。到了交易时代，"中产阶级"开始崛起，社会的文明程度不断提高，民众受教育的程度也普遍提高。到了利他时代，社会民众的财富不断增加，加上社会安定，国家给予居民的生活保障越来越好，民众受教育的程度和机会普遍增加。

社会经济因素对劳资关系发展的影响机理是：居民的财富越少，受教育的程度就会越低；受教育的程度越低，生存能力也就越差；生存能力越差，家庭财富就会越少，工作的可选择机会也就越少，被人任意"宰割"或"摆布"的可能性也就越大，获得自由和自主的可能性便会越小。反之，居民的财富越多，受教育的程度越高，生存压力也就越小，面对工作的可选择性也就越大。

3.2 西方企业劳资关系概说

西方企业在人才管理方面所经历的过程，大致分为三个阶段。第一阶段：大约从15世纪末的"地理大发现"一直到第二次世界大战结束；第二阶段：第二次世界大战结束到经济全球化浪潮开始，时间大约为1945—1985年左右；第三阶段：1985年左右经济全球化浪潮兴起至今。这三个阶段，分别对应的就是西方企业劳资关系的三个时代：强权时代、交易时代和利他时代。

强权时代：从"地理大发现"到"二战"结束

西方企业劳资关系的强权时代，最早可以追溯到15世纪末在西欧国家广泛兴起的"地理大发现"。因为，当年盛行了400年左右的被后来的历史学家称为"地理大发现"的那段历史，实际上也是西方资本主义国家的海外殖民史。那段历史不仅深刻地影响了后来的世界格局和人类的社会发展进程，也深刻地影响了工业革命之后西方国家定义劳资关系的基本方式。或可认为，西方国家企业劳工政策的基本理念，正是源于此一时期形成的DNA。

关于西方国家当年"地理大发现"的过程，了解世界史知识的人都是知道的，故在此不作赘言（还因为这并非本书的重点）。在这里，只请大家思考一个问题：在西方国家的探险者（后来的领主、庄园主、财阀、政治人物）相继在非洲、南亚、大洋洲和美洲"发现"新领土，并以"主人"的身份占有那些领土之后，他们是如何经营被"发现"的领土的呢？历史资料显示，他们的共同做法是：

从母国或战败国输送大量罪犯或战俘到殖民地为他们做苦役，贩运大量的非洲奴隶前往殖民地为他们做苦役，迫使当地的原住民为他们做苦役。

为了防止上述奴隶/劳工的反叛、偷懒，他们在母国政府的支持下，动用暴力工具（军队和私人警察、刀枪、皮鞭、猎犬等）来实现对奴隶/劳工的高压管理。

集居在最简陋的工棚里的被奴役的劳工们，不仅没有人身自由，终日辛苦劳作后连果腹的食物都没有保障，更谈不上什么医疗保健了，劳工们随时随地会像野狗一样地死去。

他们把从奴隶/劳工们身上压榨得来的大量财富，用于"购买"更多的奴隶/劳工来开垦更大的种植园、矿山，以及建设更大、更坚固的庄园或城堡，并带回大批的金钱回到母国置办更大的用以显示自己财富和地位的产业……

上述西方国家的殖民历史作为"火种"，在随后的工业革命到来后，成为西方国家企业劳工政策的基本"调性"。工业革命发生以后，西欧各国迅速出现了旨在建造更多和更大工厂的"圈地运动"，城市化开始兴起，而城市化带来的一个问题就是，大量的失地农民需要养家糊口的工作机会。虽然城市化进程给脱离土地的农民带来了一定数量的就业机会，但相对于更大量的失地民众需要就业的现实，工作机会则是相对有限的，这给那些工厂主"残酷地剥削工人"提供了条件。于是，我们从众多的教科书、小说和史料中看到：

成群结队的劳工希望找到工作机会；

工厂主及其雇用的"纠察队"手拿暴力工具逼迫工人们没日没夜地工作；

工人的工作和生活条件极其恶劣；

工人只能赚取到极少的工资；

工人们的反抗被一次又一次地残酷镇压；

议会和政府被资本家的代言人把持，民众的疾苦得不到应有的人道关怀……

于是，欧洲出现了此起彼伏的声势越来越浩大的工人运动，继而劳工的悲惨境遇才逐步有所改善。请注意，工人运动的中心内容是，产业工人联合起来通过集体的政治化力量谋求实现三大诉求：抗拒或反对资本家的剥削、压迫和奴役；为自身争取合理化利益或避免自身的利益受到侵害；形成声势，以引起社会舆论和政治力量的同情与支持。

大家都知道，马克思主义学说和共产主义运动，就是在这样的社会背景下产生的，它的直接原因就是资本家对工人的残酷剥削和压迫。马克思主义的缔造者卡尔·马克思和弗里德里希·恩格斯在《共产党宣言》一书中，对当时无产阶级的生存现状进行了大量的描述。以下文字引自该书：

由于推广机器和分工，无产者的劳动已经失去了任何独立的性质，因而对工人也失去了任何吸引力。工人变成了机器的单纯的附属品，要求他做的只是极其简单、极其单调和极容易学会的操作。因此，花在工人身上的费用，几乎只限于维持工人生活和延续工人后代所必需的生活资料……

现代工业已经把家长式的师傅的小作坊变成了工业资本家的大工厂。挤在工厂里的工人群众就像士兵一样被组织起来。他们是产业军的普通士兵，受着各级军士和军官的层层监视。他们不仅仅是资产阶级的、资产阶级国家的奴隶，他们每日每时都受机器、受监工、首先是受各个经营工厂的资产者本人的奴役。这种专制制度越是公开地把营利宣布为自己的最终目的，它就越是可鄙、可恨和可恶。

……

当工厂主对工人的剥削告一段落，工人领到了用现钱支付的工资的时候，马上就有资产阶级中的另一部分人——房东、小店主、当铺老板等等向他们扑来。

尽管18世纪中叶以后，工人运动在西欧国家风起云涌，工厂的生活和劳动条件因此而有所改善，但直到第二次世界大战结束之前的200年左右的时间里，西方企业在劳工管理模式上，基本上依然处于强权时代的状态。

交易时代："二战"之后到经济全球化之前

第二次世界大战的结束，可以认为是西方企业劳资关系第一次发生实质性转变的分水岭，也就是说，从那时起，西方企业的劳资关系才由此前的"强权时代"过渡到"交易时代"。这种转变，主要是在下述三种力量的相互作用下共同推动的。

第一种力量是，社会主义国家阵营的崛起促使西方资本主义国家不得不做出改变。社会主义国家阵营的崛起和壮大，促使了全球范围内民族解放运动和工人阶级运动的风起云涌，马克思主义成为许多国家民众的信仰和政治团体的行动纲领。这一背景因素，大大地加深了西方资本主义国家的危机感，它迫使北美及西欧的老牌资本主义国家意识到，必须在与社会主义国家阵营进行武装和政治斗争的同时，关心和改善工人阶级的疾苦，才可能从根本上缓解或消除资本主义危机。于是，西方国家推动成立了国际劳工组织，从立法层面来承认和引导各类工会组织的活动，出台了一系列旨在保护劳工利益的法律和法令，并从社会舆论层面广泛同情、关心和援助劳工，等等。

第二种力量是，战后重建带来的巨大商机，导致了西方国家长达四十年的繁荣，从而大大地缓解了来自工人阶级和工人阶级政党的运动强度。"二战"结束之后，几乎被战火摧毁的西欧国家和日本需要大规模重建，这给西方资本主义国家带来了经济繁荣的机会和解决其深层次社会阶级矛盾的契机。经济繁荣机会意味着，企业需要招收大量的各类工人和各类专业人才，这相应地缓解了劳动力供应过剩导致的一系列社会问题，与此同时，商业机会导致的利润增加，再加上政治和法律因素的介入，使得西方企业有条件并不得不向员工们提供更好的工作及生活和待遇条件。

第三种力量是，企业规模的不断扩大、分工的日益精细化和技术的持续发展，使得企业对各类专业人才的倚重度持续增加。"二战"结束以后，北美、西欧和东亚及东南亚部分市场处于持续的繁荣期，繁荣时间长达40年，过程中参与市场竞争的企业的产销规模持续扩大，产品技术和生产技术也得到了持续和空前的发展，企业内部的精细化专业分工趋势更加明显，所有这些都促使企业对各类专业人才需求的增加。于是，顺理成章的逻辑是，为了获得和保留住优秀的人才，各类企业不得不向人才们开出更好的薪酬待遇和更优越的工作与生活条件。因而，西方企业的员工境遇进一步持续得到改善。

正是上述三种力量的聚合，共同促使了西方"中产阶级"的产生及其数量的持续增加。西方国家"中产阶级"的崛起，一度被几乎所有西方政治家、社会科学家、媒体人士、工商业人士以及广大民众普遍认为是资本主义优越于社会主义的地方，也一度成为社会主义国家中大量的人们怀疑社会主义制度优越性的原因之一。然而，所有这一切，在人类历史的长河中不过是阶段性现象，也就是说，这种现象其实与"主义"没有太大关系，属于受经济学中的供求因素和景气因素影响而出现的阶段性结果。

此外还有必要指出的是，在西方经济学中，"交易"或"交换"一直是最基础性或灵魂性的思想，在这一基础性或灵魂性思想指引下，企业与其供应商和客户的关系就是交易关系，企业与其员工的关系也是交易性质的。也正是出于这一基础性或灵魂性思想，在"二战"以后长达40年的时间里，西方国家劳资关系的性质，其实就是在特定的（政治、法律、社会舆论）限制条件下的交易关系，只是在这种交易关系中，并在市场供求关系不断向有利于员工的方向变化的情况下，员工作为交易的一方很自然地获得了较多的利益。在同一时期，西方国家所创造出的大量管理学理论，也均是建立在这一基础性或灵魂性思想之上的。这一时期西方国家产生的管理学理论和方法体系，不仅影响了西方国家企业随后的劳资关系政策选择，也深刻地影响了世界各国企业的劳资关系政策选择，而且至今还在影响着人们的思维和企业的管理行为。

利他时代：经济全球化之后

关于"经济全球化"这一概念，比较通俗的定义是：世界经济活动超越国界，国家间通过货物贸易、资本流动、技术转移、服务贸易，形成相互协作、相互依存、相互促进的全球范围的有机经济整体。关于经济全球化出现的具体时间，在学界一直存在着争议，我们倾向于同意"经济全球化大约始于1985年左右"这样的观点。

为什么说经济全球化始于1985年左右呢？因为，在"二战"后40年里，西方国家快速积累了巨大的资本资源、技术资源和生产能力，随着这些资源和能力的进一步发展与积累，西方国家的市场已经不能消化这些资源和能力，西方企业急切地需要开发新的市场。于是，在经历了20世纪70年代的两次石油危机之后，西方资本主义国家便开始大力推行"用资本和技术交换发展中国家的市场和政策"的战略，并获得了急于发展经济的发展中国家的认可及其人民的欢迎。这便是经济全球化产生的宏观背景。

西方企业参与经济全球化，带来的一个效果是，它们每到一个国家投资，向员工开出的薪酬和劳动条件都明显优于当时本土企业向员工开出的薪酬和劳动条件。西方跨国公司之所以如此"慷慨"，有以下三个方面的原因。

其一，只有开出更好的薪酬和劳动条件，才能吸引到当地最优秀的人才成为本公司的员工，只有优秀的人才群体才能确保本公司的品牌、技术、生产、营销等各个专业方面都得以高效运作——产生影响力。

其二，只有向当地员工开出更好的薪酬和劳动条件，才能维持其自身"高大上"的跨国公司形象；也只有维持这样的形象，才能获得预期的市场效应，才能培养出大量的亲西方文化/品牌的当地民众。

其三，由于跨国公司拥有雄厚的资金、技术、品牌和生产能力，它们每进入一个市场，都能迅速呈现出强大的"攻城略地"能力。这种能力导致的效应是，销售规模持续增长，企业利润十分丰厚。于是，它们便更有条件、胆量和理由向人才们支付更高的工作报酬，以及向人才们提供更优越的工作条件。

西方跨国公司在跨国业务领域实施相对较高的员工薪酬和福利政策的同时，其本土公司的员工薪酬和福利政策，也因为国家法律、政府政策、社会物价和企业之间存在的日益激烈的人才竞争而水涨船高。于是，基于降低成本的考虑，西方跨国公司越来越多地在国外劳动力成本低廉的国家或地区设置工厂，或将制造环节的业务进行外包，这进一步导致了供应链的跨国转移，也推动了经济全球化的进一步发展。

在上述过程中，西方企业的人才管理逐步进入到了新的历史时期。这一时期西方企业的人才管理有以下两大特点。

其一，员工的薪酬和福利水平普遍持续提高，以至于西方公司，特别是大公司，在人才使用方面有两个十分突出的表现：一是其本土公司更加欢迎来自发展中国家的移民（包括非法移民），这仅仅是因为企业向他们支付的薪酬福利成本相对较低；二是出于降低人力成本的考虑，西方公司一直在积极寻求在劳动力成本低廉的国家设立工厂、销售公司或研发中心，并尽可能地招收和使用本地员工。

其二，高级管理人才和技术精英的薪酬和福利不断飙升，以至于在某种意义上成为企业盈利与可持续发展的负担，因而导致了股东对职业经理人的普遍不满。高级经理人才和技术精英的薪酬和福利的不断飙升，与三个因素有关：一是西方管理学普遍认为，稀缺性精英人才理应获得高于一线员工数十倍以上的薪酬和福利；二是西方公司在人才竞争过程中的相互比拼，一直在持续地推高精英人才的薪酬和福利水平；三是由于优秀人才的供应小于需求，劳资关系的天平一直在向人才一方倾斜，这导致了高级精英人才们在跳槽过程中不断提高自身的价码。

西方企业在进入劳资关系的利他时代之后，面临两种战略选择：要么到成本低廉的发展中国家和地区开办工厂、销售公司或研发中心，以降低成本或提高市场竞争力；要么保持技术领先并努力垄断高端市场，以便获得超额利润。因而我们看到，当一些西方公司缺乏明显技术优势，又在成本上处于劣势时，它们很快就会在发展中国家的低价竞争者面前败下阵来；而当技术领先的企业被其竞争者在技术上不断赶超时，它们的经营管理便日益捉襟见肘。请大家注意，这正是西方国家的一部分政治家和公司高管过去许多年来一直在指责中国的原因之一，因为中国企业一直能够在保持成本领先的同时，在技术上快速追赶西方企业。

▶ 3.3 中国企业劳资关系概说

中国企业的劳资关系也经历了由强权时代到交易时代，再由交易时代到利他时代的三个发展阶段，但在时间轴上与西方企业的历程是不同的。如前文所述，中国企业劳资关系的强权时代大约经历了15年左右时间，即从1978年中国实行改革开放国策，到1993年左右西方企业开始大规模进入中国市场；中国企业劳资关系的交易时代持续了20年左右的时间，即从1993年西方跨国公司大规模进入中国市场开始，一直到2013年左右；中国企业劳资关系的利他时代则大约是从2013年左右开始的。

下面我们首先通过一家民营企业在人才管理方面的历史故事，来感受中国企业劳资关系发展的大致历程，之后再来简明扼要地从理论上勾画和说明中国企业劳资关系的演变过程，以及过程中发生的若干大事件。

一家民企的人才管理简史

在胶东半岛地区,有一家农业产业化国家重点龙头企业SLN集团公司(化名),我们曾应邀为该公司的下属肉食品公司提供过为期两年半的管理咨询服务。

SLN集团的前身,是20世纪80年代初创办的位于胶东地区某县城附近的砖瓦厂,后来逐步发展出食品加工业务,再后来又发展出了以食品精加工为中心的多种业务组合,并在20世纪90年代中期以后,发展出了生猪种猪养殖、子猪繁育以及商品猪养殖、屠宰、生肉销售、熟肉加工与销售等肉食品相关业务。

在为SLN肉食品公司提供咨询服务的过程中,我们从该集团公司创始人孔先生、时任SLN肉食品公司总经理柳女士,以及SLN集团其他中高管口中,听到过许许多多有关SLN公司发展历程和人才管理方面的故事。以下对此予以简要介绍。

第一阶段:1993年之前

20世纪80年代末90年代初,随着中国打开国门,中日关系进入了"蜜月期"。那些年,有大批日本客商纷纷来到人杰地灵、物产丰富的胶东半岛寻求食品货源。

当年,中国的工业化食品生产技术落后,尤其是农产品深加工技术几乎是一片空白。日本客商到胶东半岛寻求货源的一般模式是:在当地找到有供应潜力的企业,按照日本的技术和生产标准,扶持它们专门生产加工指定食品,生产加工出来的产品全部由日本客商购销到日本市场。SLN集团公司就是在这样的背景下逐步发展起来的。

日本人当年在胶东半岛扶植中国人开办食品加工厂的背景之一就是,除了胶东半岛向日本出口食品比较方便,以及胶东半岛的物产丰富之外,这里的劳动力资源丰富而又廉价也是一个重要的因素。当时,从事食品加工的工厂的工人，均来自于附近的村庄。那时候，工厂需要招收工人时，只需在工厂门口张贴简单的招工广告，便很快就能招到所需要的工人。

当时的工厂用工方式，现在看来简直有些不可思议：农忙时工人可以随时回家种地，农闲时才到工厂上班；如果工厂的生产旺季与农忙时节"撞车"，则工人们白天回家干农活，晚上再来工厂加班；工人在工厂上班时，中午免费在工厂吃饭，如遇晚上加班，则晚饭也由工厂管饱；工厂不给工人按月发放工资，而是每月每人只发十几到几十元的零花钱，年底则每人可拿到1000元到3000元不等的年工资。即便这样，附近村庄的农民还是争着抢着甚至是托关系要到工厂工作。

SLN集团的一位时任副总经理曾介绍说，那时候当地所有的工厂招工都不难，因为需要找工作的人实在太多，而工厂数量则并不多且规模不大，招工的人数也都是有限的。在这种背景下，工厂开出的用工条件工人只能接受（甚至欣喜地接受），他们根本没有任何讨价还价的余地和意识，似乎也无此必要。

然而，这样的"好日子"在20世纪90年代初，便逐步而又迅速地一去不复返了。

第二阶段：1993～2013年

1992年邓小平南方谈话之后，中国的改革开放出现了新的一轮高潮。在改革开放大势基本明朗的背景下，又有大批日本和韩国的商人来到胶东地区寻求合作。与此同时，胶东还成为了港资、台资、日资、韩资以及部分欧美企业的投资热土，大量食品企业以外的各类企业也像雨后春笋般地冒了出来。一片繁荣的经济形势，给当地食品业带来了空前的发展机遇，它们不仅可以更大规模和多样化地为日韩客商提供商品和服务，而且当地和国内其他区域的市场销售机会也与日俱增。特别是进入21世纪以后，随着中国加入WTO，胶东地区的食品企业跟其他区域各行各业中的企业一样，进一步迎来了前所未有的国际和国内市场机遇。

在上述大好机遇下，SLN公司获得了超速发展。然而，来自大环境的商业机会给公司带来超速发展的同时，员工管理中的一系列问题也随之出现，且给企业带来的冲击一次比一次要大。下面要讲述的是1993～2013年期间，发生在SLN公司的三个故事，每一个故事都发人深思。

故事一：破天荒地出现了招工难。

随着胶东地区企业的迅速崛起，每一家企业都需要招收大量的工人，这使得过去十几年来劳动力供应充裕的情况迅速逆转。不仅SLN公司所在地附近的有效劳动力供应在数量上已经不能满足公司的招工需求，而且附近村庄的农民还有了到其他企业工作的机会选择。最初，这一问题并不让SLN公司感到有压力，因为还有周边稍远一些的村庄农民愿意到本工厂来打工。然而，很快公司就发现，越来越多的企业也加大了面向更广范围的村庄争夺劳动力资源的力度。

由于SLN公司发展迅速，需要工人的数量庞大，招工问题便开始变得越来越突出。特别是1993年春节刚过，工厂进入用工旺季，但此时，农业生产也即将进入旺季，公司第一次遭遇到了"招工难"的窘境。

招不到足够数量的工人，便意味着工厂不能在合同规定的时间内向客户交货，这不仅会遭到客户的罚款，客户随后还很可能会减少订单，甚至是不再采购。情急之时，有人出主意说，为了解决极有可能长期存在的招工难问题，可以在山东的菏泽、聊城、枣庄等省内偏远地区招工，因为那里的经济不发达，农村劳动力资源丰富，只要公司能够为工人提供良好的食宿条件，就不用再为招工问题发愁了。于是，SLN公司一方面开始兴建员工生活设施，一方面安排人员前往菏泽、聊城、枣庄等地招工。

这一招很管用，迅速解决了招工难的问题。而且，在随后的若干年里，当山东省内偏远地区也不再好招工时，SLN公司便将招工的触角深入到了河南、河北、徽北和苏北地区，后来还将这一招工经验扩展到了陕西、甘肃、宁夏等地。

故事二：早期的工资制不再奏效。

如前文所述，早年，SLN公司每月并不给工人发放工资，只发给零花钱，工资是年终一次性发放的。这一工资制度当年之所以行得通，是因为那时山东的农民一年务农下来，吃了喝了用了，年终剩下不了几个钱。到工厂打工以后，不仅每天可以1~2顿免费吃饭，而且每月还有一笔在当时看来还算不错的零花钱。最重要的是，每到年终，工人们每人可以拿到一大笔钱，这些钱两三年积攒下来就可以用来办大事，比如盖房子、娶媳妇、嫁女儿、购买拖拉机跑运输等。

这种工资制度后来逐渐受到了挑战。因为，随着大量的远距离招工来的工人的到来，早期维系公司与员工之间信任关系的乡情便不再有效了，与此同时，随着公司员工规模越来越庞大，如何动态地激励和管理员工队伍也成为问题。因而，SLN公司不得不参照企业界通行的做法实行月工资制。这时，SLN公司向员工开出的月工资并不高，大约只是当地同类企业的平均水平。SLN公司有一个小心思：为了吸引和留住员工，尽量向员工提供优越的食宿条件，因为过往的经验显示，大多数员工都比较在乎工厂提供的食宿条件的好坏优劣。然而，1994年春节后，SLN公司的工资和福利政策还是遭受了严峻挑战。

这年春节刚过，有三十几位年轻的技术骨干突然招呼都没打一声就不来上班了，大家意识到"坏了，可能被人挖走了"。于是赶紧派人去打听，果不其然，这三十多位技术骨干被五十公里以外的一家新建的食品公司挖走了，那家食品公司承诺每月给他们开的工资在400~500元不等。

这件事引起了SLN公司高管层的高度警惕。他们知道，这个闸门一打开，后面便会一发不可收拾。正在他们思谋着如何解决问题时，情况迅速向坏的方向发展：一批又一批的班组长、一线技术骨干和工人或提出辞职，或连招呼都不打就不再来上班了。一个月下来，就走了超过200号人，而且走的都是年轻的有一定文化并且有三年以上工作经验的人员。他们的离开，在公司引发一系列不良反应，不仅留下来的人人心不稳了，而且生产效率和产品质量也因此受到严重影响。农业生产旺季马上就要到来，大批的工人将要回家忙自家的农活，工厂里的生产将非常吃紧。

在这种背景下，公司不得不做出这样的决定：从3月1日起上调工资标准。一线工人采取计件制，每月基本工资150元加计件工资；基层技术人员和管理人员，每月基本工资300元加绩效奖金；中层管理人员，每月基本工资400元加季度奖金和年终奖；高层管理人员，每月工资600元加季度奖金和年终奖。

通过改变用人薪酬政策，SLN公司终于化解了此一阶段出现的员工管理危机。在此后十年左右的时间里，向员工支付最低限额的固定工资和"上不封顶"的绩效工资，并根据市场法则对工资做出适时而又谨慎的调整，成为该公司的基本用人政策，而且整体上是有效的。

故事三：导入职业经理人制度后问题严重。

时间推进到了21世纪。对于所有中国企业来说，进入新世纪的第一件大事，应该是中国加入了世界贸易组织（WTO）。众所周知，中国的入世，远超预期地为中国的各行各业都带来了前所未有的发展机会，不仅国际市场的机会空前增加，而且国内市场持续出现了空前繁荣的局面。

在此大的背景机遇下，SLN集团（该公司已于20世纪90年代末实行集团化运作）各个业务领域也迎来了迅猛式发展。然而，在业务超速发展的同时，SLN集团及其各个业务领域也面临了前所未有的一系列新的挑战。最大的挑战来自于：全集团的员工（从高层到中层再到基层），绝大部分人员出身于农家，文化素质相对较低，他们满足粗放的生产和管理要求尚属勉强，但要适应大规模生产所要求的系统性和可靠性的高质量、高效率和低成本的管理要求，则日益捉襟见肘、力不从心。

针对这一问题，在多种因素的共同促成下，SLN集团做了一项对未来发展影响深远的战略决策：导入职业经理人制度，推动集团公司及各大事业部门管理的转型升级。这一战略决策的中心内容是，持续地高薪引进大批适应公司发展需要的高素质的人才队伍。此一时期，公司经营效益非常不错，这既是这一战略决策出台的原因，也是这一战略得以实施的条件。

很快，SLN集团总部及各大业务领域，开始大量高薪引进高学历、有知名公司任职经历的高素质人才，各个专业领域各层次人才陆续被聘请到公司。公司对新聘人才寄予了厚望，希望他们尽快解决公司面临的技术、生产、运营、人才、财务、营销等各方面的现实管理问题，并将公司引领到一个全新的更高质量的发展轨道/阶段；未来公司的发展将由优秀的职业经理人群体来主导，公司的创始团队和现有的一部分不能适应公司发展新要求的"老人"将逐步退出"历史舞台"。

后来的统计显示，从2004年初到2007年底的四年间，全集团公司从外部陆续引进的中高层管理人员和中高级技术人员超过了800人（包括中途离开的人才）。按照当时招聘人才的标准，所有人员都必须有名牌大学本科以上学历以及5年以上在知名公司工作的经验，年龄在38周岁以内。

高素质的人才相继到来，为集团总部和各业务领域带来了蓬勃生机，让所有的人都感觉到公司即将或已经成为一家现代化公司了。然而，新人才群体的陆续被聘用，也导致出现了以下三个方面的严重问题。

首先，他们大多是从人力资源市场上高薪聘请来的。新进人才的高薪酬，导致了内部分配的不公平——原有的人才们纷纷以不同的方式要求上涨薪酬，其中一部分学历较低但经验丰富的老员工选择了离职。于是，公司不得不逐步调涨一部分优秀的"老人"的薪酬。老员工的工资上涨，又使得新近加盟的部分人才感觉对自己不公平，因为他们觉得自己应该与"普通人才"的薪酬拉开应有的档次。于是，全员工资的直接和变相上涨，成为那几年SLN集团的一种显著的人才管理现象。

其次，大量的高薪聘请的人才来到公司以后，面临的最直接问题是，如何通过有效的管理来促使人才们产出应有的价值。这涉及到许多重要的内容，包括：如何进行更为有效的组织和工作设计，如何确保新进人才快速适应新的工作环境，如何保证绩效管理有效，如何确保人才们的工作意愿和能力满足公司不断变化的新要求，等等。虽然，高薪聘请人才就是为了解决诸如此类的各种管理问题，但当变革涉及到"牵一发而动全身"的若干具体问题时，许多问题也就议而不决、决而难行、行而无果。

再次，每一位新进人才都有自己的关于公司如何经营与管理的经验、观点和主张，如何让他们的经验、观点和主张转化成为公司所需要的效能，也是一个大的问题。因为这个问题的存在，集团公司及各业务单元的管理团队内部，在各业务领域经营和管理创新的方向、目标和路径方面，便出现了这样和那样的重大分歧。诸多方面的分歧，又导致一部分人才或因为失意而看不到希望，或因为出现外部高薪高职的诱惑而相继离职。

上述三个方面的问题，最初几年并不让人觉得是什么大问题，因为那时公司几乎所有的业务都产销两旺，利润同步增长，可谓是一片繁荣景象。而且公司的决策层普遍认为，这是公司"在转型升级过程中正常要交的'学费'"。直到2008年美国次贷危机爆发后，集团决策层才强烈地意识到，由此而带来的问题此前被严重地低估了。因为公司的主营业务是食品加工出口，美国次贷危机导致的全球经济衰退，迅速引发公司产品滞销、生产能力过剩和资金链紧绷等一系列重大问题。

最初，人们侥幸地希望危机很快过去，但事与愿违，直到2010年，公司还没能从危机中缓过劲来。这时，公司决策层才痛定思痛地意识到，在经济景气之时，无节制地招聘人才的后果是十分可怕的。有了这一认知，并经过多次会议审慎研究，SLN集团决策层终于承认，导入职业经理人制度的战略变革是"不够理性的"，因而是失败的。于是，公司开始大量收缩业务，裁撤机构和人员。

第三阶段：2013年以后

随着全球经济逐步走出美国次贷危机的阴影，SLN集团也逐步回归到正常发展的轨道。然而，尽管那次导入职业经理人制度的决策以失败而告终，而且损失之惨重无以数计，但显然公司不可能再回到2004年之前的组织和人才管理状态。

此时（2012年），SLN集团的创始团队已经"退居二线"（创始团队的退出与公司前几年的衰退有直接关系），公司的决策权由以孔先生的儿子为核心的新的决策团队全面接手。新的决策团队认为，为了适应公司新的发展需要，必须建立起新的人才管理制度。新的制度既要不同于早年支撑公司走向成功的"乡土味十足的人才管理模式"，又要不同于已经证明行不通的"职业经理人制度"。这个新的人才管理制度便是合伙人制度。

2013年，合伙人制度的概念开始快速而又广泛地流行，以小孔总为核心的SLN集团的新的决策团队经过多方考察和学习，决定在外部咨询机构的帮助下，推行以核心人才持有公司股份为中心内容的合伙人制度。不过，这次变革不是在全集团公司一次性铺开，而是先行在肉食品公司做试点，计划取得成功经验之后，再审慎地推广到全集团公司。

之所以选择肉食品公司作为推行合伙人制度的试点单位，是因为SLN集团早有计划将肉食品公司推向二级资本市场。按照惯例，上市公司需要拿出一部分股份用于激励核心人才。SLN集团决策层的想法则是：借此机会探索出一套适合于SLN集团的合伙人制度来。很快，肉食品公司首轮股权激励计划出台。用于激励员工的股份占公司总股份的3.39%，被激励对象包括公司董事、高级管理人员、中层管理人员和核心技术（业务）人员，共计226人。

2014年6月，SLN肉食品公司在国内某证券交易所成功挂牌上市。此后，以股权激励为中心内容的合伙人制度，逐步在集团公司总部和各主要业务单元陆续展开。经过近十年的运行，已经证明这种制度更为适合SLN集团公司的人才管理与经营发展。

劳资关系各阶段划分

上文之所以要讲述SLN集团公司的人才管理故事，是因为在我们看来，该公司的人才管理历程恰好与中国企业劳资关系发展的三个时代是一一对应的，而且通过这一案例，可以促使大家场景化地理解这三个时代的基本特征。下面，我们再来"走马观花"地快速了解中国企业劳资关系发展的三个阶段。

（1）强权时代：1978—1993年

20世纪80年代末90年代初，在改革开放政策春风的吹拂下，先是珠三角地区，后是长三角地区，相继出现了大批个体工商户、乡镇企业、民营企业和三资企业，以及若干批发销售各种民生商品的专业市场。这些新兴市场主体的出现，使得大量的城市和农村居民因此而有了就业机会。然而，相对于数以亿计的农民、城市无业者和失业者群体，来自这些新兴市场主体所提供的就业机会依然是有限的，甚至用"杯水车薪"来形容也一点不为过。

按照经济学的供求定律，当劳动力供给大于企业的用工需求时，劳动力的使用者便可以用最低的成本有选择地获得劳动力资源。当时的中国市场，劳动力供给远远大于企业的用工需求，这便出现了所谓的"人口红利"，这一红利一直持续到大约2013年才告结束。事实上，那一时期到大陆兴办企业的台、港、澳商人，以及其他"嗅觉灵敏"的国外商人，首先看重的正是中国巨大而又廉价的劳动力市场。

关于中国当时的人口红利，当年在珠三角地区有一句流行很广的话："在这个世界上，三条腿的蛤蟆找不到，两条腿的人到处都是。"这句话恰好反映了那个时代中国工商企业主，包括来中国淘金的境外企业主，对待员工的基本心态和思维，也折射出了那个时代劳资关系的现实。因为在那时，全国各地都有大量的人涌到珠三角和长三角地区找工作，因而这两个区域的企业主招聘员工，比到菜市场买菜还要方便和简单：只要在工厂门口张贴一张招工广告，便很快就会有大量的人前来排队应招。

同一时期，在珠三角和长三角地区以外的地区，同样像雨后春笋般兴起的个体工商户、乡镇企业、民营企业和三资企业，它们在招聘和使用员工时的心态、思维和行为，可能比珠三角和长三角地区的企业要仁厚一些。比如，上文案例中提及的以SLN公司为代表的胶东地区的企业，它们最初招工时都是以乡里乡亲为对象的，而珠三角和长三角地区企业的招工对象则主要是来自外省的民工。然而总体上讲，它们并没有超越那个时代企业主使用劳工/员工的共同的特性，究其核心原因，也是因为当时的中国各地劳工供应远大于企业界的用工需求。在这种背景下，企业对待劳工/员工便是可以"为所欲为"的，那时企业不仅支付给员工的工资极低，为员工提供的住宿和饮食条件也极差，而且员工们用来为企业创造价值的生产条件和生活设施，同样也是极为简陋的、缺少安全保障的。

除了劳工供应过剩导致企业的用工政策缺乏"仁厚之心"以外，以下两个方面的因素也在极大程度上影响企业的用人政策选择。

其一，企业的生产方式十分简单。

企业生产方式是指企业组织创造财富的过程中所采取的方式的总

和，包括企业向特定市场提供的产品与服务形式、购产销规模、运营模式、组织结构、分工协作方式乃至决策和管理方式等等。

企业的生产方式一直都在不知不觉地影响着企业劳资关系的形态及变化。举个简单的例子，大家就能迅速理解这一点：一家小规模的便民商店只向附近居民提供生活用品销售，它并不需要高素质的员工，只要肯花钱便能招聘到所需的员工，也不需要与员工建立具有特别意义的关系；而一家医药研发型高科技公司，其业务性质决定了它一定需要拥有具备较高专业知识和技能水平的员工群体，它要获取这类员工一定需要付出足够的代价，因而它必须与员工建立相应的关系，只有这样，它才有可能用好和保留住这类员工。

1993年之前，中国企业的生产方式从总体上讲是比较简单的。那一时期，新出现的民营企业（含乡镇企业）主要可分为两类：一类是生产加工型企业，另一类是商业贸易型企业。当时，生产加工型企业的生产方式十分简朴，主要是买来原材料和零部件，用简陋的生产设备加上员工的手工技能，制造出今天看来技术含量极低的产品，然后把产品拉到刚刚兴起的专业批发市场上对外销售，而且普遍的企业产销规模极小，年销售额达到千万元级以上就是很了不起的事情。那时的商业贸易型企业的生产方式也是十分简单的，不过是采购和转售有限的商品或物资，其销售规模也十分有限，年销售额能够做到一个亿，便有可能成为全国知名企业。即便那时在珠三角和长三角地区已经出现了大批的三资企业，但这些外来企业也主要是用简单的工业设备（含大量国外淘汰的旧设备），生产技术含量不高的商品对外销售。

其二，社会发展水平落后。

这里所说的"社会发展水平"是一个综合概念，特指一个国家社会的经济与技术发展水平、政治与法治运作形态、国民财富与观念认知、社会思潮与舆论演变等等。

任何企业都是特定国家社会中的特定组织。企业生存与发展所依赖的来自国家社会的各种资源和条件，会在极大程度上影响企业的经营与管理意识及行为。1993年之前，中国境内企业的劳资关系之所以处于强权时代，与中国社会那个时期的社会发展水平比较落后有着十分直接的关系。那时的中国社会，主要有以下特点。

在国家治理方面，整体表现为"摸着石头过河"。也就是说，在坚持"四项基本原则"的前提下，一切皆可大胆改革求变，但应该怎么变，并没有现成的答案，只有在改革开放中探索着前行。正是在这种国家治理思想的指引下，才有了那一时期中国社会各个领域掀天揭地的变化。

民众渴望发家致富。此前中国民众在物质上的贫穷状态无需赘言。改革开放以后，"政策的笼子"被打开了，亿万农民和城市无业居民迫切需要寻找工作机会来赚钱养家。只要有一份工作就能解决温饱问题，就可能有财富积累，就能看到希望之光，是那一时期社会大众的普遍想法。

法制不健全。那一时期国家的许多法律条文已经不能适应新的社会发展需要，但适应新的社会发展需要的法律体系一时尚无法建立起来。法律不健全导致的一个后果是，企业的用工行为既可能违法，也可能不违法，违法不违法主要是看政治风向。因为，当时中国还没有劳动者保护方面的法律（第一部劳动法诞生于1994年）。那时的改革开放是新生事物，一切都在（并允许）"摸着石头过河"，加上中国需要外国资本和民营资本来发展经济、促进就业，因而国家对企业使用员工过程中的行为基本上没有明确限制，只要不出现影响社会安定的大问题，其他一切劳资矛盾都属于可容忍和可调解的"民事"范畴。

"以经济建设为中心""不管白猫黑猫，抓住老鼠就是好猫"，但又不能失去控制，这是那一时期社会管理的主体思想。在这一主体思想下，国门向外资洞开，民营经济也借机野蛮生长，一切皆在可为与不可为之间——大胆者为之，胆小者避之。

社会舆论纷乱杂陈，但大多只关注政治风向而有意无意地忽视了民生疾苦。所以在那一时期，像企业如何招聘、使用和对待员工这样的"小事情"，往往并不会引起媒体的重视。

（2）交易时代：1993—2013年

在说到中国企业劳资关系由强权时代向交易时代过渡时，不得不首先提到两个标志性事件。

一是邓小平的南方谈话。1992年1月18日至2月21日期间，88岁高龄的邓小平视察武昌、深圳、珠海、上海等地，并就一系列重大问题发表讲话，史称"南方讲话"。随后，中国的政治经济发展方向因之而趋于明朗，由此掀起大量西方跨国公司竞相前来中国投资的热潮，与此同时也大批量地催生了中国各地的民营企业。

二是中国第一部劳动法的诞生与实行。这部法律于1994年7月5日通过，1995年1月1日起正式实行。这部法律诞生的背景不难理解：随着各种性质的经济主体越来越多，企业的用工行为越来越复杂，加上前期出现的企业用工问题对中国社会制度构成的一定程度的冲击，出于保护中国劳动者利益的考虑，也是出于中国国际名声的考虑，中国需要用一部专门法律来规范企业的用工行为。

上述两大里程碑事件，带来了两大效应。第一大效应是企业用工需求的持续增加。企业用工需求的持续增加，意味着民众就业机会的增加和选择工作的机会增加，而这两个"增加"，意味着一部分拥有专业技能的人才开始有了一定程度的与资方进行博弈的筹码。另一大效应是，员工的合法行为受到法律保护以后，不仅激发了员工的自我利益保护意识，而且企业在用人过程中试图规避法律风险的行为，也进一步增加了员工在与企业博弈过程中的自信。与此同时，一些来自西方国家的劳工组织和社会责任机构，也在以不同的形式干预跨国公司的用工行为，这进一步增加了员工的利益自觉和自我保护意识，从而提升了他们在劳资关系中的地位。

不过，在1993年至2000年的七年间，尽管员工在与企业博弈中的地位因供求关系和法律环境的变化而有所改观，但在这一时期，普遍意义上员工地位和利益的提升是比较缓慢的，原因是期间出现了两大事件，大大地缓解了企业与员工之间博弈的强度。一是1997年亚洲金融风暴的爆发，二是出现了国有职工的"下岗潮"。前者导致了亚洲经济乃至世界经济的周期性衰退，衰退的经济使企业界的用工需求相应减少；后者意味着大量的国企下岗职工需要重新就业，因而增加了劳动力供给。这两种力量的汇合，使得此一时期虽然已经处于劳资关系的交易时代，但员工一方的权力和利益并没有出现快速和大幅度增加。

交易博弈中员工权力和利益的大幅度增加，是在新世纪的钟声敲响以后，先后出现的两大因素的共同作用下引发的。其一是中国正式加入WTO，其二是中国房地产业的迅猛发展。前者给中国许多行业中的企业带来了前所未有的国际和国内市场机会，从而使许多公司得以快速做大做强；后者则极大地带动了国内许多行业的阶段性繁荣，并深刻地影响了中国企业和民众的机会意识和价值观念。

上述两个方面的力量，对中国企业劳资关系的影响是可以想见的：经济的繁荣给企业带来产销机会的增加和企业规模的扩大，进而意味着企业不仅需要招收更多数量的员工，而且需要招聘到更高素质的人才；与此同时，经济繁荣带来的就业机会增加，以及企业对高素质人才的需求增加，使得更大范围的专业人才从此成为了稀缺性资源，加上民众就业观念的变化，员工在与企业进行交易博弈中的地位也就直线上升。

于是，从2002年开始到2008年，在中国市场迅速上演了此起彼伏的人才战（每一家公司都试图猎取其他公司的优秀人才，每一家公司又都在努力防范自己的人才被其他公司猎取）。人才战不仅在关键人才或专业人才层面展开，而且也在普通劳动型人才市场激烈而又精彩地上演（中国社会首次出现"用工荒"一词，就是在这一时期）。值得一提的是，那时出现了两类现象，它们对中国企业劳资关系的影响是看不见的，但却是十分直接的。一是人才招聘机构和猎头公司的大量出现与崛起（其本身是人才市场供求关系发生变化的产物）。它们的出现与崛起，既方便了企业招聘人才，也促使了企业间的人才战更加激烈，而且它们的经营行为，在总体上一直是在加强员工在与企业博弈过程中的地位。二是西方跨国公司在中国市场的用人行为。它们大量进入中国市场以来，一直在通过高薪酬和诱人的职务头衔来吸引中国的优秀人才，它们的这一行为使中国企业认识到，只有给予人才们以更优越的工作回报和更诱人的职务头衔，才可能有效地解决企业所面临的人才招用育留问题，而如此一来，则自觉不自觉地推动了员工地位的进一步水涨船高。

正当上述"市场化"的诸多因素导致中国企业劳资关系的天平开始快速向员工一方倾斜时，一个重大因素的出现猛然间加速了这一变化的态势，这便是第二部劳动法的出台（2007年6月29日公布，自2008年1月1日起施行），这部一度被普遍认为是"太过超前"的法律，一经出台便引起了广泛的关注和"议论"。它大大地强化了员工的权利，对企业管理员工的行为提出了"太过苛刻"的要求，因而被认为是大大地增加了企业的用人成本，降低了中国企业在国际市场上的竞争力。为此，当时的企业人士普遍预计，在新的法律原则下，已经难于管理的员工势必将更加难于"伺候"。

如果中国和世界经济当年保持持续繁荣的局面，那么这部新的劳动法实施以后，很快中国企业的劳资关系就会进入到利他时代。然而，正当中国企业（包括中国境内的外资企业）在为如何适应这部新法律而绞尽脑汁时，美国次贷危机爆发了，这次危机很快又演变成为持续数年的全球经济危机。一连串危机的出现，使得这部法律在最初几年，实际上并没有得到严格执行，直到全球经济危机的阴霾逐渐散去，这部法律才逐步得到执行。因此我们常说，当年爆发的美国次贷危机，将中国企业劳资关系的利他时代推迟了大约五年之久，即中国企业的劳资关系大约是在2013年左右才进入到利他时代的。

（3）利他时代：2013年以后

之所以说中国企业的劳资关系是在2013年左右进入到利他时代的，是因为大约就是从这个时间点开始，中国企业的用人环境发生了根本性变化。下面列举的十个方面的因素，是推动劳资关系进入利他时代，并促使这一时代得以维持和演化的力量中的一部分。

①第二部劳动法的全面实行，极大地强化了人才与企业讨价还价的能力，因而企业不得不通过付出更高的直接、间接和隐性用人成本，来解决其所面临的越来越严峻的人才招用育留问题。

②在经历了2008年始发于美国的金融危机及其余波之后，中国企业逐步恢复了元气。恢复了元气的中国企业对人才的需求开始逐年回升，而用人需求的回升，反映在人才市场上，就是人才们就业和选择工作的机会增加，同时意味着人才们与企业讨价还价能力的增强。

③随着中国市场人力成本的激增（"人口红利"的逐步消失），加上中国本土企业的快速全面崛起（竞争力的增强），传统行业领域的跨国公司在中国市场逐步式微，因而它们纷纷"精明"地将在中国的工厂、销售部门和研发中心，迁移至人力成本低廉的其他国家和地区。这带来了一个效应就是，大量的原先在跨国公司工作的人才们需要重新找工作，而重新找工作的首选去处，毫无疑问主要是民营企业。这一点表面看起来对民营企业是利好，因为民营企业一直以来都希望获得跨国公司里的优秀人才，只是苦于自身条件不足，一直无法在这个方向上与跨国公司展开正面竞争。然而，稍加思考就会发现，西方跨国公司在中国市场的"撤退"，虽然使中国民营企业因此有了"捡漏"跨国公司优秀人才的机会，但跨国公司的优秀人才来到民营企业以后，也带来了企业用人成本的大幅度攀升，以及组织管理难度和运营成本的大幅度增加。因为，招用跨国公司分流出来的人才，企业不仅要向他们支付高昂的用

人成本（此前他们拿的是高薪，即便降薪入职也依然是高薪），而且他们来到民营企业以后，通常都会主张按照跨国公司的"先进"管理理念和方式，来实施技术、生产、营销、组织、运营等各个方面的管理变革，并且通常都会要求公司高薪招聘更多的优秀人才来帮助自己实现目标。如此一来，企业的用人成本和管理成本便必然进一步增加。

④2015年，国家号召"大众创业，万众创新"，这极大地刺激了全社会的创业热情。自此以后，优秀的人才（包括应届大学毕业生）自主创业或参与创业，成为一个时代的风尚。于是我们看到，大江南北、各行各业的新创公司像雨后春笋般地涌现出来，而且这一创业浪潮迄今都不见有衰退迹象。大众创业、万众创新带来的直接效应就是，大量的优秀人才选择自主创业，或与他人联合创业，或选择到创业公司工作，这使得企业需要的优秀人才相应地更加稀缺，因而企业不得不通过提高员工待遇的方式来获取和保留人才，其结果便是企业用人成本和管理难度进一步增加。

⑤2010年以后，中国的资本市场开始越来越活跃和发达。首先是日益成熟和活跃的二级资本市场对广大企业极具诱惑力，表现为各行各业的无以数计的企业，都把登临二级资本市场作为公司的战略目标（包括在国内上市和国外上市）。人们对公司上市的向往和追求，极大地刺激和带动了一级资本市场的繁荣，一时间，各种各样的风险投资机构应运而生。投资机构的目的就是发现并投资高潜力的公司，把它们扶植到上市，然后成功套现（也包括在过程中套现）。这便给那些计划上市的公司带来了机会：即使公司暂时不盈利，也可以从资本市场获得企业发展所需的资金。一二级资本市场的繁荣，直接带来了三个效应。一是企业追求做大做强的意愿普遍强烈。而要做到这一点，便意味着需要有较多的优秀人才加盟，这使得企业间围绕人才这种资源的争夺战愈演愈烈。二是由于有了上市预期和融资机会，许多公司愿意采取高薪酬加股票期权的员工报偿政策来吸引和保留人才。而当一部分企业采取这一政

策时，其他想要获取或保留优秀人才的企业便不得不/被迫跟进。三是当大量的公司以融资来获得发展，并以上市为最终奋斗目标时，公司必然要推行各个领域的规范化管理，如此一来，便一定意味着需要依赖于更多的优秀人才，企业用人成本和相应的管理成本由此必然进一步水涨船高。

⑥国家推行的"西部大开发""城乡和区域协调发展""乡村振兴战略""精准扶贫战略"等等，在相当程度上促进了企业人才的流动（由东部发达地区向中西部地区流动，由一二线城市向三四线城市流动，由城市向农村流动），它带来的一个效应便是：人才们的选择机会更多，离职的可能性更大；进而意味着，企业只有更加善待人才，才有可能吸引和保留住优秀人才。

⑦过去十年来，各种类型的互联网公司、科技公司、现代服务业公司和新型制造业公司遍地开花，并总体上获得了飞速发展，这导致了相关领域的人才出现了严重的需求大于供给的局面，进而导致了这类新兴公司为了谋求发展，在资本的反复加持下，并在追求上市的雄心下，敢于大胆地为获取和保留人才而慷慨付出。它们的行为，特别是它们中的一部分公司后来成为企业界或行业内的标杆公司以后，一直在激励更大量的各类公司，不得不欣然的、抑或是迫不得已地采取相似的方式来获取和保留人才。

⑧经过数十年的发展，中国传统业务领域许多企业的产销规模越来越大，业务结构和组织结构也越来越复杂，而管理产销规模大、业务与组织结构复杂的公司，一定需要有更多的高素质人才。这意味着，即便是传统业务领域的企业，对优秀人才的需求也在持续增加，再加上过去十年中，人才们的流动更为频繁（忠诚度相应降低），企业不得不采取更具进取性的激励手段来获取和保留人才。

⑨在众多力量的合力推动下，当股权激励计划或合伙人制度成为新的管理思潮和时尚以后，让几乎所有的企业不得不考虑，如何以更

具诱惑力的方式来激励自己的人才队伍。在这种管理思潮和时尚的影响下，无论一家企业是否已经采取了股权激励计划或合伙人制度，这种思潮和时尚，一定会对每一位企业家和高级人才们的心理和行为产生多重影响。而所有的影响，最终汇聚到一点就是，企业只有更有效地激励人才，才有可能解决人才的招用育留问题。

⑩大约自2010年开始，无论是传统行业中的企业，还是新兴公司，几乎无一例外地出现了一个组织发展趋势，就是企业中的权力一直在向组织金字塔的中基层转移。这一趋势是由市场环境和企业运营模式的变化而导致的。早期，企业的运营方式和原则，大多是由组织金字塔中上部的少数人设计的，金字塔中基层的员工，只要按照既定的流程、标准、规范和要领来操作即可。然而，由于技术发展和市场需求变化所导致的竞争环境和组织运营模式的变化，过去十年来，企业基层组织和一线岗位员工的工作自主性大幅度增强，因为只有他们主动地创造性地工作，才能确保公司整体运营的高效率、高质量和相对的低成本。这一趋势的出现，带来的一个效应便是，即便是组织金字塔中基层的员工，其权力和地位也在悄然上升，它使得大多数企业不得不采用更有利于人才的方式，来激励和管理更加广泛的员工队伍。

第 4 章
发现：第四种人才管理模式

- ◆ 4.1 三种典型的人才管理模式
- ◆ 4.2 第四种人才管理模式
- ◆ 4.3 定义现行模式及未来选择

本章将首先介绍和说明，在劳资关系演变的过程中，先后出现了三种典型的人才管理模式："强权型劳工管理模式""交易型员工管理模式"和"后交易型人才管理模式"，但是，这并非本章的重点。

本章的重点是要向大家介绍我们的一个发现：在劳资关系的利他时代到来以后，当主流企业纷纷采取"后交易型人才管理模式"来解决新时代的人才管理问题时，另一种人才管理模式悄然诞生了，并逐渐演化成为时代性趋势，这便是"共利型人才管理模式"。这给各类企业提出了一个严肃的问题：本公司正在实行的是哪一种人才管理模式，以及又该选择哪种模式？

▶ 4.1 三种典型的人才管理模式

上一章已经清晰地阐明，无论是西方国家还是中国，总体上看，企业劳资关系的发展都经历了三个阶段：强权时代、交易时代和利他时代。

现在想要告诉大家的是，无论是西方国家还是中国，在劳资关系的不同时代，企业界所选择的人才（劳工或员工）管理模式是不同的，不同模式的属性也是有着明显或根本性区别的。如表4-1所示，在强权时代，企业不约而同选择的是"强权型劳工管理模式"，这一模式的属性可以理解为"把劳工视为可以任意压榨的奴隶"；在交易时代，企业不约而同选择的是"强权型员工管理模式"，这一模式的属性可以理解为"把员工视为可以'公平交易'的对象"；到了利他时代，企业不约而同选择的是"后交易型人才管理模式"，这一模式的属性可以理解为"把人才视为企业发展需要依赖的重要资源"。由此可见，员工在企业心目中的地位，是随着时代的进步而逐步提升的。

表4-1　　　　　　　　不同时代的人才管理模式及其属性

	强权时代	交易时代	利他时代
模式选择	强权型劳工管理模式	交易型员工管理模式	后交易型人才管理模式
模式属性	把劳工视为可以任意压榨的奴隶	把员工视为可以"公平交易"的对象	把人才视为企业发展需要依赖的重要资源

为什么不同的劳资关系时代，企业所选择的人才管理模式会不一样呢？这一点不难回答：一个时代的人才管理方式，与该时代所处的环境条件以及人们的普遍观念是相匹配的。这正如，中世纪欧洲人的思维和行为模式与今天欧洲人的思维和行为模式是不一样的，因为这两个时期欧洲的政治、经济、科技、文化和社会环境有着极大的不同。相似的道理，一百年前中国广大民众的"三观"是与今天中国人的三观不一样的，因为这两个时期中国的政治、经济、科技、文化和社会环境也是有极大不同的。

那么，接下来一个疑问就出现了：表4-1所述的三种人才管理模式各自有什么不同呢？这便是本节要着重回答的问题。系统地回答这一问题会涉及大量的内容，为节省时间和便于理解，我们将从表4-2所示的八个维度来进行描述和说明（隐含比较）：用人理念、员工招聘、岗位工作设计、薪酬与福利、绩效管理、员工培育、员工保留、责任主体。

表4-2　　　　　　　三种人才管理模式比较的通用模板

管理模式 理念与行为	强权型劳工管理模式	交易型员工管理模式	后交易型人才管理模式
用人理念			
员工招聘			
岗位工作设计			
薪酬与福利			
绩效管理			
员工培育			
员工保留			
责任主体			

下面，将从上述八个维度分别描述和说明这三种人才管理模式的特征，之后还将就这三种模式在演进过程中必然存在的"交叉现象"进行提示性论述。

强权型劳工管理模式

强权型劳工管理模式的基本特征，与本书第3章描述的劳资关系强权时代的特征是相符的。以下是对这一模式基本特征的概括与简要说明。

（1）用人理念

视劳工为廉价的奴隶和为企业赚钱的工具。有些企业主甚至认为，使用劳工是自己对劳工们的恩赐，是在为社会做慈善。在采取这一模式的企业主看来，他们是救世主，是他们给劳工们提供了工作机会，劳工们才有饭吃，才能养活家人，才不至于露宿街头，因而劳工们应该始终对他们心存感激和敬畏，而他们则可以根据自身的需要随时抛弃劳工。

（2）员工招聘

通过劳务市场、熟人关系或掮客获取劳工。在招收劳工时，通常不说明劳工到岗后的具体工作内容、工作条件、薪酬待遇和福利条件等，或者只有简单粗暴的信息告知。之所以如此，是因为在采取这一模式的企业主及其代理人看来，有太多的人需要找工作，本公司提供的工作机会就是对劳工的恩赐，因而只有企业挑选劳工的权力，劳工没有也不应该有挑选企业的资格。

（3）岗位工作设计

劳工只是企业这部赚钱机器的零部件，或者叫工作流水线上的螺丝钉。其岗位工作内容均在事前经过精心设计，所有的具体工作均按照企业主及其代理人事前设计和规定的流程及标准进行操作，通常只是简单重复性劳动，经过简单的培训就能上岗。在这种情况下，一位劳工离职或被辞退之后，其他劳工很快就能替补上来。因而在企业主看来，这样的工作设计是最经济省事的，也是最为安全的。

（4）薪酬与福利

采取"最低限额的基本工资+'上不封顶'的计件（绩效）工资+最低限度的劳动保障"方式，是这一模式下的企业主及其代理人向劳工支付劳动报偿的基本模式。然而，在实际操作过程中，企业主及其代理人总是会千方百计地克扣（或延迟发放）劳工的工资报偿和"福利条件"（仅仅是指劳动保障条件，包括防护用品、住宿和饮食等必需条件），所谓"上不封顶"的计件（绩效）工资，在多数情况下也只是企业主及其代理人所采取的让劳工们"望梅止渴"的心理策略，因为为了让劳工们相信公司是愿意给其更好的工作报酬的，他们会制定一个高不可攀的目标及相应的报偿标准，以此召引劳工们"只要你们努力工作，就能拿到更多的绩效工资/奖金"，但一般情况下劳工们是拿不到的。

（5）绩效管理

针对劳工们急于赚钱的心理，"单边"设置严苛的绩效目标和考核标准，并将大比例（甚至是100%）的工资与计件（绩效）考核结果挂钩，目的是让劳工们产出更多的业绩，并使企业支付的用人成本控制在最低限度以内。采取这一模式的企业，通常只关心劳工的工作结果，而不关心劳工创造业绩所需要依赖的过程和条件，以及会有怎样的体力、精力和智力付出。在"多劳多得"名义下，如果劳工们不能满足企业要求，不仅工资收入会相应减少，而且随时有可能被企业扫地出门。

（6）员工培育

只有简单粗暴的岗位技能培训和服从公司规章制度方面的教育，因为采取这一模式的企业认为，只有让劳工们满足岗位工作要求，他们才能产出企业所希望的工作成果；只有让劳工们了解公司的规章制度，他们才会服从企业的各项管理要求。

（7）员工保留

服从性较好并有良好绩效表现的劳工会被保留下来，服从性不佳或业务不达标的劳工则会随时随地被无情地扫地出门。而且，劳工的服从性和绩效评价标准是完全由企业主及其代理人定义的，劳工们基本上只能被动遵从，而没有讨价还价的余地。如果企业因经营不善而亏损时，无论劳工们此前的个人服从性及业绩有多好，都将随时有可能被遣散，并且在遣散时，企业多半会以各种理由拒绝或减少支付劳工们的应得工资。

（8）责任主体

采取这一模式的企业，通常是由直接使用和管理劳工的"工头"来掌控劳工们招用育留的"生杀大权"的。工头们管理劳工的行为风格和方式，可能不一定是老板直接授意的，而是源于工头们的个性及个人利益导向，但工头们的个人行为和管理方式，在相当程度上又是在长期耳濡目染老板的管理风格和方式的过程中形成的。不过，这类企业的工头们在招用育留劳工的过程中，通常有约定俗成的或明文规定的行为边界，而其行为边界一定是由其老板有意无意给定的。

现实中，已经很少见到采取这一劳工管理模式的企业了，只有在一些落后的国家、地区和行业，还存在着少量的这类市场活动主体，因为劳资关系的强权时代已经离我们十分遥远了。然而，在那个时代，它却是企业普遍采取的管理劳工的基本模式。不过，值得一提的是，这一模式在现实中并未完全绝迹，因为在一些传统行业里，或在一部分贫穷落后、阳光照射不到的偏远地区，还有小部分企业对待基层员工的管理方式，尚具有一定程度的"强权"色彩或性质，而且即使在经济发达地区，也有一部分传统行业里的企业，它们针对底层劳务型工人的管理，也还带有这一模式的残余。

交易型员工管理模式

交易型员工管理模式的基本特征，与本书第3章描述的劳资关系交易时代的特征是相符的。以下是对这一模式基本特征的概括与简要说明。

（1）用人理念

把员工视为"公平交易"的对象，尽量在国家相关法律规定的底线范围内用人。但由于企业在与员工的关系中居于强势或支配地位，实际上大多数员工在交易中仍是弱势或被支配的一方，并且企业总是会千方百计地在员工管理过程中，尽可能规避或逃避自身应尽的法律与道义责任和义务。不过，如果采取这一模式的企业处于竞争激烈的行业，且企业竞争力的强弱与员工能力素质有直接关系的话，则这类企业可能会一定程度地尊重和关心那些有一定专业技能的岗位员工。

（2）员工招聘

通过社会化的人才市场招聘所需要的员工。由于时代的发展，员工们有自由选择雇主的权利，且一部分专业人才逐步成为人力资源市场的稀缺资源，企业间的人才竞争便开始初显端倪并日趋明显，于是采取这一模式的企业在招聘员工时，不得不一定幅度地放下身段，向应聘者尽可能地介绍公司和目标岗位的职责，以及所要求的能力素质条件等相关信息，并明确承诺将要给予的待遇和福利，或承诺可以"面议"。在此过程中，夸大其词地宣传公司和岗位对于员工的价值是常态，承诺的工资和福利届时能否兑现，也往往是未知数。

（3）岗位工作设计

虽然仍旧把员工视为企业这部赚钱机器的零部件，因而在设计岗位工作时，仍旧会尽可能地追求所谓"工作精细化"（其对企业的好处显而易见），但一部分企业在试图将"精细化分工"的工作设计理念应用于公司越来越多的专业或职能部门时，却因为企业规模相对较小而面临一系列问题：过细的分工导致企业过多地用人，工作效率并不见得会提高，运营成本则一定会上升，沟通的难度也会因此而增加，等等。因而，企业在设计非生产部门的专业岗位工作时，通常又会让岗位工作的责任范围倾向于宽泛，这在客观上导致了这类岗位人员的工作弹性较大，员工的工作自主性相应提高。同时，企业在设计岗位工作时，还会一定程度地考虑到从人力资源市场获取相应人才的可能性，因为如果对专业人员的要求过高，则可能意味着招聘不到合适的人才，或在获取人才时付出的成本过高。

（4）薪酬与福利

参考同行企业的薪酬政策来制定本企业的薪酬政策，一般只愿意将员工薪酬总体保持在行业平均水平左右。并且，几乎所有的企业在设计员工薪酬时，一定会在固定薪酬和变动薪酬上动足脑筋，总是试图让固定薪酬控制在可以承受的范围之内，同时又努力让变动薪酬兼具吸引力和挑战性。与此同时，每一家企业还会参照其他企业的做法，给员工们提供相应的福利条件（如岗位津贴、交通补贴、低价或免费食宿、按照国家要求缴纳社会保险和提供休假福利等等），因为每一家企业都知道，只有这样才可能吸引到和保留住人才。然而，采取这一模式的企业，大多有一个共同的行为特征：每一次增加员工的工作报偿，都是在"不得已"的情况下"挤牙膏"式发生的，即只有当"市场行情"发生变化，迫使企业不得不上涨员工待遇（否则便无法获取和保留优秀员工）时，才会做出有限的让步/妥协。然而，由于在时间轴上，员工的薪酬待遇一直都在上涨过程中，因而大多数企业始终处于被动应对状态。

（5）绩效管理

由于采取这一模式的企业不得不持续按照"市场行情"来给予员工薪酬和福利，在这种情况下，为确保企业的利润，企业会很自然地希望通过加强员工绩效管理，来确保员工有更高的产出。但是，大多数企业却因此陷入一个两难窘境：将过高比例的薪酬与绩效考核结果挂钩会导致员工不满，而不这么做则又无法确保员工实现最佳产出。与此同时，由于员工们可以通过塞责、怠工或跳槽（甚至于罢工）的方式来跟企业博弈，所以企业在向员工提出更高的绩效要求（也即是在设计给予员工的变动薪酬）时，不得不绞尽脑汁和小心翼翼。于是，企业一方面希望对员工实施严格的绩效考核，并希望把大比例的薪酬与绩效考核结果挂钩，另一方面却又只敢将有限比例的薪酬与员工绩效考核结果挂钩。

（6）员工培育

因企业的不同而不同。如果业务性质决定企业发展对员工能力素质的依赖程度较高，或者企业的组织规模较大，因而对员工的专业能力和综合能力素质要求较高，企业就会相对更加重视员工培育。反之，企业对员工培育的重视程度就会相应较低。但总体而言，所有采取这一模式的企业，都更为重视对关键管理和技术岗位人才的培养，因为所有的企业都知道，关键岗位的人才是企业发展必须倚重的对象，而且在人力资源市场上获取这类人才并不容易，只有立足于自我培养才更为可靠。尽管大多数企业在培养人才时，经常会担心"为他人作嫁衣"，但基于"两弊相权取其轻"的考虑，企业依然还是会在员工培育方面，不得不投入时间、精力、物力和财力。

（7）员工保留

虽然遵循的依旧是"合则用，不合则弃"的原则，但对一些关键岗位的人才，则可以容忍其有一定的缺陷，因为在人力资源市场上，专业性人才变得越来越稀缺。然而，大多数企业在保留人才方面总体上是被动的。一般做法是，等到员工提出离职申请，或有明确的离职动向时，才应急性地设法保留人才；或者说等到有较多的员工因为对公司不满，或被外部机会所诱惑而选择辞职时，才想起来要通过薪酬政策的"优化"来保留住人才。不过即便如此，企业所采取的从整体上保留员工的策略，依然是交易性的，员工不提出条件，企业一般不会主动出让利益来预防性保留员工；等到员工以不同的方式提出条件时，企业才不情愿地做出有限的妥协。

(8) 责任主体

让公司里的人力资源部门来专门负责员工的招用育留工作。因为，在劳资关系的交易时代，员工管理变得越来越复杂，既要尽可能地做到合法合规，又要考虑到企业实际的用人需要和用人环境，也要考虑到员工的心态、思维和行为，同时还要考虑到竞争者的行为。在这种情况下，企业界普遍相信，只有受过专业训练或具备专业经验的专职人力资源管理人员，才能担负起公司员工管理的主体责任。

尽管时代已经发生了根本变化，采取这一模式的企业在人力资源管理方面已经变得越来越被动，但现实中依然有大量的企业采取的是这一员工管理模式。因为这一模式已经根深蒂固，以至于大多数传统行业领域里的企业已经习惯了这种员工管理模式。即便在那些具有新观念、新思想和更具时代感的企业里，许多经营者针对中高层级岗位的员工，采取的是下面将要介绍的"后交易型人才管理模式"，或随后我们将要指出的"共利型人才管理模式"，但其对中基层岗位的员工，特别是一线岗位的员工，则依然沿用的是这种交易型员工管理模式。

后交易型人才管理模式

大家可能已经有了这样的疑惑：上文中明确地指出过，强权型劳工管理模式产生于劳资关系的强权时代，交易型员工管理模式产生于劳资关系的交易时代，即"强权"对应的是"强权"，"交易"对应的是"交易"，而现在我们却又说，在劳资关系的利他时代产生的是"后交易型人才管理模式"，这至少在表述上有比较跳跃的嫌疑，因为就语言风格而言，利他时代似乎应该对应"利他型人才管理模式"才更有章法。针对这一疑惑，我们有必要在描述后交易型人才管理模式的基本特征之前，对此专门加以说明。

我们的理由是，利他时代到来以后，理论上讲企业界应该采取利他型人才管理模式，但由于交易型人才管理思维由来已久，为中西方学者和政商界人士一致认可，并且已经深入到了人们的骨髓里，成为几代人的无意识思维，因而在劳资关系的利他时代到来以后，绝大多数企业的创始人或高管团队，仍然在自觉不自觉地、竭尽所能地用"交易"的思维和方式，来解决新的历史时代的人才管理问题，只是迫于现实压力（在广泛的市场，人才们在与企业"交易"过程中的话语权已经大幅度增强，并还将进一步增强），企业才不得不向人才们出让更多的利益。所以，虽然劳资关系已经发展到了利他时代，但企业用于解决新时代人才管理问题的基本思维，却还保留了"交易"这一基本调性，只是企业界实际用于解决新时代人才管理问题的方式，已经与纯交易型员工管理模式不可同日而语了，故此，我们特地用"后交易"一词，来表述大多数企业在劳资关系的利他时代到来后所采取的人才管理模式。

以下是对后交易型人才管理模式基本特征的概括和简要说明。

（1）用人理念

把人才视为企业发展需要高度依赖的资源，甚至在有些创始人的心目中，人力资源在企业发展中跟资金资源同等重要，抑或是更为重要（对一部分创业公司而言，只要有好的人才团队，就能获得企业发展所需要的资金资源）。最初，企业格外看重那些在人力资源市场上紧俏的中高级管理和技术人才，认为他们才是不可或缺的重要资源，但随着时间的推移和企业经营环境的变化，企业逐渐体会到，越来越多的中基层岗位人才，也变得越来越难于获取和保留，于是企业的认知开始发生变化，即逐步将更广泛的员工，也视为企业发展所依赖的重要资源。

（2）员工招聘

由于在人才市场上，结构性供给小于需求的矛盾，已经演化成为了趋势性的人才供需矛盾，所以企业开始动用所有可能有效的途径来获取优秀的人才（与此同时，各类新型的人才招聘平台和机构迅速崛起，它们的行为既为企业的人才招聘提供了便利，但同时也大大加重了企业招聘和保留人才的压力），并且在招聘人才的过程中，会竭尽所能地表述本公司和目标岗位对人才的多重价值，以及从薪酬、职位、福利和未来机会等多个方面，向比较中意的候选人予以慷慨承诺，大有"讨好"人才的意味。有些创业公司的创始人，还会亲自物色和面试中高级管理和技术人才，甚至亲自物色和面试基层岗位的管理和技术人才，与他们进行友善沟通。在一些中等规模以上的公司，普遍有三波人马在专门负责人才招聘工作：人力资源部门有专门负责中层管理和技术骨干人员招聘的团队，直线部门有专门负责本部门基层管理和技术人员招聘的人员，公司总经办还有人专门负责招聘/猎取高级人才。

（3）岗位工作设计

尽管出于企业发展、运营和安全的考虑，几乎所有的企业（尤其是中等规模以上的公司）依然希望基于"精细化的专业分工"来安排人才们的岗位工作，但同时出于多方面的考虑（包括保留与培养人才、降低运营成本和提高运营效率以及相关管理方法欠缺等），在追求专业化分工的同时，也会让一部分工作岗位的职责范围更加宽泛，甚至会出于多方面的考虑（包括培养人才与建设人才梯队、兑现"成就员工"的承诺等），给人才们安排更多的学习机会，包括让人才们轮岗锻炼，以拓宽他们的知识面和技能面。

（4）薪酬与福利

愿意或不得不首先给予人才们以高薪酬，以此来获取和保留优秀人才乃至普通人才。对于那些高度依赖人才才能获得发展的企业，为了获取和保留人才，以及为了激励人才们努力工作，它们还会在给予人才们以高薪酬的同时，承诺授予或直接赠予一定数量的公司股份或股票期权。除此之外，有些企业还会竭尽所能地为其关键岗位的人才提供住房、配偶就业、子女上学、户口迁移等等额外的福利。

（5）绩效管理

在给予了人才们以高薪之后，如何确保人才们为企业创造更大的价值，成为压在每一家企业心头的一块石头。理论上讲，公司在给予人才们以高薪酬之后，一定会要求他们创造更大的价值以回报公司。然而，大多数采取这一模式的企业，在管理人才时，实际上并不敢向人才们提出过高的绩效要求，因为人才们会认为，企业支付给自己高薪酬和高福利是理所当然的，如果企业通过复杂的绩效考核标准来要求或促使人才们创造出高价值，则很可能会造成人才们的不满或压力过大，而导致他们选择对抗或背离。在这种情况下，大多数企业会退而求其次，试图通过强化企业文化宣导、安排更多学习机会、强化沟通与协作等比较温和的管理举措，来变相地促使人才们努力创造高绩效。

（6）员工培育

几乎所有采取这一模式的企业，都越来越重视人才培育工作。其动因不难推测：①优秀人才难于招聘，重视人才培养可以解决或缓解人才招聘压力；②即使招聘到的人才比较优秀，也认为需要通过培养将之重塑为"自己人"；③重视人才培养可以让人才们感受到企业更加关心他们的职业发展，并给人才们以想象空间；④只有提高人才们的能力素质，才能进而确保人才创造出企业希望看到的绩效；⑤其他企业都在重视人才培养，自己的企业不能落伍。

（7）员工保留

期望保留人才的意愿前所未有。给予人才们高薪酬和高福利，授予人才们以股份期权，给予人才们以高于他们实际能力的职务头衔，在极大程度上也是出于保留人才的考虑。但在采取这一模式的企业的深层意识中，人才也只是企业实现自身意图的工具，当企业需要调整其业务战略时，它们会毫不留情地辞退人才，只不过多半会按照法律和公司的政策，给被裁撤的人才们以一定的经济补偿。这类企业在保留人才方面，依然具有交易性思维的显著特征，即它们通常只会与人才们签订有限期限的劳动合同，合同期满后，企业会视人才们的使用价值来决定是否续约，并且多半会在合同期满后，选择不与工作年限长（因而薪酬较高）的"老人"续约。

（8）责任主体

除了让公司的人力资源部门来专门负责员工的招用育留工作之外，公司的管理高层通常也会亲自花时间来操心人才管理工作。并且，为了解决公司面临的人才管理问题，中等规模以上的公司，还会要求HR部门的人员下沉到具体的直线部门来支持直线部门的工作（比如设置HRBP岗位等）。

采取后交易型人才管理模式的企业，在现实中大量存在。首先是20世纪80年代中期以来，西方跨国公司大多采取的就是这一模式；其次是自2000年以来，国内有相当数量的财大气粗的大公司（也包括那些"打肿脸充胖子"的公司），先后模仿西方跨国公司的做法而采取了这一模式；再次是所在行业正处于快速发展周期的一部分中小企业，它们在众多知名标杆公司的影响下，也自觉不自觉地采取了这一模式。所有采取这一模式的企业，通常是从组织金字塔的上中部优先导入这一模式的，针对金字塔中下部的人才，大多数企业依然采取的是前述交易型员工管理模式。不过普遍的趋势是，随着人才供需市场和竞争环境的变化，正在采取这一模式的企业，不得不努力让这一模式尽可能地覆盖到中基层岗位的人才。

采取后交易型人才管理模式的企业，看样子是良善的，因为无论出于何种原因，它们都比历史上任何时期的企业更加善待员工。因此，无论是人才们还是社会舆论，都对这类企业有比较积极的评价（相对于交易型员工管理模式而言）。

但是，不宜高估这类企业的人才管理行为，因为相比于我们即将要介绍的共利型人才管理模式，此种行为有可能带来两个方面的消极后果：一是可能对人才们的长期职业发展构成某种程度的不利影响，也有可能不利于全社会的人力资源开发；二是可能对企业的发展构成某种程度的不利影响，也导致企业不得不在"错误的道路"上愈走愈远。前者是指，当众多的这类企业在激烈的人才市场竞争中，运用更高的薪酬、福利乃至股票期权来获取和保留人才时，人才们的胃口极有可能会一再被吊高，他们的心态就会因之而趋于浮躁，他们的职业行为就会表现出更多的机会主义倾向，这不仅会对人才们自身职业的持续发展构成威胁，而且也会对国家和社会的长期发展构成无法计量的持续负面影响。后者是指，这类企业的上述人才管理行为，会导致其自身的盈利和管理压力持续增加，虽然这种压力有可能会迫使企业不得不更具创造性，但在经济不景气时期，也会导致企业大量裁员，或不断转移供应链和市场，或减少科技研发投入，甚至会导致企业在管理人才的过程中更加冷酷无情，同时会持续推高全社会的用人成本。

必要的说明

以上在描述企业人才管理的三种典型模式时，可能会给读者留下这样的印象：劳资关系的同一时代，企业选择的人才管理模式是相同的；企业选择某种人才管理模式后，该模式会覆盖所有的员工。真实的情况并非如此。我们的长期观察和研究显示，企业在选择人才管理模式的过程中，至少有以下四大特征。

其一，企业在选择一种模式时，或者在从一种模式向另一种模式过渡时，通常是无意识的。比如，当一家企业由此前的强权型模式向交易型模式过渡时，它既有可能不知道此前实行的是强权型模式，也有可能不知道接下来要进入的是交易型模式。相似的道理，当一家企业由交易型模式向后交易型模式过渡时，也既可能不知道刚刚经历了交易型模式，也可能并不知道它正在进入的是后交易型模式。这是因为，绝大多数企业，都比较擅长于从实际问题出发来随机应变地分析和解决问题，而并不擅长于对相关思维及行为进行理论分析和概念提炼，似乎也无此必要。

其二，企业从一种模式向另一种模式的过渡通常是缓慢和渐进的，即所有模式的更替都不会是在一夜之间或极短的时间内完成的。企业通常的做法是，当发现存在某个较为重要的问题需要解决时，它们要么会借鉴其他企业的经验来解决问题，要么会独立探索解决问题的方法。进而，它们会随机性地将针对某一个体员工或某一方面问题的经验，原封不动地或加以改造后应用到其他方向。比如，当一家实行"低基本工资+高绩效工资"薪酬制度（交易型模式）的企业，发现这种薪酬政策过去基本有效，后来却越来越招聘不到自己想要的人才时，它便会在小范围内提高新进人才的薪酬待遇，之后无论它是否情愿，都不得不在后续的招聘过程中，继续通过提高薪酬的方式来招聘人才，进而为了解决新老员工工资倒挂问题，又不得不缓慢地给所有员工涨薪。这样经过一段时间以后，它的薪酬政策便已不再是过去"低基本工资+高绩效工资"的形态了，而是进入到了一个新的模式阶段，即由此前的交易型模式过渡到了后交易型模式。这个过程可能需要经历三年以上的时间。

其三，不同区域和行业中的企业，在选择人才管理模式时并非是"一刀切"的。在本书第3章中我们已经表述过，总体上讲，西方企业在1945年以前采取的是强权型模式，1945~1985年采取的是交易型模式，1985年以后采取的是后交易型模式。而在中国，自推行改革开放国策到1993年，普遍采取的是强权型模式，1993~2013年普遍采取的是交易型模式，2013年左右一部分企业才开始由交易型模式向后交易型模式转变。然而事实上，即便到了现在的2022年，有许多企业已经在实践和部分地实践我们在下一节将要介绍的"共利型人才管理模式"，但也有大量的企业，其主体人才管理实际上还停留在交易型模式阶段。这是因为，在先进的区域和行业，人才管理模式的变革是较早发生的，反之会滞后发生。比如，珠三角和长三角地区的企业，会比内地的企业更早尝试新的人才管理模式，而同是珠三角和长三角的企业，走在时代前沿的新兴公司，如技术型公司、互联网公司、智力服务型公司等等，会比那些传统的、落后的、老化的公司更早地尝试新的人才管理模式。除此之外，有些公司在人才管理模式变革时是相对主动的，而另外的公司则是出于某种无奈而不得不被时代大潮所裹挟。

最后，在绝大多数公司里，人才管理模式变革通常都是由上向下，或由个别部门向整个组织逐渐覆盖的，而不是在选择一种人才管理模式时，快速地或一刀切式地覆盖到公司里的所有层级和部门。比如，在强权型模式向交易型模式演变的过程中，大多数企业会优先让中高层管理人才和要害部门的人才进入新的模式，之后再谨慎而又逐步地让这一模式覆盖到所有部门。相似的道理，在交易型模式向后交易型模式演变的过程中，大多数企业也是首先让新的模式覆盖到中高层管理人才和一些要害部门的关键人才，之后才谨慎而又逐步地让这种新的模式覆盖到其他所有人员。

▶ ▶ 4.2 第四种人才管理模式

在劳资关系的利他时代到来以后，当越来越多的企业有意无意地正在采取前述后交易型模式来应对人才管理的问题或压力时，一种全新的人才管理思想和方法被中国企业创造了出来。这一新模式脱离了企业人才管理的"传统轨道",不仅具有划时代的解决企业人才管理问题的作用,而且还具有维持、强化和延伸企业竞争战略优势的功能。这便是我们即将讨论的"共利型人才管理模式"。

新模式的来源

谈到共利型人才管理模式,不能不提到大家所熟知的"股权激励",因为让人才们分享股权是这一模式的中心内容之一(但不是全部内容,该模式旨在以股权激励为载体,谋求一揽子地解决企业所面临的时代性人才管理难题),所以,我们有必要首先谈一谈股权激励的理论与实践及其演化过程。

(1) 股权激励理论

"股权激励"的概念来源于西方经济学,是对一种企业治理方式的理论概括。

西方经济学认为,企业发展到了一定阶段或状态以后,股东就不再直接参与企业的经营和管理活动,而是把企业的经营或管理责任委托给经理人来承担。在这种情况下,股东和经理人便是一种委托代理关系,即股东委托经理人来经营和管理企业的资产。在这种委托代理关系中,由于存在信息不对称(经理人掌握的企业经营与管理所涉相关信息更多),股东和经理人之间的契约并不完全,并由于股东和经理人追求的目标是不一致的(股东希望其持有的股权价值最大化,而经理人则希望自身当期利益最大化),这意味着,在这种关系中,需要高度地依赖经理人的"道德自律"才能保护股东利益。在这一背景下,理论家们和资本家们逐渐意识到,有必要在企业股东和经理人之间构建起更具效率的激励及约束机制,来引导和限制经理人的行为。

在传统上，股东对经理人的激励主要是工资和奖金。工资通常是根据经理人的资历条件、能力条件和行业薪酬水平以及公司的具体情况来确定的。工资也称为"无责任底薪"，即无论经理人干得怎么样，无论公司的盈利情况如何，只要经理人正常上下班，则向其承诺的工资是可以照拿的。因而，工资与公司的业绩几乎没有多大关系。

奖金一般与目标业绩考核挂钩，因此与公司的短期业绩表现关系密切，但与公司长期价值创造的关系不明显，因而经理人有可能为了短期的财务指标而牺牲公司的长期利益，而公司股东则不仅关心公司的短期利益，更关心公司长期价值的增长，尤其是对于成长型公司来说。

基于上述原因，为了使经理人关心股东利益，需要使经理人和股东彼此对利益的追求趋于一致。于是，股权激励便成为人们一致认可的解决方案。一般做法是，让经理人有条件地持有一定比例或数量的公司股份，享受股权增值收益，从而使经理人在经营过程中更多地关心公司的长期价值，防止经理人的短期行为。

（2）西方企业的相关实践

了解西方国家发展史和企业发展史的人们都知道，在西方国家，股权激励属于一种比较"古老"的激励特定人才的方式。这一方式可能来源于"地理大发现"时代的探险者与其出资人之间的关系对后世的启示。当时，探险者们大多不拥有雄厚的资本，他们是通过说服资本家和权势人物（股东）出资来实现其探险计划的。于是，出资者与探险者达成协议，双方按一定的比例，共担探险风险和共享探险所得，从而实现双方利益的紧密捆绑。正是在这一利益分配机制的作用或保障下，那时的探险者们才有了永不止息的探险冲动、动力和条件，才使得西欧国家当年以"发现新大陆"为名义的殖民运动，持续了逾300年之久。

上述航海探险者与其出资人的关系，应该对后来西方企业主与其代理人之间关系的形成与发展，产生过直接的影响。工业革命发生之后，特别是进入20世纪以后，西方国家许多企业的规模不断扩大，股东数量不断增加，股东结构日益复杂化，并伴随着二级资本市场的快速发展，大量的中小股东无法参与到企业日常的经营与管理活动中来。在这种情况下，企业的经营与管理活动是委托给职业经理人来负责的。于是，一部分股东基于自身现实利益的考虑，也是出于企业长期发展的需要，便开始尝试通过授予经理人以股权的方式，来激励并约束经理人，以使其经营与管理行为与股东的想法趋于一致。少数企业在此方面的成功尝试，激励了更多的企业起而效仿，并引来观察家和理论家的跟进以及国家法规的加持……

于是，对特定人才实行股权激励，逐步成为西方国家企业一个时代的"风尚"，所有的上市公司都会持续地拿出一定比例的股权用于激励其中高级人才，大量的非上市公司也效仿上市公司这一做法来激励其特定的人才群体。尤其是在美国硅谷，创业公司在其创业阶段，由于没有能力向人才们支付有竞争力的薪酬，为了吸引和留住人才，它们几乎无一例外地是通过"薪酬+股票期权"的方式来激励人才。

（3）中国企业的相关实践

中国实行改革开放政策以后，西方企业的管理经验（包括对核心人才实行股权激励方面的经验）成为中国企业学习的标杆。大约从20世纪90年代开始，便有为数众多的中国企业对其特定的人才实行了股权激励。我们的研究显示，在当时的中国，主要有以下三类企业采取了这一方式。

第一类是一些融资能力欠缺的企业，通过出让股权的方式向员工集资。严格说来，这并非完全意义上的股权激励行为，而是股权融资与人才激励效应兼备的行为。著名的华为公司，当年就是通过此种方式获得企业发展所需资金的。当然，正如大家所知道的，后来华为对广泛的员工所实行的股权激励，更多地是出于激励人才的考量，融资的意图逐步被弱化。再后来，华为的股权激励更进一步演变成为激励和管理人才的方式。或许有必要提请注意，由于多种原因，当时出现了一大批以股权激励为名、行坑蒙拐骗之实的企业，更有大量的实行了股权激励而最终经营失败的企业。

第二类实行股权激励的企业，是20世纪90年代之初开始相继进入二级资本市场的公司。这类公司几乎无一例外地在上市之时便启动了员工股权激励计划，即拿出一定比例的股份，让公司里的部分中高层级员工通过"股票期权"的方式有条件地持有。这类企业在对特定的员工实行股权激励时，也会在一定程度上出于经营与管理的考虑，比如把公司业绩增长与员工们的股份行权进行挂钩（对赌），但更多地则只是在参照所谓"国际惯例"，或简单地效仿国内"先行者"的做法。时至今日，大多数上市公司在IPO之前或之后，依然在采取相似的方式来激励人才，并且国家出台了用于对上市公司相关行为进行规范的法律法规。

第三类实行股权激励的企业，是在20世纪90年代后期开始的"国退民进"过程中涉及的大量实体。这些实体此前是国有企业，因为经营不善，在国家政策的鼓励下，相继转身为民营企业。在转型过程中，或出于政府部门的意志，或出于资金实力不足，或出于安抚或保留人才的考虑，它们也拿出了一定比例的股份，以不同的方式转让给了少数员工。众所周知，这类企业中的大多数最终都消失在了历史的长河中，消失的原因与股权激励并没有直接的关系，倒是与新的企业主人的人格动机和能力素质有直接的因果关联。

股权激励这种人才管理手段进入中国大众的视野，并为各类公司所竞相采用，大约是在2013年以后。这主要是由以下四个方面的因素共同促成的。

其一，是2013年以后中国企业普遍碰到了前所未有的人才管理难题。具体说就是，企业普遍面临了一系列十分棘手的人才招用育留难题。在一系列现实问题面前，企业需要有解决问题的新思路和新方法。

其二，是一大批知名公司在股权激励方面的示范效应。2013年，马云率先宣布阿里巴巴实行了合伙人制度；随后，万科、小米也宣布本公司实行的是合伙人制度；紧接着，人们发现，华为、腾讯早就实行了合伙人制度；进而，人们又发现，碧桂园、海尔、苏宁、温氏农业等一大批企业也已经实行了合伙人制度。不仅采取合伙人制度的知名公司进入了公众的视野，人们旋即发现，广受资本青睐的新型创业公司，尤其是互联网和新技术创业公司，几乎无一例外地实行了覆盖人才范围不等的合伙人制度。"榜样的力量是无穷的"，于是更多的公司在这个方向上，或立马跟进或跃跃欲试。

其三，是各路"理论家"的渲染。2013年以后，大量的企业管理专家和大学里的管理学教授，都在用类似"雇佣制已死，合伙人制度是大势所趋"这样惊悚的标题，来对雇佣制和职业经理人制度进行抨击，而对新生的合伙人制度大加赞赏和推崇。这些观点，借助强大的网络传播工具，几乎让所有人都知道，实行合伙人制度是企业明智和必然的选择。

其四，是商业机构和人士的推波助澜。与上述三大推动因素出现的时间几乎同步，众多的管理培训机构、管理咨询公司以及无以数计的律师、会计师、资深HR人士和自由讲师等等，也都纷纷推出了旨在帮助企业建立合伙人制度的课程或咨询服务项目。坦白地讲，我们所在的奇榕咨询公司，也是在这一"大潮"之下开始合伙人制度的研究、教学与咨询服务的。尽管不同的机构和个人所理解和表述的合伙人制度大相径庭，但无论如何，这一商业因素与上述三大推力"合谋"之后，迅速地向中国几乎每一个角落的企业传播了"股权激励"这一概念及其诱惑，使越来越多的企业开始行动了起来。

（4）股权激励带来的问题

在股权激励为理论家所看好，同时被大量企业所采用时，也有人对这种激励人才的方式提出了质疑。我们曾在《合伙人制度顶层设计（第2版）》一书中，审慎地介绍和评述了股神巴菲特对股权激励的诟病。以下是原文摘录。

早在2005年，享誉全球的投资大师沃伦·巴菲特（Warren Buffet）就对美国上市公司实行的股权激励计划进行过严厉批评。他认为，股权激励只是一场肥了高管们的腰包，却没有真正提高公司业绩水平的被操纵的游戏。

巴菲特说，在很多情况下，美国高管薪酬水平与经营业绩水平严重不匹配，而且这种情况将来肯定也不会好转。因为首席执行官（CEO）的薪酬安排，就像以欺骗方式做牌出老千一样，早已经事先安排好了，完全是不利于投资者的。结果就是，一位表现平平甚至表现糟糕的CEO，在他精心物色的人际关系主管和非常乐于助人的咨询公司顾问的帮助下，最终总是会让公司制定一个恶意设计的高管薪酬计划，从中搞到一大笔钱。巴菲特在当年发表的伯克希尔公司的年报中，用假设的方式诟病了股权激励的负面作用——

"以允许固定价格的股票期权为例。假设停滞公司（Stagnant）授予CEO无用先生（Fred Futile）一定数量的股票期权，比如相当于公司总股本1%，那么他的个人利益就会非常清楚地决定他的行为：他肯定不会向股东分配任何红利，而是用公司所有利润来回购股票，从而推高股价，让他自己的股票期权收益最大化。"

"在无用先生的领导下，停滞公司名副其实，根本没有实现什么增长。在发行期权后的十年间，公司每年在100亿美元的净资产价值基础上，盈利10亿美元，假设公司全部流通股为1亿股，这意味着公司每股盈利10美元。无用先生拒绝向股东分配红利，而是用全部盈利回购股票。如果股价一直保持10倍市盈率水平，那么在期权到期之日，回购将会推动股价上涨158%。这是因为持续回购将使公司流通股减少3870万股，每股收益将因此提高到25.80美元。仅仅是简单地通过将股东收益全部留存不做分配，通过持续回购股票推高股价，CEO无用先生就能获得1.58亿美元的巨额财富，尽管在他的领导下，公司业务根本没有任何增长。更令人吃惊的是，即使停滞公司的收益在这十年间下降了20%，无用先生通过股票期权仍然可以赚到1亿美元以上。"

"另一种情况下，不分配红利，而将留存收益投资到各种令人失望的垃圾项目和胡乱并购上，无用先生的股票期权照样能够让他大赚一笔。即使这些投资只能获得微不足道的5%的收益率，无用先生的股票期权仍然能够让他赚到钱包鼓鼓的。具体计算表明，在停滞公司股票市盈率十年间保持不变的情况下，无用先生的期权会让他挣到630万美元。与此同时，所有股东会开始怀疑，当时公司实施股权激励计划向无用先生授予期权时，声称股权激励能够使高管和股东结成'利益同盟'，可是结果怎么是不管公司业绩如何，CEO都能大赚一笔呢？这究竟是怎么回事？"

"CEO们非常明白，分配红利越少，自己从股票期权上所赚的钱越多。他们知道，所分配给股东的每一分红利都相应减少了已发行期权的价值。可是，从未见过任何一家公司审议批准股权激励计划的股东大会材料中曾经提到过，实施固定价格股票期权计划其实存在着管理层和股东之间的利益冲突。尽管CEO总是一成不变地在公司内部宣扬，世界上没有免费的午餐，获得资本总是要支付成本的，但他们不知为何总是忘记告诉股东们，授予固定价格股票期权给CEO带来的资本却是完全免费的。"

……巴菲特的上述观点是针对上市公司的期权性股权激励计划而言的。他所批评的内容都是真实的，不仅在美国的上市公司中普遍存在，在包括中国在内的其他国家的上市公司中也是普遍存在的。但是，上市公司这一股权激励的后果并不代表非上市公司采取股权激励的后果也是同样糟糕，尽管非上市公司股权激励的消极面会从另一个或多个侧面暴露出来。

巴菲特对股权激励的批评，也只是代表"资本家"的立场和观点——基于企业股东的利益在发声。事实上，如果没有职业经理人的"打理"，企业股东的资本增值可能性会大打折扣。

事实上，拥有非凡影响力的"股神"巴菲特在面对普遍的企业都在使用股权来激励职业经理人的做法，虽有微词，但也只能无奈地接受。有一个为很多人不能理解的事实，可以用来证明巴菲特的这种无奈——

2011—2013年，可口可乐公司连续三年业绩下滑。在这种背景下，可口可乐公司董事会（由职业经理人所控制）依然向公司股东会提出了新增130亿美元的股权激励计划，理由是，只有进一步地对职业经理人采取股权激励，才能扭转公司业绩不断下滑的糟糕趋势。当时，巴菲特作为可口可乐公司的大股东代表（他所领导的伯克希尔·哈撒韦公司持有可口可乐公司10%左右的股份），在出席公司股东会时，对这种要求给予了批评。但是，令华尔街和全球财经新闻界大跌眼镜的是，尽管他对这个计划提出了批评，可他最终还是同意了这个新增的股权激励计划。

同样在《合伙人制度顶层设计（第2版）》一书中，我们基于过往的理论研究和咨询服务实践经验，还指出了"单纯的股权激励"面临的六大问题。以下是相关论述的节选。

单纯股权激励存在的主要问题，可以归纳为六大方面。
（1）激励了一部分人，可能会打击另一部分人

大多数企业的股权激励计划是针对中高管或技术精英而设计的。这种设计的背后思想是：中高级人才是企业经营管理的"四梁八柱"，在"治军先治将"的思维下，认为只要把他们给激励到位了，企业就能有效生存与发展，至少不会出现大的问题。

对于一些尚处于创业期的企业来说，仅仅针对核心人才实行股权激励计划，也许是必要的或明智的，因为处于创业期的企业，技术、产品尚不成熟，商业模式有待实践验证，组织化、标准化、制度化的经营管理体系也没有建立起来，企业的经营管理是否有效，关键取决于少数核心人才是否有梦想、激情和能力。在这种背景下，仅仅针对核心人才实施股权激励计划往往能够产生较好的效果。

然而，对于一些已经在采取"兵团式"作战的管理比较成熟的企业而言，仅仅针对少数中高管和技术精英推出股权激励计划，很有可能会伤及那些没有被激励到的其他骨干分子，使他们产生不满/抱怨情绪甚至背离，如果出现这种情况，对企业的可持续发展将会是有害的。

可不能小看了这一问题！试想，当一家企业的股权激励仅仅针对的是中高级管理者和技术精英，而没有覆盖到中基层管理者和技术骨干，因而导致中基层管理者和技术骨干不满、抱怨甚至背离时，将意味着企业管理难度的增加，意味着企业对高管团队倚重度的增加，意味着企业管理成本的增加。

（2）高薪酬条件下的股权激励也许并不能产生理想的效果

现实中的大量企业本身实行的是高薪酬制，中高级管理人员的年薪动辄几十上百万元。实行股权激励，往往不会因之而减少被激励对象的薪酬收入，或者说，股权激励只是额外增加的"福利计划"，几乎没有企业敢于在实行股权激励计划时，把被激励对象的薪酬降低，因为这样做会导致不满。

但问题是，如果企业没有一整套确保股权激励计划产生良好效果的管理方案，而只是在高薪酬政策不变的情况下增加股权激励，那么这样做，或许可以使被激励对象因为获得了新的利益而在短期内感到更加幸福，但其工作斗志却未必会因此而增加。如果这种情况不幸发生，那么必然会出现一种效应：工作该怎么干还是怎么干。毫无疑问，这样一来，企业的业绩并不会因为实行了股权激励而有所增长，而企业的人力成本支出则会必然因此而上涨。问题还在于，如果出现这种情况，企业的管理成本也会必然上涨。

（3）股票期权计划有可能助长经理人的短期和自私行为

股票期权，通常是指固定价格下的股票期权。不仅上市公司通常实行的是这种股票期权式激励，大多数实行了股权激励计划的非上市公司也采取的是类似的股权激励模式。

本章上面部分所引述的巴菲特先生的观点，已经比较透彻地揭示了一个问题，即上市公司所实行的固定价格下的股票期权式激励，可能会助长经理人的短期和自私行为。事实上，如果缺少完善和有效的管理保障措施，这种激励方式对非上市公司也可能产生不可忽视的负面影响。主要有以下三个方面。

一是一部分激励对象在拿到了高薪酬的情况下，对后期是否行权持以无所谓的态度——对自己有利就行权，否则就放弃行权。

二是在大股东不参与经营管理的情况下，被激励对象可能依然出现群体性的只关注行权期（通常为3年左右）的经营结果，而并不关心企业长期经营管理的健康发展态势。

三是如果缺乏严密的监管措施，在"可以选择行权，也可以放弃行权"的约定下，一部分被激励对象有可能依然会利用职务之便获取不正当利益。

（4）按照"同股同利"原则分红，可能存在不公平

许多实行了股权激励的公司已经碰到了这一问题，而且随着时间的推移，问题势必会更趋突出。

理论上讲，持有公司股份者，具有同等的分红权。比如两位中层管理者各持有10万股公司实体股份或虚拟股份，按照事前确定的利润分红比例，2019年度每股可以分红1.8元。也就是说，这两位中层管理者，每人可以得到18万元的分红。但是，回顾2019年度的工作，这两位中层管理者对公司的贡献是明显不一样的：其中一位，全年中多次因家庭和

个人原因休长假，所在部门全年的工作业绩也比较一般；而另一位，其全年工作特别投入，经常加班加点地工作，并且克服了重重困难，所在部门业绩也十分突出。在这种情况下，如果依然按照"同股同利"的原则分红，合理吗？如果不合理，又如何解决问题？

相似的不公平问题还有可能表现在：实施股权激励计划后，在随后的工作中，持股少的人贡献反而大，或者持股少的人自认为自己的贡献更大，或者无论持股多少，人们都认为自己的贡献较大，在这些情况下又怎么分红？且不谈还有人没有持股，但却为公司的发展做出了贡献，或自认为为公司做出了较大贡献。

显然，如果缺少相应的配套管理方案，"同股同利"导致的公平性问题，将极有可能打击到整个被"激励"的精英团队，并让消极情绪逐渐在全公司蔓延开来。毫无疑问，这有违企业实行股权激励的初衷。

（5）股份收益足够多以后，员工有可能失去奋斗精神

实施股权激励计划的一个基本思考是，让被激励的特定员工或核心人才保持旺盛的工作斗志，不断创造出更佳的业绩。但是，随着时间的推移，这一初衷很可能会面临"人性"的考验。

绝对情况下，企业总会倾向于把更多的股份授予那些职位高、能力强、贡献大、预期好的员工。得到股份越多，干劲越足，贡献越大，长期来看，他们在企业的地位会因此而更高，能力也会因此而更强，贡献也有可能会更大。考虑到企业一般会持续将更多的股份向更优秀的人群倾斜，并考虑到企业有可能会把一部分年度分红转换成股份向员工进行分配，这意味着多年以后，优秀的人才所持的股份会更多，股份分红和股份增值收益也会更多。那么问题来了：当股份分红和股份增值收益足够多，多到正常薪酬的十几倍或几十倍以后，甚至于远远超过了自己最高的人生梦想之后，这些持股者便可能会失去奋斗精神。

这是股权激励的一个悖论：股权激励的目的是要让员工有奋斗精神，但是当股权激励到一定程度以后，员工的奋斗精神便有可能会下

降。甚至像华为、阿里这样的公司，也都存在着类似的问题。所以，任正非一直在告诫他的员工，不能因为未老先富而失去持续奋斗精神；马云也一直在强调，要防范阿里的员工未老先富而失去继续工作的斗志。可以认为，所有实行了股权激励的企业，都将不同程度地面临这一问题；股份分红和股份增值效果越是突出的公司，面临的这一问题将越是严峻。

（6）持股者未来的能力有可能难以满足企业发展的新要求

每一家企业都处在不断的发展变化过程之中，实行股权激励的目的之一是希望企业发展得更为迅速、稳健。但是，一个问题随之出现了：所有的企业在不断发展与变化的过程中（包括外部环境的变化，内部业务结构的变化，工作目标、模式、方法的变化，以及人事环境的变化等等），一定会对员工的观念、知识、能力和奋斗精神构成新的要求。

然而，并不是每一位员工都能与企业一同成长，都能持续地满足企业的要求。因为，对大多数人来说，一旦形成了某种思维和行为模式，便会阻碍他们去建立新的适应变化的能力，而有的人随着年龄的增长、体力的衰退、奋斗精神的下降，他们必然不能持续地适应变化。众所周知，年轻的一代人在总体能力上一定会胜过老一辈人，因为他们年轻，并且生活和成长在全新的知识、技术、观念环境下，更能接受新生事物。换言之，老一代的人才，无论他们现在的地位有多高、能力有多强，或早或迟，他们一定会被后起之秀所超越。

（5）中国部分企业的新尝试

尽管股权激励存在上述诸多问题，但有一点可以肯定，即股权激励之所以流行了那么多年（为大量的企业所采用，并为众多的理论家所看好），一定有其不容否认的内在功用。

最重要的是，尽管这种激励人才的方式的确存在这样和那样的问题，但由于时代变迁导致的人才管理环境因素的重大变化，在企业没有能力加大薪酬激励的背景下,并在其他企业普遍采取了股权激励的情况下,一家企业要维持正常的经营与发展,因而要获取和保留人才,在相当程度上,就不得不尝试采取这一人才激励方式。还有一点值得注意,就是一旦采用了股权激励计划,几乎可以肯定是没有退路了。试想,当一家公司拿出10%的股份授予30位人才之后,很快就又发现用股权来激励人才的效果不仅大大低于预期,反而还派生出了许多新的问题,该公司又该怎么做呢?几乎可以肯定,它很难取消这一既定的政策,因为这样做的后果是可怕的:会导致人才们对公司的深度不信任。有效的做法只能是,尽量在维持这一政策的同时,设法完善这一政策或其所涉及的相关规则。

好在,大多数企业组织是能动的,这种能动性体现在:碰到问题时,总是尽量忍受,在实在忍受不了时,就会想办法(包括自力更生、向他人学习、礼请专业人士等等)来解决问题;一个问题解决了,又出现了新的问题,于是继续忍受,实在忍受不了时,进一步想方设法来解决问题……如此循环往复,企业的经营便得以持续,企业的管理便得到了持续优化。在这一点上,中国企业的整体表现更为可圈可点,因为中国企业在此方面是有"天分"的(参见本书第11章的相关论述)。接下来,我们来看看一部分中国企业逐渐发现或创造共利型人才管理模式的大致背景。

如前文所述,中国企业尝试对员工进行股权激励,大致经历了"四次浪潮":最初,是一部分企业面向员工进行股权融资;随后,是上市公司纷纷参照国际惯例对其核心人才实行股权激励;再后来,是在"国退民进"时期,一部分转制而来的民营企业尝试股权激励;最后,是2013年以后,在"实行合伙人制度是大势所趋"的管理思潮推动下,大批的企业尝试实行股权激励(包括国家尝试在国有企业和国有混合改制企业推行股权激励)。而今,中国境内除外资企业以外的几乎所有企业,要么已经推行了员工股权激励,要么正在计划或考虑推行股权激励政策。

在此要表达的重点是，我们的研究显示，中国民营企业才是"股权激励"制度的创新者，而且"一不小心"，竟然把传统的股权激励"升华"成为一种全新的人才管理模式。

众所周知，自20世纪90年代初开始，中国企业一直是在依据西方跨国公司人才管理的理论和方法，来努力构建自身的人才管理体系的，比如纷纷把传统的"人事部"改头换面为后来的"人力资源部"，就是这一学习行为的重要表征。不光是在形式上模仿西方跨国公司的人才管理，而且一直在通过各种渠道（图书、文章、培训、学校教育、游学、引进人才和人际学习等），来努力全盘导入西方企业的人才管理理论和方法。然而，实际上，只有一部分规模较大、资金实力雄厚、认知超前的中国企业，才能部分构建起真正的类似西方公司的人才管理体系，大多数中国企业只是学习到了一些"皮毛"。

如果说2013年之前，中国企业在人才管理方面向"国际惯例"靠拢是无可争议的"正确选择"的话，那么大约从2013年左右开始，一部分中国企业逐步意识到，不能盲目地、"打肿脸充胖子"式地学习西方跨国公司在人才管理方面的做法，而应该在有选择地学习的同时，努力"因地制宜"地探索和发展符合本土特色和本企业特点的人才管理方法。因为，这个时期出现了以下两种现象，它们在交叉地、不断地和深度地（甚至是颠覆性地）刺激着一部分中国民营企业家和管理理论家的思维。

第一种现象是，2008年以后，中国市场上传统行业领域的跨国公司，因全球金融危机和中国的人力成本上涨，出现了"群体性"经营状况每况愈下，于是它们纷纷收缩在中国市场的业务（将业务转移到东南亚等人力成本低廉的国家和地区）。这给人们的一个极大刺激就是：即便是在各个方面都十分先进的公司，过高的用人成本也有可能威胁到其生存，因为过高的用人成本以及由此带来的其他成本上升，在市场景气时期会被产销两旺的繁荣景象所掩盖，一旦出现全球经济或区域经济或行业经济不景气，就很可能成为"压死骆驼的最后一根稻草"。与此同时，人们注意到一种反差现象，就是同在中国市场耕耘的本土公司，却能够在2008年美国次贷危机之后，以及在用工成本普遍上涨的条件下存活了下来，不仅如此，而且有的企业还获得了超速发展。究其原因便是，中国企业一直奉行的是低成本战略，在这种战略下，它们会尽一切可能将用人成本和管理成本控制在最低限度。于是，人们便得出了一个结论：西方跨国公司的人才管理方式未必就是最佳的，中国企业的低成本用人及管理方式恰恰是中国企业的固有优势之所在，不能盲目丢弃，否则中国企业在跟西方跨国公司的竞争中便优势不再。

另一种深深地刺激了部分中国民营企业家和管理理论家神经的现象，是2008年左右开始，为适应经营环境的变化和企业内在的"转型升级"要求，一大批实力雄厚（也包括实力有限但却胆量过人）的中国民营企业，开始大胆地导入西方跨国公司的职业经理人制度，来变革本公司的人才管理体系。而恰在此时，随着西方跨国公司收缩中国市场的业务，大量外资企业的人才需要"分流"，于是有外资企业工作背景的中高端人才，便成为众多中国民营企业竞相猎取的对象。进而，"空降"到民营企业的人才们，为了迅速做出业绩或实现自己的抱负与承诺，又面向人才市场大量地招兵买马，并采取跨国公司的管理理念和方式来管理公司的人才队伍。接下来的情况是，这些公司的用人成本和由使用"空降兵"而导致的管理成本，出现了快速和持续攀升，而企业的经营业绩却并没有同步增长，甚至有大量的企业因此而走向了衰落。于是，人们强烈地意识到，中国企业采取西方跨国公司那样的职业经理人制度是不可取的。

在经受上述两种现象的刺激以后，虽然人们已经认识到，盲目地导入西方企业实行了上百年的职业经理人制度并不可取，但如何才能解决本公司在新的历史条件下所面临的错综复杂、层出不穷的人才管理问题，却依然是一个极大的困惑。恰在此时，声望快速飙升的阿里巴巴、华为、万科、温氏农业等知名公司的合伙人制度进入了大众视野，特别是在马云宣称阿里巴巴之所以获得快速发展，就是因为阿里巴巴实行的是合伙人制度以后，合伙人制度便迅速成为中国企业青睐的人才管理方式。

然而，自那个时候开始，在大多数中国人的认知世界里，所谓"合伙人制度"就是指企业对员工实行"股权激励"。人们之所以会将合伙人制度等同于股权激励，原因十分简单：合伙人制度涉及太过复杂的内容，既难于理解，又难于实行；股权激励就是企业的股东拿出一定比例的股份授予员工，这很好理解，也不难操作。

在大量中国企业将合伙人制度理解为单纯股权激励，进而众多企业开始将股权激励作为解决人才管理问题的"万应灵药"时，单纯股权激励导致的问题也日渐暴露了出来（如前文所述）。然而，到了这个时期，中国企业面临的人才管理大环境已经发生了剧烈变化，面对变化，大多数中国企业在没有条件和意愿通过后交易型模式来解决其所面临的人才管理问题时，股权激励便成为它们不得不采取的"法子"。于是，便出现了一种现象：一部分中国企业和管理专家在"办法总比困难多"的信念支撑下，或通过点点滴滴、集腋成裘式地独立摸索，或通过一鳞半爪、星星点点地持续相互学习与借鉴，逐步探索出了有鲜明中国企业特色的合伙人制度。这个制度的中心内容是股权激励，但它已经大大超越了股权激励的原始功能，成为全方位解决企业面临的新时代人才管理问题的思想和方法体系。

以上就是共利型人才管理模式的来源。受本章篇幅所限，关于中国企业有意无意地创新传统的股权激励方式，并逐步将之升华为应对时代性人才管理问题的方法系统，其发生的一般过程和深刻原因是什么，我们将在本书第11章予以进一步论述。

新模式的特征识别

当一家公司在人才管理方面大致具备下面所描述的特征时，它有可能采取的已经是我们所说的"共利型人才管理模式"，或者说正处在向这个方向迈进的过程中。不过，并不是每一家采取这一模式的公司都是覆盖到所有层级人才群体的，更多的公司只是针对特定的人才群体采取这一模式（对于模式尚未覆盖到的人才群体，通常采取的是交易型人才管理模式）。关于这一点，我们将在下一章专门论述。

（1）用人理念

采取这一模式的公司，会把特定的人才视为公司实现事业梦想的不可或缺的合伙人（"合伙人"概念最初特指参与创办公司的创业团队成员，而不是指在企业里打工的人才。把特定人才视为公司的合伙人，在很大程度上意味着大大地提升了特定人才在创始人心目中和公司发展中的地位）。为了激励特定人才与创始人团队"携手同行、共创伟业"，这类公司会心甘情愿地拿出一定比例的股份以一定的方式授予他们，从而使他们能够长期地分担公司的经营与管理责任，并长期分享公司发展的红利。为了避免人才们来自人性的弱点影响共同的事业发展，并激扬人性的优点，这类公司通常会出台一系列与股权激励相配套的管理措施，要求被定义为合伙人的人才们，立足于岗位工作来承担特定范围的经营与管理责任，并且会竭尽所能地采取相应措施，来持续不断地促使合伙人的心态、思维、能力和业绩发生向善向上的变化。因为这类公司相信，只有这样才能让公司发展得更好，只有公司发展得更好，人才们才能获得最大化的职业回报。采取这一模式的公司，大多愿意将这一模式尽可能地覆盖到公司更大范围的人才群体，但同时也会设置相应的合伙人准入条件。

（2）员工招聘

采取这一模式的公司，在招聘人才的基本方式上，与采取后交易型人才管理模式的企业看起来并无二致，即会动用所有可能有效的途径来获取优秀人才。但是，这类公司在招聘特定人才时，与采取后交易型人才管理模式的企业相比，是有着根本区别的（后者在招聘人才时，会更看重候选人当期的价值，而不太会在意人才们是否具有长期培养的潜力，因为它们只打算与人才们签订有限期限的劳动合同）。它们在招聘合伙人时，既看重候选人当下的能力素质，又看重其潜在的培养价值，因为它们十分在意与人才们建立长期的合作关系。因此，这类公司在招聘关键岗位人才（合伙人或潜在合伙人）时，通常是老板亲自上阵，以平等的姿态与候选人反复友善沟通。即便是招聘非合伙人层级的关键岗位人才，这类公司在大多数时候也是非常慎重的，因为它们有可能会把候选对象视为企业未来要逐步吸纳的合伙人。

（3）岗位工作设计

出于公司发展、运营和安全的考虑，采取这一模式的公司也会跟其他所有企业一样，基于"精细化的专业分工"来安排人才们的岗位工作。但是，这类公司在定义合伙人所在岗位的责任范围时，通常会在既定的岗位职责范围之外，对合伙人提出更多和更高的要求，包括要求他们：关心企业的利益，基于岗位工作主动承担更多和更大的责任与义务，自力解决所负责团队的人才招用育留问题，更积极主动地参与跨部门沟通与协作，更积极地参与解决公司经营管理中出现的"本职工作之外"的问题，等等。

（4）薪酬与福利

采取这一模式的公司，更愿意向人才们提供更多的工作回报。不过，它们给予人才们的工作报偿，并不是按照传统的交易型或后交易型模式下的方式来"算账"的。在它们的"会计簿"上，公司给予人才们的利益包括两部分的内容，一是正常的薪酬与福利，二是股份相关利益。它们给予人才们的薪酬和福利既可能高于、也可能持平于、还可能低于行业平均水平，而其给予人才们的股份相关利益则是需要经由时间来确定和兑现的。

（5）绩效管理

采取这一模式的公司更加重视绩效管理，并由于实行的是合伙人制度，公司的绩效与每一位合伙人的利益高度正相关，因而它们会更加名正言顺、理直气壮地要求其合伙人挑战更高的绩效目标。不过在这个维度上，这类公司又可分为两类。一类公司是通过与合伙人"对赌"的方式，迫使其合伙人不得不产出高绩效，其惯常做法是将特定的绩效目标作为其合伙人股份行权的条件。不过，由于这一做法与传统的企业与人才们进行"交易博弈"的思维和行为相类似，因而虽然在绩效管理方面也可能在短期内会产生一定的效果，但却不利于建立起利益之外的其他影响人才们思维和行为的管理机制。另一类公司在此方面的做法是，通过不断创新绩效管理手段，来促使每一位合伙人的能力素质得以不断提升，并以此方式来促使每一位合伙人创造出公司和合伙人均希望达到的绩效成果。这类公司在绩效管理方面的做法，通常是在汲取了前一类公司"对赌"做法的经验教训之后的创举。

（6）员工培育

采取这一模式的公司，较其他任何类型的企业都更为重视人才培育。而且，它们除了要让人才们有效满足岗位工作要求，还试图让人才们具有更大的格局，更宽阔的胸怀，并试图帮助人才们建立更有效的且符合企业设计的职业发展能力。这是因为，它们实行的是合伙人制度，十分自然地希望人才们有更好的职业思维、行为和能力表现。而且，这类公司在培养人才的方式上，大多也已经超出了传统的以课堂式培训为中心内容的人才培养模式，它们会在"成就员工"的理念和口号下，通过鼓励非合伙人努力成为合伙人，并鼓励已经是合伙人的人才努力成为更高级别的合伙人，来激发人才们不断奋发向上的斗志，并采取一切可行的办法来促使人才们的成长。这类公司中的一部分，甚至会把日常的工作沟通与协作、工作汇报与述职、绩效评估与沟通等等，都视为可以促使人才们提升能力素质的契机。

（7）员工保留

这类公司实行的合伙人制度，本身就是迄今为止最具战略性的保留人才的策略，因为股份机制可以对人才们实行某种程度的"捆绑"——人才们中途背离将会遭受相应的损失。除此之外，这类公司通过实行合伙人制度，使企业的文化对人才们更具感召力和影响力，也会使企业的发展更具张力，企业的良好发展态势会使人才们倾向于"与企业一同成长"。这类公司也会淘汰那些不能满足组织要求的人才，同时也会出现人才们因志向发生改变或其他原因而选择辞职的现象。

（8）责任主体

在采取这一模式的公司中，人才招用育留工作的主体责任不再由人力资源部门来承担，而是由人力资源部门牵头，公司高管层、人力资源部门和直线管理者来共同承担。其中，公司高管层负责定义人才管理的基本原则、方向和政策；人力资源部门负责在专业技术层面辅助高管层决策，并帮助和辅导直线管理者解决具体的人才管理问题；具体的人才招用育留问题的解决，则是由直线管理者担负主体责任的。

关于共利型人才管理模式，还有必要进一步提请大家注意以下三个方面。

首先，本章第一节描述的三种典型的人才管理模式，虽然因时代的变迁，企业与员工的关系发生了极大变化，但此三种模式下，企业与员工的关系总体上都是"对立"性质的。具体说来，在强权型劳工管理模式下，企业一方居于强势地位，劳工一方几乎没有讨价还价的余地，因而企业可以用最低的成本付出换取劳工最大化的"剩余价值"；在交易型员工管理模式下，员工的地位虽然因多种因素的共同作用而有所上升，因而企业不得不向员工出让更多的利益以赢得员工的合作，但企业与员工之间关系的基本特征仍然是相互博弈；在后交易型人才管理模式下，员工的地位虽因宏观环境因素的进一步变化而进一步上升，因而企业不得不动用更大和更多的利益来"讨好"人才们，但那也只是意味着更加激烈的相互博弈。

其次，共利型人才管理模式下，企业与特定人才（合伙人）的关系，已经由此前的"面对面"（对立）关系，转变为"肩并肩"的真正意义上的合作关系。这种关系的基本性质是，企业与人才的利益高度趋同，即对企业有利的也是对人才有利的，对人才有利的也是对企业有利的，而且企业与人才之间的共同利益，是通过股份及相关配套管理机制来予以确立和保障的。

最后，虽然在后交易型人才管理模式下，股权激励已经被众多的企业所采用，但那一模式下的股权激励，与共利型人才管理模式下的股权机制是不可同日而语的。具体说来，由于后交易型人才管理模式下企业与人才的关系是相互博弈关系，因而企业授予人才们的股权，只是企业试图以此方式与特定人才进行更高级博弈的"筹码"；而在共利型人才管理模式下，企业则是把股权作为与特定人才实现共利的"载体"，并且企业期望据此一揽子地解决自身所面临的时代性和趋势性人才管理问题。因而又可以说，前者仅仅具有"弥补"性质，而后者则具有"颠覆"性质。

4.3 定义现行模式及未来选择

在经过了以上论述之后，现在大家需要回答两个问题：其一，你公司现行的人才管理属于四种人才管理模式中的哪一种？其二，接下来你将准备采取哪种模式来管理公司的人才队伍？坦白讲，这两个问题既好回答，也不好回答。

所谓"好回答"是指，如果你只是从整体上笼统地对公司的人才管理现状做出判断，而不是把注意力放在细节上，则你是比较容易做出大致归类的；相似的道理，如果你只是依据自己的主观喜好倾向，来定义哪种人才管理模式可能更为符合你公司的人才管理现状和未来发展需要，那么你也是能够轻易挑选出你所中意的人才管理模式来的。

所谓"不好回答"是指，如果在定义你公司的人才管理模式属于哪种类型时，你太过关注细节，那么很可能会发现，你公司的人才管理同时具有多种模式的特征，因而无法轻易做出定论；相似的道理，如果你过多地考虑未来所选模式在执行过程中可能出现的若干细节问题，你将很难判断与取舍。

针对上述两个问题，我们在此给出的提示性建议如下。

在回答你公司现行的人才管理属于四种模式中的哪一种时，你可以首先把公司的员工群体分为高中基三个层级：高层，是指总监级及以上管理岗位人才和技术精英；中层，是指部门经理及以上、总监以下的管理岗位工作人员和各技术/专业领域的骨干分子；基层，是指一线管理人员、技术人员和工作人员（人员结构复杂或不适宜此种分类的公司，也可自行定义分类标准）。在进行了这一分类之后，进而便可以对照前述四种人才管理模式的特征，来定义你公司当前针对不同层级的人才，各自实行的是哪一种人才管理模式。通常，现实中不同的公司，针对不同层级的人才，会自觉或不自觉地采取不同的人才管理模式。这样来分析和定义问题的一个好处是，它可以促使你去思考针对不同人才群体的现行管理模式的合理性，以及可能的改善方向。

在回答未来你公司的人才管理应选择哪种模式时，你既可以笼统地回答你公司整体上应该努力进入哪一模式，也可以基于上述"分类识别"，针对不同层级的人才群体，考虑接下来分别应该努力进入哪一模式。无论怎样回答这一问题，你都有必要考虑到一点，就是只有选择与所处时代相匹配的人才管理模式，才是正确的选择；选择与所处时代相背离的人才管理模式，注定在未来的人才管理过程中更加举步维艰。特别需要指出的是，我们的观察和研究显示，将交易型人才管理模式变革为共利型人才管理模式的难度，将远远低于将后交易型人才管理模式转变为共利型人才管理模式的难度。这是因为，处于交易型人才管理模式中的人才们，出于自身利益的考虑，更愿意所在公司进入共利型人才管理模式；而处于后交易型人才管理模式的大多数人才们，往往会被眼前的既得利益蒙蔽头脑，而更愿意维持当下的模式，或在当下期望企业给予他们更大的利益（他们中的部分人或许也希望与企业共利，但当公司要求他们付出更多时，特别是当公司要把他们的一部分既得利益转变为未来才有可能兑现的股份相关利益时，他们会倾向于选择"维持现状"；如果公司强势导入共利模式，通常会因为他们的抗拒或质疑或积极性不高，而导致新模式的效果大打折扣）。

第 5 章
再选择：共利模式的三种类型

◇ 5.1　三种共利类型

◇ 5.2　个别人才合伙模式

◇ 5.3　精英层合伙模式

◇ 5.4　全员合伙模式

◇ 5.5　本书的主张

在阅读上一章之后，如果你倾向于选择"共利模式"来解决公司面临的人才管理问题，那么你很有必要进一步知道，共利模式又可分为三种类型：①个别人才合伙模式；②精英层合伙模式；③全员合伙模式。具体选择哪一种，颇有学问。

企业的认知水平、所处行业、经营规模、发展阶段和管理理念不同，其所选择的共利对象会有所不同，而不同的共利对象便构成了不同的共利模式类型。过往，不同的企业在选择共利对象时，通常是出于"现实需要"，而不是"理所应当"，本章旨在提醒大家做出"理所应当"的选择。此外，如果你公司已经采取的是共利模式（无论属于哪一种具体类型），阅读本章也可以促使你思考：是否有必要对现行的共利模式加以优化？

5.1 三种共利类型

对企业实行的共利模式进行分类认知，有两个方面的意义：对尚未采取合伙人制度的公司来说，可以据此思考与选择，采取哪种共利类型将更有利于自身的健康持续发展；对已经采取了合伙人制度的公司来说，则可以据此"对号入座"——定义本公司实践的究竟是哪一种共利模式类型——并启示其思考，本公司的共利模式还可以朝哪个方向进行必要的优化。

我们在2018年出版的《合伙人制度顶层设计》一书中，将员工持股模式分为了四种类型：全员持股模式、精英层持股模式、控制权博弈模式和相互算计模式。当时的这一划分，更多考虑到的是股权激励政策发起者的具体动机，即在不同的动机下，不同公司选择的员工股权激励模式是不尽相同的，比如阿里巴巴当年所实行的合伙人制度（员工持股计划），既有激励员工的考虑，也有其创始团队决意用这一制度跟投资方进行控制权博弈的考虑。

现在，本书的定位已经与那本书有所不同，故而有必要对普遍的企业所实行的合伙人制度进行重新归类。正如大家已经知道的那样，本书主张，以员工持股为中心内容的"共利型人才管理模式"应成为企业应对新时代人才管理问题的系统解决方案。因而，本书在划分以股权激励为中心内容的合伙人制度所覆盖的对象范围时，不考虑决策者激励与管理人才之外的其他动机，而只考虑企业应对或力图解决时代性人才管理问题的总体需求。

基于上述定位，在本书的视野中，目前的中国企业界，不同企业所实行的合伙人制度，大致可归纳为如图5-1所示的三种类型：个别人才合伙模式、精英层合伙模式和全员合伙模式。

图5-1 三种共利模式类型

2013年以来，这三种共利模式类型一直是并行发展的，即有的企业实行的是个别人才合伙模式，有的企业实行的是精英层合伙模式，而有的企业实行的则是全员合伙模式。本章随后三节，将对这三种共利模式类型逐一作出具体介绍。

在此还需要说明一点，我们在做这种划分时，有意剔除了"创始股东合伙"这种十分常见的企业组织形式。为什么要剔除这种合伙形式呢？解释如下。

"创始股东合伙"，是指两个或两个以上的自然人以共同出资或"技术入股"的方式参与创办公司，参与创业者各自持有一定比例的公司股份，股份分配的依据通常既考虑到了出资比例，又考虑到了彼此在公司担任的角色，还考虑到了公司未来发展对他们各自不同的倚重程度。我们之所以不将此类"合伙"纳入员工合伙模式的分类类型，是因为这种情况下的公司合伙人，其实都是公司的创始股东，而不是以员工身份，经由合伙人制度或股权激励计划而转变为合伙人身份的人才群体。

换言之，本书所指的"合伙人"，特指通过公司股东向特定员工授予股份的方式而被纳入到合伙人序列的人员。所以，为便于区分，我们通常又会将前者称为"创始合伙人"，而把后者称为"事业合伙人"或"管理合伙人"。

5.2 个别人才合伙模式

"个别人才合伙模式"，是指企业仅仅只是将个别或极少数人才认定为合伙人（并授予其股权）的激励与管理行为。这一行为在大多数时候并不是出于系统思考后的战略性和制度性安排，而是自觉不自觉地迫于某种"现实压力"而想当然地采取的应急性举措。

严格说来，将这一类型的股权激励称为"合伙人制度"是有些勉强的，因为企业仅仅只是与个别或极少数的人才签订简单的股权协议（甚至只有口头承诺），并不具有政策或制度性质。我们之所以又将其作为合伙人制度的一种类型，所基于的考虑有两点：其一，这类企业在授予特定的个别人才以股权时，虽然只有一纸协议，而并不是审慎做出的战略性和制度性安排，但却具有希望与特定人才建立长期/友好/密切合作，并让其持续分享公司未来发展红利的强烈愿望（初衷），因而它与单纯的股权激励在出发点上有明显区别；其二，从发展的角度上来看，当一家企业具有希望与自己的特定人才建立长期/友好/密切合作，并让他们持续分享公司未来发展红利的强烈愿望时，假以时日，这类企业或许有可能会在多种因素的共同作用下，逐步建立和健全其合伙人制度（尽管经验显示这不会轻易发生）。

模式的特征识别

这一模式不难识别。当一家公司的合伙人"制度"同时具备以下三个特征时，该公司实行的就是个别人才合伙模式。

①临时性地针对个别或极少数人才，通过授予股权的方式来弥补薪酬激励的不足，或者说希望通过这一方式来吸引到、使用好和保留住人才。

②在将个别或极少数人才吸纳为合伙人时，虽然具有明确而又强烈的要与其建立长期/友好/密切合作，并让其持续分享公司未来发展红利的愿望，但与其签订的却只是简单的股权协议（甚至只是口头约定），而没有就股权授予之后的贡献管理、股份分红、股份转让和股份退出等许多重大敏感问题形成必要的约定，因而在根本上讲并不具备政策或制度性质。

③在针对个别或极少数人才采取股权激励时，没有充分考虑到公司里其他人才的感受和诉求，或者考虑到了，但却暂时没有将更多的人才纳入到合伙人序列的计划或打算，因而公司内的大多数人才因为无法获

得相同的待遇或看不到希望，而产生这样或那样的"想法"，导致公司的人才管理效果较差（甚至于极差）。

不得不说，现实中许多公司的所谓合伙人制度，就是属于这一类型。当一家公司的合伙人模式属于这一类型时，除非它能够通过付出较大的成本代价来彻底解决问题，否则必将拖累公司未来的发展，而且时间越长，问题会越趋严重。通过以下三个案例，可以清晰地理解这一合伙类型产生的一般过程及其大概率的后果。

【案例一】

2016年5月，我们受上海市科技创业指导中心邀请，针对上海市年销售额3亿~10亿元的共30多家企业的创始人和高管，开办了一场《合伙人制度设计与落地要领》专题课程培训。在这次课程班上，有一家企业的董事长向我们诉说了他的烦恼。

两年前，他们公司从某知名跨国公司"猎获"了一名销售总监，来出任公司的营销副总。为了吸引这位人才加盟，当时该公司赠送给了该副总5%的公司实体股份，并经过工商登记注册。然而，公司很快就发现，这位副总的价值观和胜任能力并不能达到公司的要求。但由于已经给了他股份，也不便轻易更换，便只能选择与之沟通，希望他改善价值观，提高工作能力。可是，两年多下来，该副总不仅依然无法满足公司对他的要求，而且还出现了报假账、任人唯亲、排斥有能力的下属等一系列问题。在反复沟通无效的情况下，董事长痛下决心，打算请这位营销副总"走人"。

董事长跟这位营销副总开诚布公地谈了一次话，表达了双方"好聚好散""继续做朋友"的愿望。那位营销副总似乎也有思想准备，彼此把话一说开，他立即同意离职。随后双方达成口头协议：公司用200万元回购他所持有的5%的股份。可是，到了第二天早晨，董事长收到这位营销副总发来的微信，大意是：仅仅用200万元回购他持有的5%的股份，价格太低了，对他不公平；公司当前在融资时号称估值2个亿，因而他要求公司向他支付1000万元，他才会退出；如果公司不同意他的这一要求，他将通过法律诉讼的方式来解决问题。

【案例二】

我们的老朋友（华创教育研究院院长）郑旭先生，于2018年出版过一本名叫《创业突围》的书籍。该书通过12个真实的故事讲述了创业公司容易掉进去的12个陷阱。下面介绍的是其中一个故事的主人公（某公司创始人）宋大明总经理招用合伙人失败的故事。

宋总早年从事国际贸易业务，赚取了"第一桶金"，之后转型做仓储物流，又积累了一些财富。2017年，他决定做"更有技术含量的高端家庭运输服务"（类似于高端"货拉拉"模式）：以O2O技术专门为高收入家庭搬运贵重物品，比如钢琴、字画、古董收藏品等。为此，他精心设计了一个自以为响当当的品牌名："尊享快运"App。根据他的规划，客户仅需提前一天预约，就可以享受到公司的无忧搬运服务。

新的业务战略构想完成以后，宋总决定找一位懂App技术的人才来帮助自己实现梦想。于是，他开始四处物色人选。功夫不负有心人，在参加一次研讨会时，他终于遇到了一位IT专家W先生。W当时是国内一家知名企业的信息中心主任，负责IT系统管理。宋总当时就判定，大公司里的信息中心主任，一定视野广阔，接触的人层次都比较高，各种技术也都熟悉，邀请W来自己公司做技术合伙人是再合适不过的了。于是宋总找到W，当面诚恳地发出了邀请。

一个星期后，W应约前来宋总的公司。宋总热情地带他参观了公司各处设施及办公场所，认识公司的部分工作人员，还向他详细介绍了公司的发展历程和盈利模式。W对宋总的公司十分满意，对宋总决定建设

"尊享快运"App的想法也高度认同。他当场就表示愿意前来出任公司的CTO，全面负责App网络平台的建设。宋总当场向W承诺了40万元年薪，外加15%的公司股份。

W很快办完离/入职手续。刚开始的时候，W的工作是非常积极的。正常9:00上班，他常常8:30就到了公司，而且十分热心地帮助公司提升信息化管理水平。比如，W看到公司没有考勤系统，工人管理还是手工记录，他便用了半个月帮公司开发了一个劳动人事管理系统。又比如，当他看到公司仓库记账还在用Excel表格，便又帮公司导入了一套物流管理系统（网络免费版），并且手把手地教公司的仓库人员使用。总之，W的加入，使宋总"感到公司开始有了一些现代化的气息"。

然而，W身上的问题很快就暴露了出来。他来公司的核心任务是完成"尊享快运"App网络平台搭建，其中包括客户端的App开发、手机端便捷下单、上传货品信息、地理位置定位、个人联系方式输入等，还包括运输车辆及搬运人员的调度系统、获取地理位置信息、网络派单、构建支付系统等。在完成这些本职工作方面，W的工作进展缓慢，在研发团队的组建上又迟迟招不来开发人员。

在W入职两个月后，看到W招聘团队工作人员的进度十分缓慢，宋总有些着急。于是，他便找W谈话。W解释说，我们公司位置比较偏僻，软件开发人员地图上一查地址，都不愿意来了，即便薪水比其他公司高，也招不来人。宋总听后觉得有道理，于是在本市高新科技园区租下了300平方米的办公室，专门用于组建研发团队。

研发部的市区办公室启用后，人员好招了，W一下子招聘了30多人。一次宋总去现场，发现办公室里坐满了人，每人对着一台电脑在干活。但是，他们在干什么，是不是有效率，宋总却没有办法做出判断，因为他不懂技术，只是感觉一下子招这么多人，管理起来是有难度的。于是，他跟W说出了自己的担心。W听后回答说没问题，开发人员都是工程师思维，比较好管理。

又过了三个月，宋总找W了解工作进度，W说还在开发之中，还要过两个月才能测试。但是，宋总感觉有些不太对劲，因为直觉告诉他，研发部门的整体氛围明显松散，别的公司软件开发团队都是工作到晚上十点以后，自己的这个研发团队，一到下班时间人就陆续回家了，晚上七点半肯定全部关灯。宋总认为这与W的作息习惯是有关系的。W每天上班比较早，基本上八点半以前就能到办公室，后来了解到W因为年龄的原因，每天早上六点准时起床，想睡也睡不着。但W每天下午六点要准时下班，因为他要回去给孩子做晚饭，还要辅导孩子做功课。

宋总认为W这样的工作状态肯定是不行的，如果研发部门的老大都不愿意为工作付出时间和精力，又怎么能够带领下属去做高效开发呢？W是公司合伙人，拥有公司股份，应该把心思全部用在工作上，调动一切资源去尽快完成任务。比如，公司招不到人的时候，W完全可以利用个人资源吸引一些技术骨干尽快加入，或者至少可以让对方以兼职的身份先把工作开展起来。退一万步讲，即便真的一个技术人员都招不到，W可以自己开始把代码敲起来，而不是单纯地等待。而且团队组建完成后，W应该像一个真正的领导者一样，去激发技术人员的工作热情，快速高效地推进开发进度。但种种迹象表明，W更把自己看成了一个拿工资的经理人，压根儿就没有主人翁心态。这样的领导者，带领出一批拿工资熬时间的技术人员，也就不足为奇了……

八个月后，"尊享快运"App终于上线运行了。公司首先动员原有的客户改电话口头下订单为手机端下货运订单，然后招聘了地推团队，进入社区做营销，推广App。然而，两个多月下来，市场发展情况并不尽如人意。首先是企业客户，他们已经习惯了电话下单，现在要登录App，还要填写具体货物型号、地址、联系人等，他们根本就没有这个耐心，如果强推下去，可能会把客户都赶跑了。家庭市场方面，在赠送礼品的诱惑下，增加了5000多个用户，但这批用户都是死粉，没有订单……

又过了三个月，市场情况还是没有明显改变。无奈之下，宋总把销售团队几乎都裁掉了，于是整个公司开始弥漫着悲观失望的情绪。这时，W来找宋总了，他认为高端"货拉拉"模式已经被证明行不通，公司应该重新寻找战略方向。宋总问W有什么具体建议，W建议说公司可以构建一个区块链艺术收藏品网上交易平台。宋总一开始没有同意W的提议，但他经受不住W的反复游说，最后还是同意可以尝试一下。然而，仅仅尝试了几个月，就又尝试不下去了，因为这时公司出现了现金流危机，工资发放都成问题了……

W看到势头不对，果断提出了辞职。幸好，W辞职时，并没有要求让公司花钱回购他所持有的股份。

【案例三】

有一家新能源行业的民营集团公司，2014年聘请了一位美籍华人Q先生出任执行副总裁。公司给他开出的年薪为300万元，并授予4%的股票期权（行权期为三年，行权时无需出资。该公司当年的净资产约3亿元，市场估值为20亿元以上，即授予的股票期权总价值仅按净资产计算，就高达1200万元）。

该公司之所以如此慷慨地花重金聘用Q先生，是出于两个方面的考虑。一是该公司的发展进入了新的战略调整和组织重建期，急需引进新的高管人才来给组织注入活力。二是该公司创始人/董事长王总经猎头公司介绍认识Q先生后，对Q先生非常赏识，确信他是非常难得的大才。的确，从当时了解的情况看，Q先生拥有三个方面的独特能力：其一，他有在包括微软、思科公司在内的多家世界500强公司担任高级职务的职业经历；其二，他有开拓国际市场的业务经验和商业关系，并与土耳其总统、比尔盖茨、巴菲特、孙正义等众多的世界政商界名流有良好的私人或商务合作关系；其三，他有美国著名大学的工商管理硕士学历，并且对全球范围内新能源行业的现状和前景有系统全面的认知，且有鲜明的个人主张。

然而，Q先生入职不久，该公司便很快发现其管理能力严重低于预期（传说），因为其所采取的管理方式，导致公司许多事情都是议而不决或决而不行，并致使公司的管理沟通协调工作日趋混乱。最为敏感的是，Q上任以后旋即高薪聘请了多位新的高级人才，安排进集团公司HR部门、战略部门、期货与金融部门和多个事业部门担任副职或助理（其最终目的昭然若揭：要让新人替代部分老人）。公司董事长王总也对Q的表现大为惊诧和十分不满，但由于Q是他亲自反复游说才加盟公司的，或有出于面子方面的考虑，他坚定地相信Q是有能力的，只是融入新工作环境需要一个时间和过程，因而继续赋予Q以足够权力，并尽可能地尊重Q的个人管理风格，一如既往地理解和支持Q的管理决策与意见。

随着时间的推移，公司的管理越来越混乱，并且出现了一次重大的投资决策失误，导致公司损失了近5000万元。到这时，有"好事"的人力资源部门人员，私下里对Q的背景进行了调查。不查不知道，一查吓了所有人一大跳。起初，发现Q曾在国内两家光伏公司担任总经理，但在两家公司的工作时间均不满一年，还与其中一家公司有过法律纠纷，因为他离职时没有拿到该公司最初承诺的薪酬。很快又发现，Q在国外有妻室和子女，在中国却又与一女子有长期的同居关系。随后还发现，Q的学历、职业经历和商业关系均存在严重造假现象……

消息不胫而走，Q已经在公司无法继续立足了，但他并没有选择主动辞职，而是觍着脸耗在那里，等待公司辞退他。此时，距离他入职已经将近一年半时间。考虑到Q在公司的地位，这样让他耗下去对公司各方面的影响实在太大，公司便狠下心来决定请他离开。王总亲自找他谈话，友善、委婉、真诚地建议，他最好主动向公司提出辞职，并与公司签订解除股权激励协议的文件，公司愿意向他支付最高500万元的经济补偿；双方虽然不再合作，但还可以以"朋友"关系保持交往，也可以在其他方面寻求合作。Q听完王总的建议后，当场表示了拒绝。很快，他以攻为守，选择提起法律诉讼，不仅要求公司补偿他的经济损失（他向法院出示了他自入职第一天起至提起诉讼之日止的全部工作时间明细，意指他一直在超越国家法定时间加班加点地工作，因而要求获得"加班补偿"和公司辞退他的"合法赔偿"），而且要求公司按照市场估值回购他已经持有和尚未行权的公司股份。

该公司因害怕此事闹大后，既有损公司形象，也会给公司的经营管理带来直接和间接损害，只得同意庭外和解，最终以"友好协商"的方式支付给了Q总计超过800万元的补偿金和股票回购金。

以上三个案例似乎在证明，个别人才合伙模式是完全不可取的。必须说，这不是我们的本意，我们在此仅仅想通过这三个案例说明，这一模式因存在重大缺陷，其失败的概率是较高的。事实上，在现实中也有一部分发展良好的公司，运用的就是这一模式，只是公司的发展并不得益于这一模式，而是其缺陷被多种积极因素促成下的公司发展景象或态势所掩盖或勾兑。下面的案例，或许可以证明这一模式在特定的条件下，至少不至于成为公司发展的障碍。

【案例四】

江苏有这样一家医疗器械公司，其创始人是医疗科技领域的归国创业博士。该公司在创业之初为吸引和留住优秀人才，先后以"技术入股"的方式将公司10%的股份转让给了一位高管和一位技术主管。转让股份时，公司与这两位人才只签订了简单的股权转让协议。这两位人才在成为公司合伙人后，一直表现出极强的主人翁精神。他们分别带领各自的团队努力拼搏，仅仅用了四年时间，就将公司做到了近3个亿的规模,并实现了三轮融资,融资总金额累计超过2亿元。

2021年底,该公司做出两项重大决定:一是三年内公司启动IPO计划,二是在启动IPO之前,将吸纳一批人才进入合伙人序列。

模式被选择的原因

凡是采取这一模式的公司,有三点原因是共同的:一是老板不懂得应该怎样设计合伙人制度,却通常又比较自信或固执,相信股权激励就是合伙人制度;二是虽然老板针对特定人才的确有强烈的合伙愿望,但却同时又把股权激励作为与人才博弈的手段,因而其所采取的股权激励往往充满了临时性的权变思维;三是老板虽然也有可能意识到有必要建立与股权激励相配套的管理制度,但又习惯于"偷懒",同时又认为建立健全的相关管理体系费时费力费钱,所以不必大费周章,即便确有问题也可以"到时候再说"。

我们同时注意到,采取这一股权激励模式的企业以创业公司居多。以下是引自《合伙人制度顶层设计(第2版)》一书第9章的内容,反映了我们观察到的现象。

创业公司在对员工实行股权激励时,往往会针对个别人才分头授予股份,并且大多践行的是"从速、从实和从简"原则。

所谓"从速原则",是指在还没有对股权激励对象的价值观、胜任能力和适应变化的潜力进行充分考察或检验的情况下,就匆忙授予其股份。这似乎可以谅解:得来人才很不容易,公司本身前途未卜,却要强势地对好不容易招聘到的人才进行考察,显然缺乏诚意和尊重。于是乎,有些人才刚进公司甚至还没进公司工作,公司就与其签订了股权出让协议。

所谓"从实原则",有两层含义。一是直接转让实体股份,而不是像非创业公司那样，授予的是股份期权甚至是虚拟股份。并且，有许多创业公司不是让人才购买公司股份，而是赠予公司股份，或是让人才以极低的象征性的价格购买公司股份。二是给予的股份较多，比如让有些高级管理人员个人持有2%~5%的股份，甚至有的公司会一次性赠予某位高级人才高达10%的股份。创业公司这么做的原因其实很简单，也完全可以理解：公司股份的市场价值低，公司的发展前景不明朗，似乎只有给予人才以更加实在的利益，才能获得人才的认可与加盟，才能真正地激励到人才。

所谓"从简原则"，是指在授予员工股份时，尽可能地不设或少设限制条件。通常，非创业公司在授予员工股份时，会采取条件严苛的受限期权制，员工只有满足相应的业绩或其他条件，才可能最终获取股权。而且，大多数非创业公司在授予员工股份时，会明确规定持股员工只享有有限的权利。比如，在业绩不满足要求时将减持公司股份，在离开公司时将强行回购所持股份，有新的人才加盟时，必须稀释所持股份，等等。创业公司之所以在授予员工股份时会普遍采取从简原则，也是因为害怕一旦设定了过于严苛的持股条件，会导致人才对公司股份不感兴趣，或者会增加人才对公司信任的变数。

模式的变更与优化

虽然这一模式面临的挑战极大，但也不必将其"一棍子打死"。这是因为，在以下两种情况下，这一模式也是有机会或有可能得到变更和优化的。

其一，当一家公司处于朝阳行业，因而成长十分迅速时，公司的发展态势将给政策的调整和新的补充政策的运用提供足够空间，即发展可以逐步消化掉前期在股权激励政策试错中导致的问题。比如，一家公司在人员规模只有几十人时，懵懂地将个别人才吸纳为了公司的合伙人。

尽管这一做法因各种原因存在重大缺陷，但随着公司的快速发展，公司的人才数量随之大幅度增加，组织结构也越来越复杂，这时公司很可能会意识到，只有将更多的人才纳入到合伙人序列，才能支撑公司未来可持续的高速成长。如果该公司有了这样的意识，那么它一般会十分审慎和系统地设计其接下来要推行的合伙人制度，因为这一制度至少会涉及到公司若干关键岗位的核心人才，若是制度设计存在缺陷，则必将导致一系列问题。当企业这么思考和解决问题时，一般来讲，便同时会考虑到新的合伙人制度如何"兼容"或"弥补"此前的合伙人相关契约、规则或制度。

其二，当一家公司发现其"木已成舟"的合伙人制度或相关约定存在重大缺陷或隐患时，若其创始人或决策者有足够的胆识，公司也可以通过付出相应成本的方式，来大刀阔斧地解决问题。比如说，公司可以通过与已持股人才友好协商，并以让对方比较满意的价格回购其已经持有的全部股份，之后再审慎出台规范化的合伙人制度。当然，还有一种比较大胆的做法就是，如果该公司随后计划实行覆盖更多人才群体的合伙人制度，它也可以基于"尊重历史"的考虑，将此前个别纳入的合伙人直接认定为公司的股东，并针对新的合伙人群体导入新的合伙人制度体系。这样做虽然可能存在某种程度的不公平，但只要公司能够有好的发展，其发展本身则可以逐步消化掉这种不公平。

5.3 精英层合伙模式

"精英层合伙模式"是指，公司推行的合伙人制度只覆盖到了一部分中高级管理和技术岗位人才，绝大多数员工至少在当下，看不到将来有可能成为合伙人的希望，因为相关制度针对的只是精英层人才群体,并没有说明公司里的大多数员工在何种情形下也可能成为公司的合伙人。

这一模式与下一节将要描述的"全员合伙模式"很容易搞混淆。因为,后者虽然叫"全员合伙模式",但实际上在导入这一模式的阶段,也只是一部分人才被纳入到合伙人序列并持有公司股份,只是公司的合伙人制度覆盖到了所有的员工(说明了其他员工在什么条件下将可以"升级"为合伙人)。精英层合伙模式与全员合伙模式的根本区别,在于人才管理理念及其制度覆盖面:前一种模式的设计理念是,认为公司的发展只依赖于少数关键人才,因而制度仅覆盖到了少数人;后一种模式的设计理念是,认为公司的发展要依赖于大多数员工与公司一道成长,因而制度覆盖到了每一位员工。

模式的特征识别

当一家公司的合伙模式具有以下两个基本特征时,其很可能采取的就是精英层合伙模式。

①合伙人制度只覆盖了极少数的中高层管理者或技术精英,没有涉及大量的非合伙人(员工)在什么情况下可以成为合伙人,以至于大多数员工因为看不到成为合伙人的希望,而派生出这样和那样的想法和行为。

②由于合伙人制度只是针对少数精英阶层而设计的,这一制度"不关大多数员工什么事儿",所以公司在针对大多数员工的管理方面,所能选择的管理模式便只能是,要么采取交易型人才管理模式,要么采取后交易型人才管理模式,即公司针对大多数人才的管理问题仍然是"涛声依旧",这反过来又影响了公司合伙人制度的执行,致使其效果大打折扣。

需要注意到的一点是,也有的公司在采取这一合伙模式类型时,虽然具有强烈的要与精英人才群体建立长期/友好/密切合作，并让其持续分享公司未来发展红利的愿望，但在推行这一制度时，却采取的是与人才签订"对赌"性质的期权协议，即从意愿角度看是"合伙人制度"，而从行为角度看则只是"单纯的股权激励"。

现实中，半数以上的公司实行的合伙人制度属于这一模式类型。可以肯定，当一家公司的未来发展确实主要取决于精英阶层，而不取决于大多数员工的努力，那么采取这一合伙模式类型可能会有不错的效果。但是，一家公司的未来发展究竟有赖于哪些人，这是一个值得深究的问题（下文对此有提示性说明）。

模式被选择的原因

我们的观察显示，大多数选择精英层合伙模式的公司，并不是因为公司在客观上需要采取这一模式，而是与两大因素有直接关系：一是由时代性管理思潮引发的简单模仿，二是想当然和自我容忍式的自我构建。

关于"由时代性管理思潮引发的简单模仿"并不难理解。任何一种管理思潮的形成，都是因为有先行企业在特定方面做出了表率，随后在机缘巧合下，它的经验被观察人士或媒体出于各种目的加以直接报道或创造性地介绍，于是有少数企业跟进模仿，进而有更多的人士或媒体出于各自的目的，进一步加以直接报道或创造性介绍，接下来又有更多的企业跟进模仿，随后成为广泛的公众竞相谈论的话题，并引发更多的企业大胆模仿和实践……当年的"鞍钢经验""华为基本法""CIS""企业文化""精益生产""定位理论""股权激励"等等管理思潮，无一不是这样形成的。但是，对于大多数企业来说，在按照一种新的管理思潮模仿式地进行管理变革实践时，往往并不会去鉴别那种管理思潮在理论上的合理性、在历史上的真实性和在实践上的可行性（因为其不具备这一能力或认为无此必要），而是仅凭有限的信息与知识，加上充分的自我想象及期望，便开始了模仿之旅。

2013年，马云宣布阿里巴巴之所以在资本市场上炙手可热、在商业战场上纵横捭阖和一路高歌猛进，一个重要原因就是因为阿里巴巴实行的是合伙人制度，并介绍说阿里的合伙人由公司里的11位高阶管理者构成。自此开始，"合伙人制度"相关概念便迅速形成管理思潮，并在随后的时间里，在众多管理学者、媒体人士、风投人士、法律人士、管理培训师、管理咨询师和众多企业的参与和加持下，被不断加强和放大，而且其热度一直持续至今。在早期的思潮中，合伙人制度就是让公司里关键岗位上的极少数人才持有公司的股份。那时，企业模仿阿里、华为、温氏农业、万科、碧桂园等公司在合伙人制度建设方面的经验，就是让公司里的一部分核心岗位人才持有公司股份。然而，大多数企业至今都不明白，阿里巴巴合伙人制度的中心内容，并不只是11位核心员工持有公司股份，而是半数左右的阿里员工都持有阿里公司的股份，华为和温氏农业事实上推行的也是全员合伙制度，只有万科、碧桂园等公司实行的是精英层合伙模式。

所谓"想当然和自我容忍式的自我构建"是指，大多数公司是在看到或想象到其他公司采取类似的合伙人制度类型时（也就是受到上述管理思潮的影响后），才决定在本公司也推行这一模式类型的。由于并不完全理解这一模式的理论原理和操作要领，这些企业的模仿行为便呈现出了两大特征：一是靠着自我想象，并结合本公司的现实情景，认为本公司的合伙人制度应该是怎样的和不应该是怎样的（包括应该和不应该覆盖哪些员工群体，以及应该和不应该订立哪些股权激励的制度性文件）；二是在推行合伙人制度之初或过程中，他们也对这一制度类型产生过这样或那样的疑虑，或者曾经也担心过这一模式可能无法一揽子地解决本公司所面临的人才管理问题，但是他们没有耐心（也不想）等到一切完备以后再开始行动，因为过往的经验告诉他们，"别人也是这样做的"，若是发现有问题可以"到时候再说"。

这一点似乎无可厚非，因为每一家公司推行的绝大多数大大小小的管理变革，都是在上述情形下发生的。问题只在于，其他任何领域的变革，如果方向、原则和路径出现了错误或存在缺陷，是可以在发现后随时加以修正的，甚至企业可以随时终止某一正在发生和业已发生的变革，而合伙人制度则是高度敏感的，如果制度设计的方向、原则和路径存在错误或缺陷，在随后的时间里要予以修正，或者直接放弃业已建立的制度，将极有可能出现三个方面的后果：一是导致人才们对企业的深度不信任，因为这一制度与他们的切身利益直接相关；二是修正制度缺陷的成本过高，因为修正制度缺陷时，为避免人才们对企业的不信任，企业需要为之付出较高的成本代价，比如高价回购人才们已持有的股份；三是发现存在问题并决定改变时，可能已经积重难返、为时晚矣。

当然，也有一小部分企业实行的精英层合伙模式，是在外部专业咨询公司的指导下完成的。但这并不是说，外部专家便一定都是这方面的行家里手，也就是说由他们指导设计出的合伙人制度，并不一定就是符合企业需要和长期有效的。

理论上讲，那些经营业绩和未来发展由少数关键岗位的核心人才来决定的公司，更适合于选择精英层合伙模式。但是，即便如此，也并不是说选择这一模式的公司，一定会让这一模式切实发挥出其应有的效用，因为设计这一模式并确保其持续有效运行，还需要具备其他相应的条件（正确的理论指引和方法应用）。

选择此模式的注意要点

先来看三个案例。第一个案例意在说明，选择精英层合伙模式应考虑企业的客观需要；第二个案例意在说明，在某些条件不具备的情况下，无论选择什么合伙模式，都不能确保企业的发展；第三个案例意在说明，如果缺乏严密的制度体系设计，那么即便合伙模式选择正确，也并不代表模式一定会有效。

【案例一】

一家员工规模在500人左右的工业电器设备制造公司，计划推行像华为公司那样的全员合伙模式。后来，经过反复研讨，并在外部咨询公司的介入下，该公司意识到不适合于推行全员持股计划，而应选择精英层合伙模式。主要理由有三。

其一，该公司只决定拿出8%的股份让员工持有，而该公司的盈利率并不高，销售增长的潜力也是有限的。推行全员持股计划，对员工不具吸引力。

其二，该公司的运营体系相对健全，已经实行规范化管理，众多基层岗位的员工们只是按部就班地工作，工作本身不需要有太多的创造性，而且他们的文化层次较低，只关注当下的工资和奖金收益，并不太能理解持有公司股份的价值和意义。

其三，公司的未来发展将极大地取决于中高层管理人员的稳定性、创造力和工作意愿。只要他们心往一处想、劲往一处使，敢于不断挑战更高的业绩目标和不断解决工作中的现实问题，公司就会有良好的发展前景。而且，调查中发现，该公司的中高层管理人员普遍都希望公司实行合伙人制度。

就这样，该公司最终选择的是精英层合伙模式。

【案例二】

几年前，一家国有控股公司的党委书记，在参加了我们公司开办的合伙人制度设计的主题公开课以后，邀请我们前往他们公司洽谈合伙人制度建设的咨询项目。

到达该公司后,我们了解到的情况是,该公司已经处于成熟期,有一万多名员工,公司的经营业绩一直处于接近亏损的边缘,而公司未来的业绩将是由行业经济景气周期和公司的整体实力来决定的。公司一方面希望通过推行合伙人制度来使公司重获生机,另一方面却又只是决定让其经营决策委员会的十几位高管持股,即实行所谓精英层持股计划。

我们判断,在不改变业务结构的情况下,无论是否采取精英层合伙模式,该公司都不可能解决其发展过程中所面临的重大问题。然而,该公司却仍然坚持要实行既定的精英层持股计划。为此,我们无缘达成合作。

【案例三】

广东东莞一家中等规模的家具公司,2008年之前,公司的老板吴先生和其夫人持有公司100%的股份。2008年全球金融危机爆发以后,公司的业绩和利润双双大幅度降低。当时两位老板均已年过半百,他们希望在自己精力不够用时公司也能正常发展。为促使公司的关键人才与自己共渡难关,二人决定拿出30%的股权赠予公司的15位中高层管理人员(公司当时的员工总数约500人),并进行了工商登记,同时郑重承诺,此后每年将拿出经营利润的30%用于15位中高管的年度分红。

股权激励计划推出的最初三年,产生了不错的激励效应,公司的业绩和利润连年增长,老板和被激励的中高管双方都从合伙事业中收获颇丰,因而可谓皆大欢喜。然而,随着时间的推移,股权激励导致的一系列严重问题逐步浮出水面:三分之一的合伙人责任心和能力跟不上公司发展的要求,却仍然待在重要管理岗位上;公司的股权激励计划由于没有覆盖到更多的员工,导致基层骨干人才流失率居高不下;即便在公司盈利极少的年份也要拿出30%的利润进行分红,这使得公司发展的后劲不足（老板曾多次试图改变分红规则，但都因遭到合伙人的一致抵制而最终放弃）。在上述背景下，2015年又雪上加霜，三位能力相对较强的营销部门的合伙人辞职自立门户，成为公司的竞争对手。

该公司合伙人制度的失败，不是模式选择错误造成的。就该公司的业务类型而言，选择精英层合伙模式应该是没有问题的，因为该公司的精英层人才决定了公司的未来发展，大多数员工属于劳务性人才，对持有公司股权不感兴趣。该公司的合伙人制度之所以失败，是因为没有设计出一套严密的配套管理制度体系。

前文多次讲到，对于那些未来发展由少数精英人才来决定的公司而言，更适合于选择精英层合伙模式。但这里还有两个问题，值得采取或计划采取这一模式的企业深入思考。

其一，一家公司的未来发展究竟依赖的是少数精英人才，还是依赖于大多数员工的共同努力，这会是一个不小的问题。其核心之处，不完全在于公司的未来发展究竟是依赖于少数人还是大多数人，还在于当一家公司只倚重于少数精英分子，而忽视大多数员工时，可能会出现三个效应。一是大多数非精英人才因为没有被重视，他们有可能会以不同的方式与公司进行博弈，这对公司的发展肯定是有危害的。二是当一家公司过多地倚重于少数精英分子时，可能并不利于精英人才们的自身成长，因为在没有优秀的下属对他们形成替代的压力下，他们可能因缺少危机感而放松甚至是放纵自己（这涉及的是人性问题）。在这种情况下，企业要想解决问题，将不得不付出高昂的成本代价。三是随着时间的推移，现有精英人才的体力、精力和能力会逐渐无法适应公司不断提升和变化的要求，届时如何确保公司的事业后继有人，这也会是一个问题。

其二，这一合伙模式虽然有可能部分地解决被覆盖的精英人才的管理问题，但公司里的非核心岗位人才的管理问题却并没有因之而解决。

这样一来，势必会派生出两个方面的新问题：一是解决大多数人才的管理问题的难度和成本依然居高不下，怎么办？二是针对大多数人才的管理如果存在问题时，那么作为公司合伙人的精英人才群体，其在工作上的施展空间必然会受到相应限制——没有足够数量的优秀下属可用，天才也不可能产生奇迹。

最后我们想说，即便是采取精英层合伙模式，也最好能够按照本书第7~9章介绍的"1+4模型"来构建全套的管理体系，因为只有按照该模型来构建管理体系，才能确保设计出的合伙人制度持续有效。

5.4 全员合伙模式

上一节我们已经指出过，"全员合伙模式"与"精英层合伙模式"很容易被混淆，因为在许多采取全员合伙模式的公司，在推行合伙人制度之初，表面上看起来也只是给少数人才授予了股份。二者的根本区别在于，在精英层合伙模式下，非合伙人至少在当下看不到成为公司合伙人的希望；而在全员合伙模式下，所有的非合伙人都知道，自己满足了特定条件后也能成为公司的合伙人，因为公司的合伙人制度覆盖到了所有的员工。

需要首先说明的是，并不是每一家号称自己的员工都有机会持有股份的公司，其所践行的都是真正意义上的全员合伙模式；也并不是说，全员合伙模式就是合伙人制度的最佳形式。是否应该采取该模式，完全取决于公司在客观上究竟是否需要采取此种模式；即便客观上需要采取全员合伙模式的公司，也并不意味着一定善于设计和驾驭这一模式。

模式的特征识别

当一家公司的合伙模式具有以下三个基本特征时，其很可能采取的就是全员合伙模式。

①老板真心地认为，公司的持续发展要靠大多数员工的共同努力，而不是仅仅依赖于极少数精英人才，因而愿意有条件地与所有的员工建立长期/友好/密切合作，并让他们持续分享公司未来的发展红利。

②已经把大量员工纳入到了合伙人序列，或者虽然当下可能只是把少数人纳入到了合伙人序列，但其合伙人制度明确规定，所有的员工未来都有机会成为公司的合伙人。

③已经形成了自适应的制度性机制，即设计出的合伙人制度，既包括能够基于贡献来动态地决定身份和利益变化的相关规则，其制度本身又能因应环境变化而得以动态优化。

现实中，采取全员合伙模式的公司并不鲜见。大家已经知道，华为和阿里巴巴采取的就是这一合伙模式，温氏农业和小米公司采取的也是这一模式，因为它们都有近半数的员工被公司纳入到了合伙人序列（持有公司股份）。不过，与这些已经把大量员工纳入合伙人序列的知名公司相比，有一些公司虽然事实上采取的也是全员合伙模式，但却容易被认为采取的是精英层合伙模式，因为它们采取这一模式的时间不长，故而目前阶段只是把少数人才纳入到了合伙人序列。

模式被选择的原因

我们的研究发现，一家公司是否会选择全员合伙模式，通常与该公司的发展阶段、业务类型和其决策者的管理个性有极大的关系。

（1）公司的发展阶段

处在创业期或扩张期起步阶段的公司，更容易选择全员合伙模式。因为在这两个阶段，公司的业绩成长迅速，对人才的需求旺盛，在激励员工方面往往更具进取性。当一家公司发展到扩张期的中后期或成熟期，才计划或决定实行合伙人制度时，往往无法做到让全员持股。因为，这时公司的员工数量较大，管理日趋成熟，盈利也趋于稳定，这时候实行全员持股计划，不仅可能会降低对优秀人才的吸引力，而且其必要性也会是一个问题。

不过很显然，对于那些在创业期或扩张期前期已经采取了全员持股计划的公司来说，在随后的发展阶段，其业务类型、员工规模及管理风格等方面，对这一模式都可能会构成一定的挑战，但是到了那个时候，公司也只能选择在全员合伙模式方向上继续前行（届时，公司可以通过重新定义利润中心，并让员工在不同的主体公司持股的方式，来展延既定的全员合伙模式）。

（2）公司的业务类型

业务类型对合伙模式类型选择的影响也是显而易见的。传统的制造和服务型企业往往不会倾向于选择全员合伙模式。因为在这两类企业中，有大量的基层和一线员工，他们的工作已经形成了流程化和标准化，员工只需要按照企业确定的流程和标准进行工作即可，并不需要有太多的自主创造性。此外，这两类企业相对容易从人力资源市场上获得大量劳务型员工，这也是它们不倾向于选择全员合伙模式的重要原因。更为重要的原因是，这两类企业发展到一定阶段以后，企业的获利空间受限，让更多的员工持有公司股份，在利益上对员工的激励效应是不足的。

与之相对应的是，那些非传统制造和服务型企业，如高科技公司、互联网公司、新兴服务业公司以及专家定位型的咨询公司等等，往往会倾向于选择全员合伙模式。这是因为，这类公司的发展对人才能力素质的依赖程度高，经营环境不稳定，工作模式很难形成一成不变的标准，因而公司的发展极大地依赖于员工的自主创造性工作；并且，这类公司发展所需要的员工，不易从人力资源市场上获取，员工离职对公司发展的影响往往较大。

（3）决策者的管理个性

不同公司创始人或大股东的管理理念和个人学识与性格的不同，也会影响其员工持股模式的选择。有些公司的创始人或大股东，深信公司的发展要靠大多数员工的共同努力，而另有一些公司的创始人或大股东则认为，只要抓住了少数关键人才，就能确保公司的有效发展；还有些公司的创始人或大股东，在设计合伙人制度时，考虑更多的是企业的长期发展需要，而另有一些公司的创始人或大股东，在设计合伙人制度时，考虑更多的则是如何通过股权激励，来解决当下对某些特定人才的激励与管理问题。

此外，当一家公司的发展阶段和业务类型并不适合于采取全员合伙模式，却又受限于决策者认知水平或个性特征时，则它也有可能采取全员合伙模式。反之，也有许多公司，就其发展阶段和业务类型而言，更适合于采取全员合伙模式，但其创始人或大股东可能会固执地采取精英层合伙模式。这两种情况，在现实中都十分普遍。

模式有效的条件

假定选择全员合伙模式的公司都是理性的，也并不意味着这一模式就一定能够达到理想的人才激励与管理效果。

我们的研究和实践经验显示，相对于精英层合伙模式，全员合伙模式对企业的相关配套管理水平要求会更高。具体说来，这一合伙模式，更有必要采取我们在本书第7～9章中介绍的"1+4模型"来建立全套的管理体系。理由很简单，采取全员合伙模式，意味着股权激励计划将或迟或早要覆盖到大量的岗位人员，并且要让公司里的每一位员工都有动力成为合伙人（即对非合伙人也能形成激励效应）。这意味着，很有必要做到以下五点（如果不能做到，未来的管理一定会出现相应的问题）。

首先，在公司层面要有清晰的事业梦想、有效的业务逻辑和接地气的组织文化，否则便不足以让全体员工产生工作激情，并对公司的未来充满信任。如果不能做到这一点，实行合伙人制度与不实行合伙人制度，将没有本质区别。

其次，需要设计出有效的合伙人选拔及分层分级管理方案。如果选拔合伙人的标准存在缺陷，或合伙人的分层分级标准不清晰，那么公司未来管理政策的运用空间就会受到限制，长期来看，将对公司的发展构成不利影响。

再次，要基于上述合伙人选拔及分层分级标准，设计出有效的股权激励政策与相关规则。如果股权激励方案存在缺陷，将会出现两种可能的结果：要么达不到理想的激励与管理效果，要么使创始人或大股东的利益或信用受损。

第四，要设计出有效的合伙人贡献评估或考核标准，并基于贡献评估或考核结果，对合伙人的股份行权、股份分红、身份升降及后期持股实施动态管理。否则，将必然会带来一系列严重的后续管理压力、问题及风险。

最后，要发展出与实行合伙人制度的目的相配套的符合本公司特点的合伙人培养体系。如果不能做到这一点，就将无法确保合伙人制度长期有效；也就是说，合伙人制度的效果必将随着时间的推移而不断衰减。

5.5 本书的主张

在介绍了三种合伙模式之后，我们想要强调的是，全员合伙模式才是本书的基本主张。因为，我们的研究和咨询服务经验显示，对于大多数新兴企业来说，只有采取全员合伙模式，并建立起与这一持股模式相配套的管理体系，才能真正形成持续有效的共利型组织；也只有构建起共利型组织，才能因应时代的发展与变迁。

我们之所以要将全员合伙模式作为本书的基本主张，所基于的理由如下。

首先，虽然个别人才合伙模式也具有一定程度和范围的共利性思维，但它只是一种仅仅针对个别或极少数人才的有缺陷的共利模式，通过这一模式是无法建立起真正的共利型组织的。因为其存在缺陷，所以最终是否能够通过这一模式来实现真正的共利多赢，是值得高度怀疑的。

其次，虽然精英层合伙模式毫无疑问具有共利性质，并且看起来对于一部分公司而言，似乎这一模式在当前阶段更符合企业的实际需要，但由于它只能覆盖较少的管理和技术精英人才（而忽视了大多数员工），因而不能全面地解决企业所面临的时代性的人才管理问题，所以这一模式的长期有效性令人存疑，至少是存在不确定性的。同时，这一模式还存在一些容易被忽视的重大隐性问题。具体是指，当一家公司只是特别重视精英人才激励时，便极有可能意味着对这部分人才的倚重度特别高，这将有可能带来这样的负面效应：导致中基层人才招用育留的难度增加，以及无法迫使中高层人才的能力得到应有的发展，同时意味着企业用人成本的提高。此外我们认为，许多正在实行精英层合伙模式的公司，是可以轻易将这一模式优化成为全员合伙模式的。

再次，虽然全员合伙模式并不意味着所有的员工都将持有公司股份，但它才是真正意义上的因应时代性人才管理环境变化的共利型人才管理模式。之所以这么说，是因为它既能够激励到公司所有员工——让所有员工都能看到希望，又便于公司采取统一的人才管理政策与制度体系，最重要的是，它将是企业应对新时代的系统性人才管理问题的不二战略。

最后，我们想说，当更多的企业采取全员合伙模式时，将有利于中国全社会的人力资源开发，这将极大地缓解国家可持续发展过程中所面临的重大相关社会问题与压力，也将有利于中国国际影响力的全面和持续提升。

第 6 章
共利型组织的"灵魂"：成就员工

- ◆ 6.1 为什么要"成就员工"
- ◆ 6.2 两个关键点
- ◆ 6.3 要点1：理解员工
- ◆ 6.4 要点2：帮助员工

有效践行本书第5章所指的第三种共利模式（全员合伙模式），就必须遵循"成就员工"这一基本的人才经营理念。这是因为，不践行这一理念，企业便无法构建起有效的共利型组织，也就无法应对其所面临的时代性人才管理问题。

现实中，有不少公司已经举起了"成就员工"的大旗，但并不是每一家高举了这面大旗的公司，都懂得怎样才能真正有效地成就员工。阅读本章，读者将了解到，"成就员工"有两个关键点：一是要理解员工想要从职场上得到什么，以及怎样做才能得到自己想要的东西；二是要基于特定的着眼点或抓手，来帮助员工们以正确的方式获得职业的成功。

6.1 为什么要"成就员工"

"成就员工"在此特指，企业有意识地促进员工学习与成长，并尽可能地让员工获得更大的工作回报（下文将指出，员工希望获得的工作回报包括三个方面：物质回报、精神回报和机会回报）。

企业以成就员工为基本用人理念，乍一看是在强调企业应该给予员工以更多的好处。然而，我们想首先告诉大家，以成就员工为基本用人理念，最大的受益者是企业，因为在新的历史背景下，企业只有这样做，才能在经营和管理方面为自身赢得更多的主动，进而才能为自身争取到更多的利益。

三层意义

以成就员工为基本用人理念，有以下三个层面的现实意义。

（1）不得不这么做

自从企业组织诞生以来，在绝大多数时间里，老板们总是会本能地或习惯性地关心企业的发展和利益，很少有老板会把员工个体的发展及利益当做心头大事。但是，正如我们在本书第3章和第4章中指出的那样，历史发展到今天，企业经营管理的内外部环境已经发生了前所未有的根本变化，在新的历史条件下，企业只有关心员工的成长和利益，才有可能持续和有效地应对新时代的人才管理问题，才有可能维护和争取到组织的最大化利益。反过来说，面对不同于以往任何时期的企业用人环境（利他时代），不建立和秉持成就员工理念的公司，现在和未来将不大可能获得成功。

具体说，在新的时代性的人才管理问题面前，企业只有建立和秉持成就员工的基本用人理念，才能做好员工的招用育留工作。

首先来说"招"。一个十分浅显的道理是，任何一位真正优秀的人才，一定渴望获得职业成功，如果你公司不能成为其最低限度地实现职业成功的平台，他便不会选择到你公司工作。

接着来说"用"。这同样是一个十分浅显的道理。如果你公司在使用人才的过程中，只是以企业利益为中心，而忽视员工对自身利益的关切与诉求，你却指望员工能按照你的意志，像华为公司的人才群体那样具有"奋斗精神"，或者是像阿里巴巴的人才群体那样具有"狼性精神"，这是极不现实的。换了你是公司的员工，公司一味要求你拼尽全力地工作，却并不关心你对自身利益的关切与诉求，你会最大化满足公司对你的要求吗？一定不会的。

再来说"育"。这依然是一个十分浅显的道理。如果一家公司只是以组织利益为中心,却不关心或不怎么关心员工的关切与诉求,那么想要把员工培养成为令企业满意的人才,就只能是异想天开。甚至可以这么说,那些每年都在花费大量的培训费用,培育人才的效果却令老板大为失望的公司,其问题并不是出在培养人才的方式上,而是出在根本动机上。

最后说"留"。其实不用多说,道理极为简单,如果你公司在"用"和"育"这两个方面做得不好,留不住优秀人才便是必然的结果。表面看起来,一家公司人才流失率过高,与人才们自身的思维、心态和行为有关,也跟企业的用人政策和管理方法有关,然而在我们看来,最本质的原因则是企业的用人理念不合时宜。

总之,只有建立和秉持成就员工的基本用人理念,你公司才有可能有效应对时代性的人才管理问题。

(2) 有利于挑选人才

正如我们在本书第2章中已经说过的那样,当前许多企业面临的人才管理问题,表面上看来,与没有足够多的优秀人才可用有关。于是,企业便只能勉强地在"矮子里面拔将军",试图"先用着再说",甚至于可供挑选的"矮子"都是十分有限的。

如果企业能真正地以成就员工为基本用人理念,那么其所面临的压力则有可能大为缓解。因为,企业如果真正持有这样的用人理念,便有可能吸引到更多的优秀人才加盟。假定出现这种局面,企业便可以优中选优,进而必然会大幅度缓解人才管理的系统性压力。

当一家公司只是以企业利益为中心,而忽视员工对自身利益的关切与诉求时,它往往对"招聘到优秀人才"是不抱多大希望的,并且由于它招聘到的大多是"低素质"人才,故而往往也会抱有"破罐子破摔"的心态,以及采取较为低级的方式来管理人才。这是因为,获得低素质人才的直接成本相对较低,在这种情况下,它会认为没有必要在人才管理方面费尽心思、用足情感。反过来说，那些秉持成就员工理念的公司，由于使用人才的直接成本较高，它们往往会在人才招用育留全流程的每一环节，都尽其所能地采取更先进和有效的管理方法，这使得它们面临的人才管理问题相对较少，企业也因此而发展得更好，这反过来又激励它们更有信心和条件，去进一步践行成就员工的用人理念。

3. 有基础严格要求人才

当一家公司践行的是成就员工的基本用人理念时，由于践行这一理念具有前述效应，它便在管理人才的过程中有足够的理由和条件对人才们"高标准、严要求"，且人才们不但不会因此而反感或背离，反而会出现人才管理的"飞轮效应"。

为了进一步说明这一点，在此引用我（张诗信）在2019年撰写的一篇文章中的一段文字。

谈及人才管理问题时，我都会想起不久前的一次经历。今年8月份的某一天（当时我们在为某嵌入式计算机公司做合伙人制度咨询项目），在与该公司董事长冉先生对话的过程中，我忽然说出了这样的观点："解决人才管理问题说起来并不复杂，做好两个字即可：一个叫'爱'，一个叫'怕'。"当我说出并解释完这两个字时，我为自己的概念能力感到惊讶，因为此前，我从没用过这两个字来概括我的相关思想和观点。换言之，这只是灵光一现的偶得。

记得当时我大致是这样解释这两个字的——

所谓"爱"，就是你公司只有愿意并能够给予人才们以足够多的现实的和想象的他们想要得到的东西时，你公司才可能对人才们具有吸引力；有了吸引力，你公司进而才有可能对人才们产生影响力。我之所以将其称之为"爱"，是因为在我看来，当一个人"爱"另一个人或某一个组织时，总是因为那个被爱的人或组织能够给他带来他所希望得到的东西。

所谓"怕",就是当你公司具备了让人才们"爱"的前提条件后,就一定会对人才们提出这样和那样的种种要求;人才们只有满足你公司对他们的要求,他们进而才能从你公司得到他们想要的东西。换言之,如果你公司能够给予人才们的东西具有足够的吸引力,那么他们便会因为害怕得不到想要的东西或失去既得利益,而倾向于满足你公司对他们的要求。

现实中的企业与其人才的关系是不是这样的呢?我敢肯定是这样的。任何一位人才之所以愿意在一家公司里工作,是因为那家公司能够给予他们想要的东西;同时他们也十分清楚,如果自己不能满足公司的要求,便会失去本来可以得到的东西。

有了上述"灵光一现的偶得",我便试图用"爱与怕"来"统领"我们公司专家团队关于人才管理的所有思想和方法。当我试图这么做时,又进一步发现,企业要想让人才们对企业既爱又怕,就需要企业既爱人才,又要对人才们有所怕。解释如下。

企业只有爱人才,人才才会爱企业,这是一个十分简单的道理——爱是相互的。企业爱人才应该表现为,企业在人才管理的理念和行为上要"理解人才、帮助人才、成就人才"。如果企业不能做到这一点,所谓"爱人才"只是空洞的口号,其管理行为也一定是建立在自利基础之上的,因而是不可能获得人才们发自内心的"爱"的。

企业对人才的"怕"应体现在,企业的人才管理理念和行为,不能违背人才们心理及行为的基本规律,如果不能做到这一点,企业的管理主张和行为就得不到人才们的认同和支持。在这种情况下,企业就无法真正地最大化地做到让人才们既爱又怕。

相信读者已经看出来了,上文所说的"爱",与本章所倡导的"成就员工"是同义词;而上文所说的"怕",则可以视为"成就员工"这一用人理念在人才管理过程中将会出现的积极效应。

两个方面的实证

为了说明上述"三层意义"不只是理论上的，现在请大家跟随我们一起，来观察和思考一下现实中两类企业的经验。一类是优秀大公司的经验，另一类是优秀中小企业的经验。

向优秀的大公司学习人才管理方面的经验，是许多企业的"本能"。这是因为，优秀的大公司更加引人注目，人们会自觉不自觉地认为，优秀大公司的成长历程正是本公司应当模仿的，人们也希望本公司将来可以变得跟优秀的大公司一样优秀。然而，大量的中小企业在试图学习优秀大公司的经验时，也会因为无法学习到优秀大公司的经验，而将原因归结为自身不具备优秀大公司那样的优越条件。为此，我们认为有必要列举一些在此方面同样做得不错的中小企业的经验，来澄清大家可能有的误会。

（1）优秀大公司的经验

在我们看来，现实中的优秀大公司，如华为、阿里、腾讯等家喻户晓的著名公司，以及近年来呼声日高的小米、大疆、华大、宁德时代等新一代知名公司，它们无不是"成就员工"的高手。有力的证据就是，这些公司一直在批量地制造成功的职业人士。请大家想一想，你所知道的创业公司，有多少人是出身于华为、阿里、腾讯？你知道小米、大疆、华大、宁德时代这些公司的员工，或出身于这些公司的人才中，有多少人已经拥有了千万以上的身价？

在过去八年中，奇榕咨询公司一直跟上海华创教育研究院有着紧密的合作关系。我们在与华创合作的过程中，每年都会面向数十家全新面孔的科技创业公司的高管团队讲授EMBA课程，所碰到的学习团队中的领头人（创始人或联合创始人），有相当一部分人是出身于华为、阿里、腾讯、小米这样的优秀大公司。而且，在中国一直有"华为系""阿里系""腾讯系"和"小米系"创业者之说。个中的意思十分清晰，就是华为、阿里、腾讯、小米培养了大批的可以独立或联合创业的高级人才。

优秀的大公司不仅培养出了大批能力出众的人才，而且还让大批人才实现了"财务自由"。从这个意义上说，它们虽然未必把"成就员工"挂在嘴边，但实际上却是在实实在在地"成就员工"。大家都知道，过去十年来，华为每年都会拿出数百亿元给人才们发放年终奖励（又称"股份分红"），华为员工的平均年薪在70万元以上；还有阿里巴巴，它的40%以上的员工持有公司股份，随便碰到一位中高管，其身价都可能在1000万元以上。

你可以说，是因为优秀的大公司有条件成就员工，小公司是做不到这一点的。而我们要说的是，优秀的大公司之所以优秀，就是因为它们一直秉持"成就员工"的基本用人理念，所以它们才有条件做到让员工收获成功的喜悦。

近些年，我们一直在提醒那些"抓心挠肝"想要学习优秀大公司在人才管理方面的经验的老板们，优秀的大公司在人才管理方面具备以下三个突出的特征，中小企业只有努力具备其中的第一项特征，才有可能真正地逐步学习到优秀大公司的经验。

其一，优秀的大公司都能全方位地满足优秀人才们可以想象到的所有需求，包括薪酬待遇方面的需求、职业发展机会方面的需求、工作感受方面的需求、学习与成长方面的需求等等。正因如此，优秀的大公司一旦发布一个招聘职位，就通常能够获得成百上千的优秀人才竞相应聘，这样一来，它们便可以做到优中选优，所以它们招聘到的人才大多是能够满足企业要求的人才。

其二，优秀的大公司在专业工作的分工上都是比较精细的。这样一来，便出现了三个方面的积极效应。一是招聘人才的难度进一步降低。因为，只要求人才们具备"有限的能力"，就可以吸引和选取那些专业高手进入公司工作；也正因如此，它们更青睐于知名大学优势专业的拔尖的应届毕业生。二是培养人才的难度小。这也是为什么它们更青睐于"校招"而不是"社招"的原因之一。因为专业分工精细，它们招聘到基础素质一流的应届毕业生后，经过较短期的培训和实习，就能让新人们很快适应岗位工作要求，并且往往在1~3年内就能脱颖而出，成为专业领域内的高手。三是便于保留人才。其机理在于，细分专业领域的人才，只有在分工精细化的组织里才能有更好的价值体现，所以这类人才更倾向于在现有的公司创造更大的价值和获得职业成就感，而不是动辄跳槽。

其三，优秀的大公司能够基于本公司的文化、人才评估标准和业绩管理标准，来强势淘汰那些不能满足组织要求的人才。它们之所以能够这么做，是因为前述两个方面的特征决定了它们可以这么做。它们这么做的一个效应便是，使组织中的人才群体始终能够保持或更趋于优秀。

换言之，由于优秀大公司在人才管理方面具有上述三大特征，它们便在这个方面实现了"飞轮效应"。但需要特别强调指出的是，在上述三大特征中，第一项特征是这个"飞轮"的轴心，而这个轴心的另一个称谓就叫做"成就员工"。或许，一部分优秀的大公司并没有明确地将"成就员工"作为自身的宣传口号，但事实上他们践行的正是"成就员工"这一用人理念。

（2）中小企业也可以践行这一理念

在我们对上述大公司的人才管理特征赞许有加时，可能有读者一方面想要学习大公司的经验，另一方面却又在想，大公司离自己"太远"，它们有足够的条件做到这些，而自己只是小公司，许多方面根本就无法做到。我们对此的回应是：也许的确如此，但优秀大公司也是从小公司一步步发展而来的；如果你不去推动那只"轮子"，那只"轮子"就不会飞起来。

我们想表达的观点是，中小规模的公司在人才管理方面，也是完全可以践行"成就员工"的基本理念并产生好的成效的。过去八年间，我们为之提供过合伙人制度建设项目咨询服务的客户公司中，有近半数是中小企业。我们辅导设计的合伙人制度一定是以"成就员工"为基本理念的。实践证明，基于这一理念而设计出来的合伙人制度，对中小企业也有良好的效果。下面仅介绍其中一家公司的案例。

2020年下半年，我们应邀为深圳一家公司提供合伙人制度建设项目咨询服务。该公司是一家网络技术服务公司，当年的销售规模仅为3亿元。该公司此前在人才招用育留等各个环节都存在不同程度的管理问题，且其所面临的人才管理问题，在深圳这座城市的企业界实属常见。通过合伙人制度设计，该公司在人才管理的各个方面，都得到了迅速而又显著的改观。最大的改变表现在以下两个方面。

一是通过内部职级进阶体系的设计及相应激励机制的优化，使人才们普遍更加忠诚和更具奋斗精神。此前，该公司招聘的人才在公司学习几年后，大多会选择另谋高就，原因就是，该公司此前解决了新员工"从0到1"的职业融入时的能力建设问题，却未能解决已经成长起来的人才们"从1到N"的职业发展问题。因此，员工们在公司学习到"手艺"以后，由于看不到在公司内部的成长机会及路径，于是在外部机会的诱惑下便会选择离职；少数员工"另谋高就"，又给其他员工做出了"示范"。在辅导该公司设计合伙人制度的过程中，我们针对这一问题，建立起了该公司的内部职级进阶体系，并相应调整了激励机制，也即是一揽子地解决了员工在公司内部的学习、成长和工作回报问题，效果立竿见影。

二是通过合伙人制度全案设计，增强了该公司对外部优秀人才的吸引力，以至于此后该公司相继招聘到了不少优秀的人才。记得2021年3月份的一天，我们在浙江出差途中，接到了该公司董事长打来的电话。他在电话中告知了三件吸引人才方面的"喜事"：一是引进了一位"知

"根知底"的行业技术大咖出任技术总监,二是引进了一位"知根知底"的销售精英出任销售公司总经理,三是正在与一个网络安全技术服务领域的优秀技术团队洽谈整体收编事宜。这三个好消息,均与该公司建立了合伙人制度体系有关,而这个制度体系,就是基于"成就员工"的基本理念而设计出来的。

总之,中小规模的公司也是可以很好地践行"成就员工"这一基本用人理念的。重要的事情再说一遍:要践行本书所倡导的"共利型人才管理模式",就必须首先践行"成就员工"的基本用人理念,否则有可能连"门儿都摸不着"。

6.2 两个关键点

仅仅怀有想要成就员工的良好愿望,而不知道怎样才能最大化地成就员工,也有可能成就员工。因为,老板只要奔着"把企业经营好"的目标,便极有可能让一批追随他的人才们获得比较好的职业回报。个中的道理是:为了经营发展好自己的公司,他不得不善待员工;因为他善待员工,才有人愿意来企业工作;在他的企业成功的过程中,人才们也就相应地得到了他们应该得到的东西,比如金钱。

然而,这种仅有良好愿望就能结出善果的逻辑,其效用正在变得越来越有限。因为,企业所处的社会环境已经发生深刻变化,并且正处在进一步的快速变化之中(参见本书第3章的观点)。在这种大背景下,仅怀有成就员工的良愿,而不懂得成就员工的系统策略与方法,其管理人才的效果很可能是,要么无法高效率地招聘、使用、培育和保留人才,要么是招聘、使用、培育和保留人才的成本过高而使企业不堪重负。

在此需要特别强调的是，成就员工绝对不是以损害企业的利益为代价，而盲目地投员工之所好。如果是这样，长期看来并不是在成就员工，而是在损害企业和员工的利益。这正如，家长一味地顺着孩子的自然天性来溺爱孩子，其结果必然是既害了孩子也害了自己。成就员工的有效做法是，首先要理解员工，其次要帮助员工。只有这样，才是在真正地成就员工。

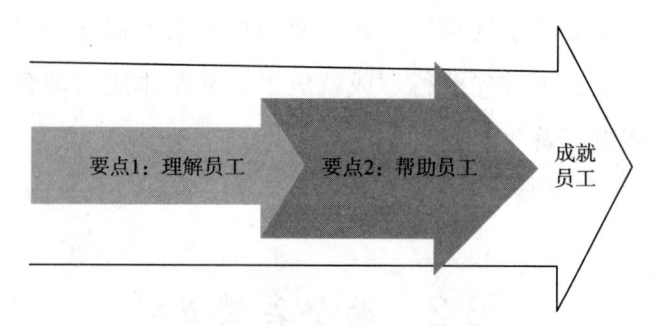

图6-1 "成就员工"的两个要点

理解员工，就是要全面清晰地知道员工希望从职场上得到什么，以及知道员工怎么做才能从职场上获得他们想要的东西。

帮助员工，就是要采取正确的方法，让员工们以正确的心态和思维，沿着正确的方向和路径，来建立获得职业发展所需要的能力条件，进而获取最大化的工作回报。

由于这两个要点涉及大量的内容，需要足够的篇幅才能一一说清楚，故而我们接下来逐一展开专门论述。

6.3 要点1：理解员工

我们刚刚说过，"理解员工"，就是"要全面而又清晰地知道员工们希望从职场上得到什么，以及知道员工们怎么做才能从职场上获得他们想要的东西"。接下来分别从理论上回答：①员工们究竟希望从职场上得到什么？②员工们究竟怎么做才能从职场上获得他们想要的东西。

员工想要得到什么

乍听起来，这是一个并不难回答的问题。因为，在大多数人看来，员工工作的目的不就是为了赚钱嘛！赚到更多的金钱，就是员工们的工作动机。事实上，在大多数员工的显意识里，也是认为赚钱就是自己工作的唯一动机。而在许多管理理论工作者的脑海里，谈到员工的工作动机，他们往往会在第一时间想到美国心理学家亚伯拉罕·马斯洛（Abraham Harold Maslow）在20世纪50年代提出的人的需求层次理论。

在我们看来，那些认为员工工作的目的就是为了赚钱的观点是武断的，是经不起推敲的。因为，这种纯粹出自生活经验的观点，根本经不起同样来自经验的反证。试想，在遥远的边疆地区有一个工作机会，该工作对工作者的能力素质要求并不高，只要有大学学历、工作比较细心就能胜任，每月的薪酬能够达到2万元。那么，是不是所有在能力素质上满足工作要求的，在东部沿海城市工作且每月收入水平低于1万元的人才，都愿意得到这份工作呢？毫无疑问，东部地区的绝大多数人并不愿意得到这份工作。这就出现了一个问题：既然人们工作的唯一目的就是为了赚钱，那为什么他们并不愿意到遥远的边疆地区去从事这份工作呢？显然，人们取舍工作的标准不只是金钱。

相似的情况，我们在咨询服务实践中经常碰到这样一类员工，他们在此前工作的公司拿上百万的年薪，但到一家新的创业公司，却只愿意每月拿3万元左右的月薪。如果人们工作只是为了赚取更多的金钱，那么就无法解释这类现象。类似的无法解释的现象还有，有许多女性员工，她们不愿意从事赚钱更多的销售岗位工作，而只愿意拿较少的薪酬，保有一份在办公室工作的机会。如果人们工作只是为了赚钱，那么这种现象就是不正常的。

奇榕咨询公司在2012年创立之初，核心业务是面向广泛的企业提供战略和营销管理咨询服务。在服务于客户的过程中，我们注意到一个令我们的客户企业伤透脑筋，也让我们经常为之烦恼的问题，那就是现在的员工越来越难管理。表现为：无法招聘到和保留住优秀员工，员工的忠诚度和责任心每况愈下，员工的能力和业绩表现大多不能满足企业要求，员工的管理和培养难度日益增加，外界因素对员工们的影响越来越大，等等。这些问题的存在，使得企业的战略目标常常因之而无法实现或大打折扣，企业的用人和运营成本也因之而不断增加。因此，企业伤透了脑筋。而我们之所以也会为之烦恼，则是因为，我们精心策划的企业经营战略和营销管理方案，如果没有合适的人员来落地执行，这些方案则犹如纸上谈兵，并不能为客户带来实际价值。

为了解决问题，我们想了许多办法，进行了大量的理论和实践探索，并且还于2012年出版了一本名叫《员工成长曲线》的图书。最终我们得出了结论：只有从员工的工作动机出发，才有可能解决企业面临的时代性和趋势性的人才管理问题。

那么员工的工作动机又是什么呢？经过多年的进一步探索，我们得出了这样的结论：现实中，每一个人的工作动机都不一样，而且即便是同一个人，在不同的发展阶段，其工作动机也是有区别的。但是，无论不同的人们工作的动机有何不同，也无论同一个人在不同的时间里其工作动机有何区别，总体上来说，员工的工作动机无非是希望获得图6-2所示的三样东西：物质回报、精神回报和机会回报。只是，不同的人以及同一人在不同的时期，对这三项工作回报的要求程度各不相同而已。在职场上，人们或是感到工作开心、志得意满，或是感到怀才不遇、生不逢时，其喜悦和烦恼都与这三大需求被满足的程度高度正相关。

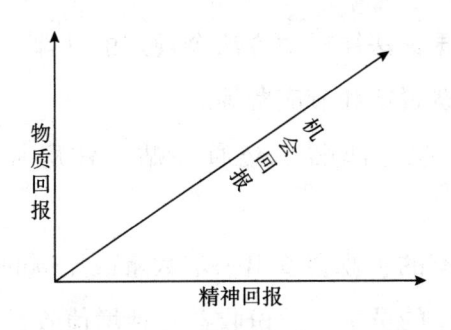

图6-2　员工的工作动机：三大需求

（1）物质回报

这是绝大多数人工作的第一动机：通过工作，赚取尽可能多的金钱。因为，金钱对我们每一个人及其家庭来说都非常重要。它关系到自己和家人定居在什么地方，住在什么样的房子里，使用什么样的家具；也关系到是否能够给予子女以更好的营养和教育条件，是否能够更好地孝敬父母，是否能够更好地维系亲戚朋友的关系；还关系到自己和家人是否能够得到他人的良好评价，是否能够获得尊严，是否能够实现这样或那样的理想，甚至关系到自己和家人是否能够健康长寿，等等。即便是那些"不差钱"的人，也会一定程度地在乎金钱回报的多寡，因为在相当程度上，金钱代表了企业对自身价值的认可程度。很显然，如果你工作的公司不向你支付任何金钱报酬，无论这家公司有多好，你也不会在这个公司长期干下去。反过来说，如果一家公司给你的薪酬是行业平均水平的十倍，即便你对该公司的某些方面心存不满，你也不会轻易选择离开这家公司。

企业给予员工的物质回报，通常包括以下六个方面。

①工资。通常是每月定期发放。

②绩效奖金。不同企业发放的周期不一样。有的企业每月核发一次，有的企业每季度或半年核发一次，有的企业每年核发一次；有的企业每月有绩效奖金，到了年底还会发放年终绩效奖金。

③福利。包括国家法律或地方法令规定的社保、公积金，以及企业内部政策规定的免费餐饮和节庆费等。

④津贴。包括职务津贴、交通补贴、住房补助/低息或免息贷款等。

⑤股份收益。有的企业会拿出一定数量或比例的企业股份，赠予或低价出售给特定岗位的员工（股份收益包括增值收益和股份分红）。

⑥专项奖励。包括：针对技术人员的技术发明奖，针对广大员工的合理化建议奖，针对优秀工作者的奖励，针对特殊贡献者的奖励，等等。

（2）精神回报

虽然金钱对每一个人都非常重要，而且在许多情况下是大多数人尤其是普通工作者的优先动机，但我们每一个人都是有道德标准、思想情感和人格尊严的，我们并不愿意做"金钱的奴隶"——为了赚取金钱而放弃道德标准、压抑思想情感、抛弃人格尊严。特别是在今天的文明社会环境下，工作的机会到处都有，我们更不会为了赚钱而特别委屈自己。换言之，我们追求物质回报是有条件的，这个条件就是，我们同时需要有相应的精神回报。

员工希望从工作中得到的精神回报，可以概括为以下四个方面。

①企业的合法性和健康状态。包括：企业的存在是否合法，企业提供的产品和服务是否对社会具有价值，企业的生存状况是否健康，企业是否有良好的发展前途，等等。这些来自认知领域的感受，会影响我们的工作选择，也会影响我们对待工作的心态、情感和行为。

②工作本身的价值感。我们无不希望自主选择或被企业安排的工作是自己喜欢、擅长或自我感觉有前途和价值的。

③工作中的精神体验。包括工作中获得的愉悦感、成就感、公平感、归属感、安全感以及学习与成长体验等。

④工作与生活的平衡感。包括：希望工作不影响家庭和个人情感生活，希望工作对自己的身体健康和兴趣爱好不构成损害，等等。

（3）机会回报

每一个人不仅希望从现实的工作中获得足够多的物质和精神回报，而且无不希望在未来能够可持续地获得更大的物质和精神回报。这就涉及到我们工作的第三项动机了——对机会的追求。

对机会的追求，一直在左右着几乎每一位职场人士的职业心理和行为。当一些人跳槽时，当一些人跨区域寻找工作时，当一些人因不满现有的工作而重新选择职业时，就是未来机会的动机在对他们的心理和行为产生影响——希望找到的工作或正在从事的工作，能够在下一阶段可持续地给自己带来更多、更大的物质和精神回报。

由于未来是未知的，什么情况都可能发生，既可能出现极为糟糕的情况，也可能产生超预期的结果，毫无疑问，人们总是期望获得更好的结果，而尽力避免最坏的情况。

未来机会，其实就是人们对未来的物质回报和精神回报的或朦胧或清晰的想法，概括说来有以下两点。

①希望能够在未来的时间保有既得的前述物质方面的收益，以及希望未来获得想象中的更大的物质方面的收益。

②希望能够在未来的时间保有既得的前述精神方面的收获，以及希望未来获得想象中的更大的精神方面的收获。

理解员工的这三种工作动机，对于人才的经营与管理具有十分重要的意义。你公司可以全方位照顾到员工的这三种需求，而不应只是关注员工对薪酬的要求，只关注员工对薪酬的需求，企业的损失往往更大，而员工未必满意；不同员工的需求会不同，你公司或许可以针对性地采取激励政策，对许多员工而言，增加精神和机会激励的效果有可能更好；在招聘人才时，对候选人的工作动机进行分析和判断，将有助于企业招聘到能够真正地与企业一同成长的人才；如何通过组织制度的顶层设计来全方位地激励人才，是在新的历史条件下你公司有必要重点考虑的问题。

员工怎样才能得到想要的东西

在了解了员工的三种工作动机以后，一个问题立即出现了，这便是，员工怎样才能得到自己想要的东西？之所以要探讨这一问题，是因为企业只有了解了员工怎样才能更有效地得到自己想要的东西，才能够更有效地对员工的心态、思维和行为施加正面影响，最终才能更有效地成就员工，即让员工得到他们想要的工作回报。

但是，要回答这个问题并不容易，因为这涉及许多特别复杂的方面，包括：不同员工的职业心理特点及过程，员工的职业发展规律，不同企业组织的特点，不同的职业类型，社会环境因素对员工心理和行为的影响，等等。有鉴于此，并考虑到本书并非纯粹的学术著作定位，下面仅提示性地介绍我们在三个方面的研究成果：①人的职业命运各不相同；②职业命运的驱动因素；③"殊途同源"法则。分享这一内容的目的，是为了引导企业更有效地帮助员工，进而成就员工。

（1）人的职业命运各不相同

每一位员工都希望或者幻想自己在职业上有大的收获，既希望获得更多的物质回报，又希望获得更大的精神回报，还希望获得更好的职业机会。但是，若干年下来，你会发现，不同人的职业命运发展轨迹和最终结局是极不一样的，有些人的职业发展顺风顺水、志得意满、回报多多，而另一些人的职业发展则一波三折、事与愿违、收获甚微。这是为什么呢？这是因为，人的职业命运是各不相同的。

我们经过比较研究，发现人的职业命运可以归纳为图6-3所示的七条曲线，走不同的路线意味着经历不同的职业命运。下面我们来逐一介绍这七条职业命运曲线。

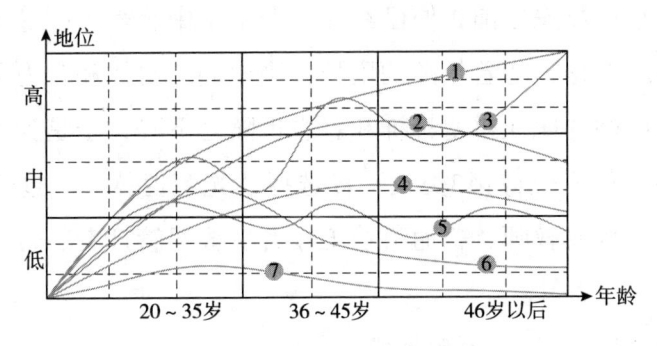

图6-3 员工的职业命运曲线

①职业命运曲线1：极顺极成。

这条职业命运曲线，代表的是那些在职业发展过程中始终一帆风顺的人。他们大学毕业便进入一个较好的职业领域或工作单位，此后职业地位不断上升，一直到了60岁以后都不会被历史所淘汰；他们一直处于所在专业的前沿，名利双收，即便到了退休年龄，也会是退而不休；他们不苛求名利，名利却反加诸身。这类人中，包括大政治家、文学家、艺术家以及各专业领域的顶尖级科学家、医生、行业领袖、一部分民营企业家……他们大多是"大字辈"的人物。

②职业命运曲线2：大顺大成。

这条职业命运曲线，代表的是那些45岁之前职业发展十分顺利的人。他们在45岁之前便已经在一个组织中达到高级地位，比如做到了总经理、副总经理、总监等高级职务。但随着年龄的增长，当他们的身体和智力逐渐失去竞争力之后，他们的职业拼搏精神和意志也随之下降，于是到了或接近到了退休年龄，他们会选择"光荣退休"。这部分人在社会上有相当的数量，比如大部分中基层的政府官员、职业军人、优秀教师、优秀科技工作者、优秀管理者、优秀艺术工作者等。

③职业命运曲线3：中顺中成。

这条职业命运曲线，代表的是那些在45岁之前职业发展一帆风顺的人。他们通常在45岁之前，便已经在一个组织中获得了中等或接近中等的职业地位。但是，随着年龄的增长，当他们的身体和智力逐渐失去竞争力之后，他们的职业拼搏精神和意志也随之下降，于是到了或接近到了退休年龄，他们也像第2类人一样选择"光荣退休"。这部分人包括普通公务员、普通教师、普通科技工作者、普通管理者、普通艺术工作者等等。

④职业命运曲线4：不顺大成。

这条职业命运曲线，代表那些在职业生涯中一路大起大落，但始终保持着旺盛的职业斗志的人。当他们处于职业低谷时，从不向命运低头，总是能够不断调整自己，勇敢地跋涉前行，最终他们有一个良好的职业命运结局。他们终其一生，愈老愈强，即便到了正常人退休的年龄，他们也依然不会被淘汰，直到生命的终结。这种人并不多见，但各职业领域都有这种人，比如那些久经磨砺的政治家、企业家、艺术家、科学家等等。

⑤职业命运曲线5：不顺小成。

这条职业命运曲线，代表那些职业命运多舛的人。他们终其一生都希望在职场上出人头地，但是由于个人性格、家庭环境、所处行业或企业或职业等原因，他们的职业命运始终起起伏伏，直到老去，再也拼不动了，也没有迎来职业命运的转机，最终跟那些极为普通的职员一样黯然退出职业舞台。这类人在生活中只占少数，包括那些始终不得志的公务员、科技工作者、企业管理人员、普通生意人，以及那些一直没有固定职业的人。

⑥职业命运曲线6：先顺后平。

这条职业命运曲线，代表那些家庭出身和个人条件良好的人士。他们踏入职场的最初十年左右，职业发展十分顺利，以至于在35岁左右就达到了一个组织的中层甚至高层领导地位。但是，由于各方面的原因，比如生病、婚育、家庭变故、犯错、观念和技能落后于时代发展等等原因，到了35岁以后，他们就再也没有了向上发展的动力和机会，于是职业曲线开始一路下行，以至于最终黯然离开职场。这部分人，既包括那些因少年得志而轻狂、形成了陈旧的思维定势、个性特质与时代发展格格不入的那一部分人，也包括大量家庭条件良好的女性——随着她们结婚、生子，在家庭条件允许时，她们便把兴趣和精力转移到了家庭，职业不再是她们的精神支柱。

⑦职业命运曲线7：一生不顺。

这条职业命运曲线，代表那些没有受过良好教育，也没有什么职业追求，只是在用体力换取有限的金钱来养家糊口的、极为普通的社会底层劳动大众。他们在体力最旺盛的年龄阶段，有可能做到班组长、骨干的地位，但随着年龄的增长，尤其是后来的年轻人在体力和智力上更加优秀，他们在组织中的价值便不断降低。之后，他们要么心甘情愿地在一个组织中做着最底层的工作，拿着微薄的薪水过日子；要么不满工作现状，不断跳槽寻找新的工作机会。但由于他们没有特别的技能，随着年龄的增长、体质的下降，他们终其一生只是广大劳动大军中的一员，而且是价值每况愈下的一员。

（2）职业命运的驱动因素

在了解了上述职业命运的七条曲线之后，一个问题可能已经跃入了大家的脑海：是什么因素在驱动人的职业命运走向呢？

我们认为，人的职业命运主要是由两大因素决定的：一是环境因素，二是个人条件。所谓"环境因素"，主要是指所在国家、地区、行业、企业和专业为我们提供的职业发展机会；所谓"个人条件"，是指我们每一个人在特定的环境中所具备的发展自身职业的能力。现实中的大多数企业在训练员工时，有一个真相是永远不会说的，也即是他们不会告诉员工，在职业发展的过程中，的确存在"选择大于努力""机会大于能力"的情况。比如，同样能力条件的人，在一家老板没有进取心、公司处在夕阳行业的公司工作，肯定不如在一家老板有进取心、公司处在朝阳行业的公司工作更有前途，获得的职业回报更多。

但有一点又是可以理解的，即不能过分强调外部环境在个人职业发展中的作用，因为如果过分强调的话，有许多员工很可能会把自己不能取得职业成功的原因，过分地归结为外部环境不好，而忽视了自身努力的必要性，这样看问题，可能会让员工在职业发展过程中追求走捷径，但最终很有可能让自己走上一条不能到达目的地的弯路。

因此，无论是学者们还是企业经营管理者，在教育训练员工时，通常会假定外部环境是比较公平的，个人的能力条件才是决定个人职业命运的根本原因。这样说也有其理论和事实依据，因为在相同或相似的外部条件下，有的人能够获得职业成功，而有的人则不能，这就是个人因素在发挥作用了。

那么，驱动员工职业命运的内在条件究竟是什么呢？我们认为是表6-1所指的三样东西：职业价值观、岗位胜任能力和适应变化的潜力。正是这三样东西，一直在左右着每一个人职业命运曲线的走向。

表6-1　　　　　　　　　驱动员工职业命运的内在条件

职业能力	概念定义
职业价值观	个体人才所秉持的在职场上跟组织进行利益交换的立场和原则与组织的要求相匹配的程度
岗位胜任能力	个体人才所具有的工作能力与岗位所要求的能力相匹配的程度
适应变化的潜力	个体人才所具有的适应内外部环境变化的能力与组织不断提升的要求相匹配的程度

①职业价值观。

职业价值观对职业命运的影响，在极大程度上是因为，几乎每一家企业都十分在乎员工的职业价值观。现实中的企业规模越大，品牌越响亮，发展势头越好，往往对员工的价值观要求越高。比如华为、阿里、

GE、微软这样的一流公司，他们在招聘人才时，候选人的价值观往往超过了50%的权重，价值观不能达到80分以上（100分制），根本就不会被选中。在这些企业里，要想升职，价值观也是一项绝对重要的考量指标，价值观存在问题的人，业绩做得再好，企业也不会把位高权重的职务交给他们。

大企业是这样，各行各业的中小企业也大致如此。只是中小企业由于招聘人才比较困难，在招聘基层岗位员工时，便会一定程度地放松对候选人的价值观要求。但放松要求不是没有要求，如果一个人的价值观不能达到60分，想要进入到中小企业工作也是不大可能的。

而且，中小企业在招聘和任用关键岗位人才时，对价值观的重视程度普遍也是较高的，比如在招聘和任用财务人员、高级管理和专业岗位人才时，几乎跟所有大企业一样，都会高度重视候选人的价值观。也就是说，价值观存在缺陷的人即便在中小企业，也同样不可能获得高级职务。

②岗位胜任能力。

一个人仅有良好的职业价值观，却缺乏胜任特定岗位工作所需要的基本能力，那么他的职业命运也将是未知的。

比如，我们设想有这样一位年轻人，他对工作回报的要求较低，他十分看好正在服务的企业，他愿意在时间和精力投入上完全满足企业的要求，但是他只是刚毕业的大学生，没有任何工作经验。在这种情况下，会出现两种可能。其一，有些公司可能根本就不会给他工作机会，因为他没有工作经验，职业行为充满不确定性。这些公司不愿意培养人才，只愿意使用有特定工作经验的人才，现实中这样的公司很多。其二，有些公司有可能接纳他，然后加以培养，直到他胜任特定的岗位工作，如果经过培养，他仍然无法胜任岗位工作，再考虑是否淘汰他。这是许多大公司的做法，也有越来越多的中小企业在招不到人才的情况下，不得不使用没有工作经验的职场新人。

但是，上述第二种可能性通常是针对基层或一线员工而言的，现实中几乎没有任何一家企业会让一位毫无工作经验的人担任管理职务。因为，任何管理岗位的从业者都责任重大，如果他缺乏岗位胜任能力，不仅不能服众，而且必然会导致所在团队无法达到公司的基本要求。所以，现实中的每一家企业在使用关键岗位人才时，一定会考察候选人的岗位胜任能力。换言之，如果某位候选人不具备胜任某一特定关键岗位的能力，他便无法得到那一关键岗位，大多数组织都不会轻率地让那些胜任能力未经检验的人才到关键岗位任职。

③适应变化的潜力。

适应变化的潜力有以下两层含义。

其一，要不断地提升自己的职业竞争力，才能保有已经取得的职业地位。因为，任何组织都处于发展过程中，即便一位员工的职务/岗位不变，其岗位工作环境也在变，组织对他的能力要求也在变，他只有适应这种变化，才可能保有职务或岗位。

其二，如果一位员工希望得到升职，他就有必要建立确保自己得以升职的能力条件。他只有具备了升职所需的能力条件，进而才有可能升职。

上述两层含义一致指向职业成功的两个关键因素：员工需要建立起必要的适应变化的能力，企业有必要帮助员工建立起适应变化的能力。

（3）"殊途同源"法则

"殊途同源"法则有两层核心含义：其一，无论一个人从事何种职业，他的职业命运都是由其职业价值观、岗位胜任能力和适应变化的潜力这三项职业能力所驱动的；其二，无论一个人是选择与现在工作的企业一同成长，还是准备通过不断跳槽来获得职业发展机会，他的职业命运在极大程度上，也是由其职业价值观、岗位胜任能力和适应变化的潜力这三项职业能力所决定的。

①无论选择何种职业，道理都一样。

一个人无论是自己开公司当老板，还是去做医生、科学家、教师、公务员、军人，抑或是回归家庭，他在任何一个你所能想象到的职业领域谋求发展，将获得怎样的职业地位或成就，一定与其职业价值观、岗位胜任能力和适应变化的潜力这三大能力因素有直接的关系。

假定一个人选择去开公司当老板。首先，他和他公司的价值观必须与市场和客户对其公司的要求相匹配，否则他便不可能获得市场和客户。其次，他必须具备领导一家企业所需的基本能力，如果他不具备领导一家企业的基本能力，他的企业迟早会关门大吉。最后，他必须具备一定程度的适应变化的潜力，因为他的企业所面临的内外部环境随时都在发生这样和那样的变化，如果他不能适应内外部环境的变化，就意味着在下一阶段他的岗位胜任能力不足，他的企业也会因此而面临问题。

假定一个人选择去做医生、科学家、教师。首先，他的职业价值观必须满足他所选择的职业领域对他的价值观的基本要求，否则他便无法进入这个职业领域。即便他在价值观有问题的情况下蒙混过关，侥幸进入了某一职业领域，他也待不长久；即便他能勉强待下去，他自己也会感到痛苦。其次，在任何一个职业领域从事任何一项职务或职称层级的工作，都要求他具备相应的胜任能力，如果不具备相应的工作能力，他便得不到那个职务或职称，即便他在胜任能力不足的情况下，侥幸得到了某一职务，他也极有可能在那个职务上待不长久，因为他最终得做出业绩来。最后，无论他选择的是这些职业领域的哪个岗位，他所处的组织内部和外部的环境一定会不断发生变化，一定会有人与他形成竞争，这意味着他必须具备相应的适应变化的潜力，才能使自己的地位得以提高，或者才能保住现有的地位。

②选择"跳槽"发展，道理也一样。

许多人会把"跳槽"作为谋求职业发展的重要方式。首先，我们得承认，"跳槽"是一种很普遍的时代性现象，应该予以充分尊重。存在这一现象，至少有以下三种合理性：一是有大量的企业为谋求自身的生存和发展，需要招聘人才；二是有大量的人才为了自身的职业发展，需要寻找更好的工作/职业机会；三是有众多的猎头公司、人才中介服务机构出于自身的商业目的，需要撮合企业和人才之间的供求关系。可以这么说，人才的合理流动是社会进步的标志。

无论一个人是选择在现有的企业谋求职业发展，还是选择通过跳槽获得新的职业机会，有一个道理是放之四海而皆准的，这便是，只有当一个人的职业价值观、岗位胜任能力和适应变化的潜力能够满足企业的要求时，他才可能获得更多的物质回报、精神回报和机会回报。

一般而言，如果一个人在当下的岗位上表现出良好的职业价值观、岗位胜任能力和适应变化的潜力，那么只要他所在的企业是有前途的，并且他是有足够耐心的，他就有向上发展的机会；如果他能够在当下的岗位上表现出良好的职业价值观、岗位胜任能力和适应变化的潜力，即便跳槽，也会跳到一个好地方，反之，无论他怎么跳槽，都将无助于他的职业发展。换言之，如果他不能在当前的岗位上表现出良好的职业价值观、岗位胜任能力和适应变化的潜力，那么即便他暂时跳槽成功了，在新的工作岗位上他将十有八九也会面临相似的问题。

6.4 要点2：帮助员工

理解员工的直接目的，是为了找到帮助员工的着眼点和抓手。因为只有这样，才有可能成就广泛意义上的员工，而这一点，正是本书要传达的企业因应时代性人才管理问题的基本理念。

成就员工的着眼点

经过上文对"理解员工"涉及的三个方面的论述，接下来一个很现实的问题便摆在了我们的面前：企业成就员工的着眼点在哪里？对此，答案其实就隐含在上一节所阐述的内容框架之中，具体而言就是以下四点。

（1）要让员工们理解自身的需求及其实现方式

现实中的许多员工，并不全面和清晰地知道自己究竟想要从职场上得到什么，也不十分清楚怎样做才能真正地得到更大的职业回报。他们中的许多人更看重当下能够拿到多少薪酬，却不知道当他们的职业地位较低时，是无论如何都不可能获得更高的薪酬的；他们中的许多人希望工作更轻松更好玩，却不知道这样的工作可能对他们长期的职业发展不利；他们中的许多人希望从职场上获得更多更大的回报，却不知道要想获得更多更大的职业回报，是要以自身的能力素质为条件的；他们之中的许多人在幻想通过跳槽来获得更佳的职业回报，却不知道跳槽有时候是存在多样风险的，而且持续的职业发展依赖的仍然是自己的职业能力素质……

我们说企业应让员工们理解自身的需求及其实现方式，并不只是指要给他们做培训，即把上面我们给大家提供的"理解员工"相关的知识讲给员工听，并力求让员工们理解。这类培训也许是必要的，但并不是最重要的，最重要的是要让员工们相信，只要信任公司并按照公司的要求去做，他们就能持续得到最大化的职业回报，而不必在道理上懂得那么多。反过来说，如果一家公司给员工们讲了许多相关道理，员工们越听越糊涂，越听对公司越是不满，那么这就很可能不是员工的问题，而是这家公司实际上并不是员工们最佳的工作机会所在。

（2）要选用合适的人才，并把合适的人才放到合适的岗位上

这是上文中没有直接指出来的，而是隐含在我们所有论述之中的一个简单道理。这个要求有两层含义。第一层含义是，招聘时要选对人。人用错了，无论公司怎么给他讲道理，怎么在管理制度设计上为员工着想，那些心态、思维和能力存在问题的员工，都是不会领情的。而如何选对人，又有两个要点。一是岗位工作设计要合理。过分宽泛的岗位职责设计，既是招聘人才的障碍，也不利于员工的职业发展；而过分狭窄的岗位职责范围，则可能让员工感受不佳，而且也不利于员工长期的职业发展。二是要具备有效的人才评估标准。许多公司对自己招聘时选用人才的标准是高度自信的，然而用人失败的悲剧一再显示，招聘时"看走眼"是用人失败的首要原因。

有效选用人才的另一层含义是，在内部提拔人才时也要慎而又慎。在提拔人才时，有三个常见问题：一是领导者习惯于用自己的想象和期望来代替候选人的意愿和能力，二是领导者缺少组织规则方面的用人考量，三是往往忽视了决策的连续性后果。

无论上述哪一个层面存在问题，其结果一定是既对公司的发展不利，也对员工的职业发展不利。

（3）要设法增加人才们的工作回报

这是"成就员工"的基本要求。如果不能确保人才们获得尽可能大而多的工作回报，那么所谓理解员工和帮助员工，就是空洞无物的，甚至是存在欺骗色彩的，因而是不可能获得员工的持久认同的。

但是，增加人才们的工作回报，不应只是指当下给人才们上涨薪酬，而应包括两个方面的内容：一是要全面且有区别地照顾到人才们对物质、精神和机会的需求，以及不同人才需求的侧重点；二是要通过政策设计，让人才们从价值创造中获得满足感，而不是盲目地以牺牲企业

利益为代价，以牺牲企业利益为代价来满足员工"人性化"的需求，可能是难以持久的，也可能是对员工的长期职业发展不利的。

（4）要持续促使人才们提升职业能力素质

这一着眼点比上述三个着眼点更为关键，因为当员工的综合能力素质不断提升时，理论上讲会出现两种效应。一是员工的工作回报会因此而增加。因为当员工的能力素质不断提升时，意味着他们的业绩会提升，企业的业绩会提升，他们在公司组织中的地位会提升，公司会获得持续的规模化发展，所有这些都将意味着企业有条件给予员工更大更多的工作回报。

员工能力素质得以持续提升后，将带来的另一个效应是，即便公司因各种原因并不能给员工带来其所希望的工作回报，因而员工最终选择了"另谋高就"，他们也能从新的公司获得较高的工作回报。这看起来对其原来工作的公司并无好处，但请注意，当一家公司具有较强的帮助员工提升综合能力素质的意愿和条件时，该公司便更有可能吸引到更多优秀人才加盟。

至此不得不说，提升员工的职业能力素质，并不能仅仅指望"给员工做培训"这样一种方式。培训在员工培养过程中可能是必不可少的，但绝对不是充分条件。有效的培养员工的方式应该是：让公司充满活力、前景光明，把不同能力素质的人才放到最适合他们的岗位上，让人才们心无旁骛地竭尽全力地工作，用善意而又严格的管理举措促使员工们持续创造更佳业绩和提升能力。

成就员工的抓手

如果你已经大致认同了前文所述的"理解员工"的内容及必要性，并且基本上认同了前文所讲的"帮助员工"的四个着眼点，那么接下来，你一定会关心一个十分现实的问题：究竟应该怎么做才能真正地"成就员工"呢？

我们对这一问题的回答是：按照本书第7～9章介绍的"1+4模型"来让你公司转变为共利型组织，就能逐步做到真正地"成就员工"。但同时有必要警告性地指出：如果你在总体上并不认同"成就员工"的基本用人理念，你公司也将无法设计出可以有效落地的"1+4模型"来；如果你不能按照本书提供的"1+4模型"来建设共利型组织，即便你已经具备了"成就员工"的用人理念，也并不能保证会产生持续良好的人才管理效果。

第 7 章
共利型人才管理方案设计：
1+4 模型（上）

◆ 7.1 了解"1+4模型"

◆ 7.2 步骤一：梳理梦想、逻辑和文化

◆ 7.3 步骤二：制定身份层级标准

◆ 7.4 步骤三：设计（优化）股权激励机制

本章向大家介绍一个名为"1+4模型"的概念及其实用性内涵的前半部分。记住这个"1+4模型"非常重要。其重要性在于，任何试图采取"共利型人才管理模式"的公司，只有真正理解和应用"1+4模型"所承载的思想及方法，才能确保其所采取的共利模式长期有效。

了解"1+4模型"的意义还在于，即便你公司的人才管理尚未进入共利模式阶段，"1+4模型"所包含的五个方面的人才管理思想及方法，也将对你公司的人才管理改善具有积极的启示作用，因为其所承载的一系列的企业管理思想及方法均极具普适价值，任何公司都可以按需自由取用。

7.1 了解"1+4模型"

在第6章的末尾部分，我们已经指出，"1+4模型"是确保"成就员工"人才管理理念有效落地的思想和方法体系，也是确保前几章反复提及的"共利型人才管理模式"有效落地的思想和方法体系。现在我们就来说明这个"1+4模型"是什么，以及为什么说只有它能够确保成就员工理念和共利型人才管理模式有效落地。

2013~2017年，我们在为各类企业提供合伙人制度建设项目咨询服务的过程中，经过无数次与客户的碰撞（我们辅导设计的所有合伙人制度，都是与客户公司的核心经营管理团队反复研讨而来的成果），逐渐形成了一套结构化的用以指导企业建立合伙人制度的思想和方法系统，我们将之命名为"合伙人制度的1+4模型"（简称"1+4模型"）。随后，我们在2018年3月出版的《合伙人制度顶层设计》一书中首次系统地介绍了这个模型。

图7-1是"1+4模型"的原图。以下文字引自《合伙人制度顶层设计》一书。

"1+4模型"

图7-1　合伙人制度的"1+4模型"

"1+4模型"中的"1"是指，企业要实行合伙人制度，要使合伙人制度达到预期目的，必须首先要有事业梦想与业务逻辑。没有事业梦想与业务逻辑也可以推行合伙人制度，但那一定是成本高昂的，并且是不大可能取得理想效果的。

"1+4模型"中的"4"是指，在具备"事业梦想与业务逻辑"这一前提条件之后，要想合伙人制度实现设计的初衷且长期有效，就一定需要建立四套递进式方案，也只有如此，才称得上是真正意义上的合伙人制度。

第一套方案是"合伙人身份定义标准"。其中心内容是，企业在实行合伙人制度时，首先要选准合伙对象。有些人适合于合伙，有些人不适合合伙，把不适合合伙的人盲目纳入合伙人序列将后患无穷。此外，企业中员工众多，是仅仅把极少数的中高管或技术精英纳入合伙，还是让更多的员工有参与合伙事业的机会，这将是一个十分重大且影响深远的问题。

无论企业准备把哪些人吸纳入合伙人序列，都一定会涉及到选择标准的问题。如果没有标准，便只是老板"拍脑袋"定人选，这在当下或许不是大问题，但长期看来则会是一个很大的问题。有了标准的好处是，谁应该参与合伙，谁不适合合伙，由标准说了算，不会引起争议。有标准的另一个好处是，老板可以躲在背后，由自己的合伙人团队来决定未来的合伙人人选。

与此同时，还需要有合伙人身份层级的定义标准。即便一家企业只是将极少数的核心管理团队成员纳入合伙，他们也可能是有区别的，比如持股数量不同、持股方式不同、权力和身份有一定差别等等。如果没有标准，就可能会引起争议和不信任。特别是当一家企业要把较多的人选吸纳到合伙人序列中来，而他们的岗位、能力、服务年限、历史贡献等有明显区别时，如何定义每个人的身份层级就会是一个大问题。有了标准就好办了，大家自动向标准靠拢。

第二套方案是"合伙人股权激励方案"，它是合伙人制度的中心内容。实践表明，怎样设计股权激励方案，会是一个大问题，因为它涉及许多方面的重大而又具体的内容。比如，拿出多大比例的股份用于人才激励，采取实股激励还是虚股激励，采取期权方式还是立即授予股权，不同人持股数量和方式应该有怎样的差别，是向合伙人赠送股份还是出售股份，股份怎样定价，股份怎样分红，在什么条件下合伙人应该增持、减持或退出股份……凡此种种，都需要有明确的规则和执行细则。

与此同时，对人才们实行股权激励是有一定的法律和道德风险的。为了避免可能出现的风险，就需要在实行合伙人制度之初，把一切有可能出现的风险考虑充分，并通过"白纸黑字"的方式把规则定义清晰。只有这样，才能维护好企业和所有合伙人的利益，并消除彼此之间可能产生的猜忌与不信任。

第三套方案是"合伙人动态管理标准"，它是合伙人制度中最为关键的内容，将直接决定合伙人制度的成败。这一方案，应涉及两个方面的内容。一是如何对每一位合伙人的贡献（绩效）进行定期评估或考核。没有评估或考核，便无法有效地鉴别每一位合伙人在特定工作周期内的贡献大小。我们一般建议，对合伙人贡献的评估或考核应同时追求五个目标：促进跨部门、岗位和层级的沟通与协作，促使企业更有效地达成业绩目标，推动企业管理的持续改善与进步，促进合伙人的持续学习与成长，确保合伙人获得更好的工作回报。显然，要同时实现这五个目标，就需要设计出相对科学的合伙人贡献考核体系，并且要严格地执行。二是一定要把合伙人的贡献考核结果与合伙人的股份行权、股份分红、后期配股和合伙人身份的升降进退密切挂钩。如果不能密切挂钩，贡献考核的前述五个目标就无法最大程度地实现。但是，如何挂钩，则又涉及到一系列具体方法与规则设计问题。

最后一套方案是"合伙人文化及培养方案"。合伙人不同于雇佣制下的员工，合伙事业一定要求合伙人建立真正的主人翁意识和高度的责任感，并要求所有合伙人的行为必须满足共同准则的要求。而要做到这一点其实并不容易，因为人性是自私的，是有惰性的，并且可能是短视的。这就要求企业有必要制定出相应的合伙人文化守则来让所有的合伙人遵守，只有所有的合伙人一致遵循共同的文化行为准则，合伙事业才有可能结出丰硕的果实，也才有可能长期有效。反之，极有可能因人性汹汹而事与愿违。

仅仅制定出合伙人文化守则是不够的，还需要把守则"装"进每一位合伙人的脑子里，渗透到每一位合伙人的血液里，只有这样，才能达到最佳的合伙效果。如何做到呢？这便涉及到怎样对合伙人进行培养的问题。合伙人培养，不能只是喊口号、讲道理，实践已经反复证明，靠喊口号、讲道理的方式来培养合伙人，其作用与效果不可能好；合伙人的培养，也不能仅仅依靠课堂式培训的方式来实现，实践同样也已反复证明，仅仅依靠课堂式的培训来培养合伙人，其作用与效果也是极其有限的。

"1+4模型"公之于世以后，产生了良好的反响，《合伙人制度顶层设计》一书成为连续三年畅销的经管类图书，并促使了该书于2021年8月第2版的问世。冲着这套方法论来找我们提供合伙人制度咨询服务的公司越来越多，以至于我们一直处于应接不暇的状态之中。许多公司运用这套方法论来设计或优化其合伙人制度，使其合伙人制度更具成效；一大批咨询培训机构，模仿这套方法论为企业界提供教学与咨询服务，从而让更多的企业意识到，在建立合伙人制度时，下足"诗外功夫"比单纯关注股权激励更为重要。

一年前，当计划撰写本书时，经过反复研讨，我们决定让"1+4模型"来担负"新的历史使命"，只是在具体内容的表述上有必要进行优化或变更处理。换言之，我们将原本用于设计合伙人制度的"1+4模型"，升级为了"共利型人才管理方案"的设计模型。

方案设计的五个步骤

对于任何一家具体的公司而言，若想设计出持续有效的共利型人才管理方案，我们强烈建议，按照图7-2所示的五个步骤来循序渐进地推进。这五个步骤来源于我们长达九年的咨询服务实践，可以说久经考验，屡试不爽。

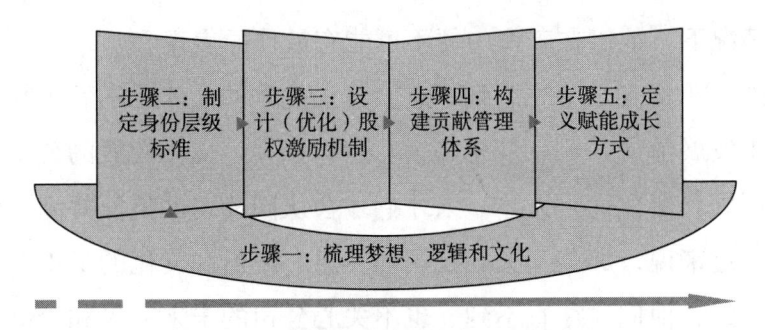

图7-2 共利型人才管理方案设计的步骤

下面将逐一说明每一步骤各自所承载的内容，以及所涉及的要点与实践方法。在阅读下文的过程中，建议大家忽略此前原版"1+4模型"的内容（前文对原版"1+4模型"的介绍只是在追求理论的完整性），因为下面要介绍的内容才是本书的重点。换言之，除非你是管理理论研究者，否则完全没有必要同时了解前后两个版本，更无须花时间去比较它们之间的异同。

▶7.2 步骤一：梳理梦想、逻辑和文化

梦想、逻辑和文化的完整称谓是事业梦想、业务逻辑和组织文化。

这三个方面的内容，是在设计共利型人才管理方案之前，就应该首先由公司创始人及其核心团队研讨并明确回答的问题。之所以要讨论并明确回答公司的事业梦想、业务逻辑和组织文化，是因为建立共利型人才管理模式的核心内涵，是要与人才们共享公司未来发展的红利，而要让人才们认同公司的共利主张，便需要与人才们一道来定义公司未来之利何在以及如何取得，只有这样，才能激发出人才们对公司未来的信心。反过来说，如果人才们不知道公司将向哪个方向发展，能够为社会提供什么，以及如何实现，那么他们的心里可能就会充满疑惑，而在有

疑惑的情况下，他们在工作中便不可能有最佳的表现。

此外，非常有必要注意到一点，真正优秀的人才无不看重其所在公司的未来发展前景，只有梦想高远、逻辑强大、文化有效的公司，才能吸引、用好和留住优秀人才，人才们才会认同公司的价值并满足公司的要求；反过来说，那些不关心公司的梦想、逻辑和文化的员工，通常是目光短浅的，他们往往看不到、也不关心公司的未来前景和价值，而只会关心当下能够拿到多少薪酬，这样的员工虽然也有一定的使用价值，但却不足以帮助公司成就伟大事业。

然而，一提到公司的事业梦想、业务逻辑和组织文化，许多人的第一印象往往是：所谓"梦想、逻辑和文化"，就是指大家耳熟能详的"愿景、使命和价值观"。人们有这样的反应一点也不奇怪，因为多少年以来，这三样东西已经成为企业文化建设的标准"三件套"。然而，我们所说的梦想、逻辑和文化，既与这"三件套"有相通之处，又有明显不同。

从"三件套"说起

很多人都知道，自从1994年吉姆·柯林斯（Jim Collins）的《基业长青》一书问世以后，全球范围内的大公司都意识到，在公司的发展过程中，有些东西的作用比盈利更为重要，这便是一家公司的愿景、使命、价值观。

于是，各大公司纷纷开始着手提炼自身的愿景、使命、价值观，用以解释本公司为什么发展到了今天，并用以指导本公司未来的继续强盛。紧接着，便是企业管理界的各路专家和财经媒体人士开始大肆宣扬和诠释，成功的公司之所以成功，就是因为它们拥有独特的愿景、使命、价值观，并用大量的事实来佐证他们的观点是多么地真实和严谨。

进而，全球范围内的几乎所有公司或创业者都意识到，梳理出属于本公司的愿景、使命、价值观，是一件非常非常重要的工作。进而我们看到，时至今日，几乎每一家公司都有自己的愿景、使命、价值观。

然而，我们在相关观察和研究过程中，却碰到了一个大惑不解的问题：既然愿景、使命、价值观那么重要，但为什么有那么多曾经拥有可以引以为傲的愿景、使命、价值观的公司，却在时代的洪流中被淘汰出局了呢？

诺基亚

使命：发现客户需求，给客户带来价值，尊重和关心客户。

愿景：保持胜利/领先。

价值观：公开和诚实的沟通，相互信任、相互支持，接受不同事物；共同的眼光和目标，责任感；创新和勇气，支持发展、容忍失败，永不自满，保持开放思维。

柯达

愿景：只要是图片，都是我们的业务。

使命：我们建立统一、重视效益的企业文化；为消费者及顾客提供各种有效的方法，使他们无论何时何地都能够拍摄、保存、处理及打印图像和照片，并能将图像和照片传递给其他人和设备；开发合乎经济效益、与众不同的优质产品，并迅速投放市场；我们的员工来自不同的文化背景，具有一流的聪明才智和技能，并共同维护柯达公司在世界影像业的领导地位。

价值观：尊重个人、正直不阿、相互信任、信誉至上、精益求精、力求上进、论绩嘉奖。

凡客诚品

使命：人民时尚。

愿景：2015年销售额达1500亿元，有1亿用户在购买本公司的产品，卖出15亿甚至更多件产品，公司员工达到20万人，40万生产线工人为本公司服务。

价值观：客户体验至上，高性价比。

三鹿乳业

使命：为大众健康、为农民致富、为员工成长。

愿景：成为中原乳业航空母舰。

价值观：诚信、和谐、创新、责任。

2010—2013年，我们曾被上海市大学生创业基金会聘为创业导师，而此后至今，奇榕咨询公司又一直与华创教育研究院合作，专门为科技创业型公司提供高管团队赋能的教学服务。通过与这两家机构的合作，我们有机会接触到大量的创业公司。我们发现，每一家创业公司在其创业之初便有了自己的高大上的愿景、使命和价值观，然而它们中的大部分会在五年之内因经营失败而宣告终结。

于是，一连串的问题在我们的脑海里挥之不去：既然愿景、使命、价值观是公司基业长青的高于一切的东西，那为什么许多拥有看起来非常高大上的愿景、使命、价值观的公司，却无法生存和发展下去呢？最终我们得出了以下两点结论。

其一，愿景、使命、价值观固然重要，但是它们太容易被制造出来或被伪装。

大家可以想象这样两个场景。一家公司此前并没有自己的愿景、使命和价值观。有一天，其创始人在听了一位培训师所讲的企业文化课程以后，便知道了愿景、使命和价值观对一家公司的发展非常重要，并且他从课程中了解到，无数的伟大公司之所以伟大，就在于它们一直在践行着特定的愿景、使命和价值观。于是，这位创始人便立即开始着手编写自己公司的愿景、使命和价值观。白天的时间不够用，他就晚上开夜车，终于在凌晨到来前，写出了让自己满意的公司愿景、使命和价值观。第二天他来到公司，召集所有中高管开会。会议上，他公布并说明了自己拟写出的公司愿景、使命和价值观，并真诚地向大家征求意见。在大家提过意见，并对昨晚的成果做了几处小改动之后，这位创始人便宣布，本公司从此有了自己的愿景、使命和价值观。

另外一个场景是，一家销售假药的骗子公司，为了让潜在的受害者相信他们销售的假药能够包治百病，于是用了半天时间搞出如下愿景、使命和价值观。

愿景：成为全球著名的生命科学研究与应用服务公司，在美国上市。

使命：为人类的健康长寿事业做出卓越贡献。

价值观：挡住一切诱惑，始终聚焦于技术研发和产品营销方向。

无论什么东西，如果不需要花费相当成本，就能轻易地制造出来，那一定是没有多少价值的，或只是用来自欺欺人的把戏。真正伟大的公司，除了有高大上的愿景、使命和价值观之外，还一定具备向特定市场提供优势产品或服务的能力。

人们已经习惯于听取成功企业的故事，并相信那些成功企业的愿景、使命和价值观在企业发展过程中所发挥的巨大作用。然而，一个不争的事实是，所有成功的公司之所以成功，一定意味着在特定的时期，其所提供的产品或服务具有足够的优势；正是来自其产品或服务方面的优势，才使得它们在竞争中得以胜出，没有一家成功的公司是例外。但是问题来了：是因为它们拥有正确的愿景、使命和价值观之后，才有了适应市场需求的竞争优势，还是因为它们有了适应市场需求的竞争优势，才使其愿景、使命和价值观变得正确呢？如果属于前者，那么是否意味着所有制造出"正确"的愿景、使命和价值观的公司就一定会成功，或者说，失败公司的愿景、使命和价值观本身就是不正确的？如果属于后者，那是否意味着公司的愿景、使命和价值观，实际上并不是公司发展的最为关键的东西呢？否则，为什么有那么多拥有高大上的愿景、使命和价值观的公司最终却殒命了？

我们的结论是，公司的愿景、使命和价值观无疑是非常重要的，因为它界定了公司基本的价值取向和原则，但这却并不是一家公司成功或基业长青的充分条件。一家公司走向成功或基业长青的充分条件，需要同时既有引领性的愿景、使命和价值观，又必须具备向市场提供有竞争优势的产品或服务的能力。这就可以解释，为什么大家都有愿景、使命和价值观，而有的公司能够成功或基业长青，有的公司却失败了。成功的或基业长青的公司无不同时具备这两样东西，而失败的公司在其失败的那个阶段，却仅有空洞的愿景、使命和价值观。

于是，我们便逐步形成了自己的主张。

我们的主张

我们的主张是，一家公司要想有良好的发展前景，一定要有自己的事业梦想、业务逻辑和组织文化。事业梦想要回答的问题是：公司要承担的社会使命是什么，以及将来会发展成为什么样子？业务逻辑要回答的问题是：公司的业务定位及竞争优势是什么？前者（事业梦想）是用来让人才们产生激情的，后者（业务逻辑）是用来让人才们建立信任的。组织文化要表明和强调的则是：公司对人才们的心态、思维和行为的基本要求是什么？或者说，公司期望自己的人才团队（首先是核心人才团队）应具备怎样的工作精神及协作状态？

不过要特别说明，我们无意用"梦想、逻辑和文化"的概念来替代人们已经习惯了的"愿景、使命和价值观"。我们纯粹是从实用主义出发，不经意间才发现梦想、逻辑和文化在建立共利型人才管理模式过程中的作用的。

（1） 事业梦想

如前所述，我们所说的"事业梦想"涉及两个方面的内容：一是公司的使命是什么？二是公司的愿景是什么？

先来说"事业梦想"中的"使命"，它是指一家公司将要向社会输出什么样的价值。这一点很重要，因为如果一家公司不能向社会输出价值，它便没有生存与发展的可能性。打比方说，一家医院的基本使命是治病救人，一家快递公司的基本使命是快速、安全地将客户委托的货物运送到指定的地点，一家餐馆的基本使命是满足顾客的就餐需要，而一家幼儿园的基本使命是让入园的幼童安全、快乐地学习与成长。换言之，任何公司的存在都应该有其特定的社会意义。当然，这只是一般意义上的公司的基本使命，具体到一家医院、快递公司、餐馆和幼儿园，它们在定义自身的使命时，还有必要基于自身的特定追求进行个性化的描述。

再说"事业梦想"中的另一个关键词"愿景"，它是指一家公司将要实现怎样的事业目标。不同的企业组织可以有不同的愿景。比如，一家医院的事业愿景既可以是"成为本地区让病患及其家属最为信赖的医院"，还可以是"五年内晋升为三甲医院"。相似的道理，一家快递公司既可以将自己的愿景定义为"成为一家上市公司"，也可以定义为"成为市场口碑最佳的综合物流服务公司"。当然，一家公司具体的愿景究竟应该是怎样的，应取决于该公司的具体追求及其个性化的表述方式。

（2） 业务逻辑

如前所述，业务逻辑也包括两样东西：一是公司的业务定位，二是公司的竞争优势。通俗地讲，业务逻辑就是要回答：你公司凭什么能够实现事业梦想？

"业务定位"是指一家公司选择做什么业务和不做什么业务。通常，任何一个行业中的任何一家公司，都面临着多种业务选择，于是做什么业务和不做什么业务，便成为企业经营发展的首要问题。比如家用电器行业中的任何一家公司，都将首先面临一个业务取舍的问题：是做全线家电产品，还是只做某一专业范围内的家电产品（如空调或洗衣机或厨房电器），抑或是只做某一更小范围的细分产品（如豆浆机或电风扇或电水壶）。在选择了业务方向以后，通常还要定义在相应产业链上的若干环节中，本公司只做或不做哪些环节。比如，一家空调生产商，在决定只一心一意做空调时，它还需要定义在其整个产业链的上中下游各环节中，只做哪些业务和不做哪些业务。如在供应环节，哪些零件、部件、材料自己完成，哪些向他人采购；在中间环节，哪些制造相关的业务由自己完成，哪些由他人协作完成；在下游环节，是自己建队伍面向终端用户销售产品，还是通过中间商销售产品，以及售后服务谁来做……毫无疑问，所有这些都是做企业的头等大事。一家公司的业务取舍，与社会化的产业链分工现状有关，与该公司的可用资源有关，也与该公司决策者的意志有关。所有的选择，一定又跟该公司在质量、效率、成本等方面的追求有关。

"竞争优势"是指一家公司在所选择的业务领域如何建立或突出或强化自身的竞争能力。因为只有有优势竞争能力的公司，才有可能在激烈的市场竞争中胜出。我们的观察和研究显示，任何一家公司，是否能够在竞争中胜出或保持不败或持续发展，均取决于它在以下六个方面具有怎样的比较优势：一是品牌的知名度和美誉度，二是产品/服务的性能和质量，三是产品/服务的定价，四是产品/服务销售过程中的支付方式，五是配套服务水平，六是发展与处理客户关系的能力。当一家公司在此六个方面总体上具有比较优势时，它便能够获得相应的客户规模和客户忠诚；反之，它便无法获得客户规模和客户忠诚。换言之，当一家公司具备获得客户规模和客户忠诚的优势条件时，便意味着它是有业务逻辑的；反之，它的业务逻辑将是不通顺的，至少暂时是行不通的。

一家公司在导入共利型人才管理模式时，之所以要通过充分讨论来定义公司的业务定位和竞争优势，是因为只有这样，才能让人才们对公司的未来发展产生信任和信心。因为,只谈论公司的使命和愿景往往是空洞的,只有通过业务逻辑来将其落到实处,才能使人才们相信,公司是有可能实现使命和愿景的。

顺便说一句,构建业务逻辑的思维及能力,才是对经营者智慧的真正考验。

(3) 组织文化

组织文化在此特指,通过一定的方式形成的一整套用于约束每一位员工、并促使每一位员工实现良好自我约束的原则。

构建组织文化的必要性,首先来源于人性的三大弱点:自私、短视和惰性。具体说就是,企业要基于一定的业务逻辑来实现既定的事业梦想,便一定需要聚合起一批德才兼备的人才,来共同分担责任和创造价值。然而,如何获得、经营、管理好一群人,这是企业经营管理过程中难度最高的事情,这个难度与上述人性的三个弱点有着极大的关系。

所谓"自私",是指每一个人都会本能地从自身利益的立场和观点出发来考虑问题,特别是在自身利益与团队(企业)利益发生矛盾时,许多人会本能地维护自身的利益。所谓"短视",是指每一个人都可能会优先倾向于获取或保护自身的短期利益,特别是当长期利益与短期利益发生矛盾或冲突时,人们极有可能会为了自身的短期利益而牺牲组织和个人的长期利益。所谓"惰性",是指每一个人在工作的过程中,都有可能存在敷衍塞责、避重就轻的心理倾向,特别是在没有明确规则约束的情况下,人们很可能会选择松懈和懒惰,或者人们虽然知道自己的某些行为、想法或观念可能并不符合自己的利益或组织/他人对自己的要求,但却会同时找出各种理由,来为自己当前的某些行为、想法或观念辩护,因而放任甚至放纵自己。

本质上讲,来自人性的自私、短视和惰性,是企业成就伟大事业的"公敌"。这是因为,企业要成就伟大事业,一定要求组织中的每一个人都具有奉献精神、责任意识，并具备为共同事业和长远利益奋斗的统一意志，而这些要求在一定程度上，是与上述人性的三大弱点相违背的。在这个意义上讲，如果企业不能有效地应对这三大来自人性的弱点，而是任其自由蔓延，则很可能致使企业所追求的伟大事业事倍功半，甚至于效果全无。要知道，人性的弱点看似无影无形，但却具有极大的潜在破坏力，这正如白蚁虽小，却可能对千里之堤构成致命威胁。

要解决上述人性弱点可能对实现事业梦想和业务逻辑形成的阻碍或困扰，企业便需要订立相应的组织原则，来规范或约束员工们的思维和行为，并以此促使员工们实现自律。

我们在提供咨询服务的过程中，通常会建议客户，在梳理出公司的事业梦想和业务逻辑之后，应立即着手制定出《合伙人文化守则》。文化守则是公司的合伙人必须遵守的行为准则。每一家公司的文化守则，都有必要明确而精炼地呈现出六个方面的内容：

①对公司梦想和逻辑的理解、认同与诠释；
②公司倡导的做人原则；
③公司倡导的做事原则；
④公司倡导的团队合作原则；
⑤公司倡导的对待客户的原则；
⑥公司倡导的个人学习与成长的原则。

我们认为，每一家公司的合伙人（员工）文化守则的内容框架都可以采用以上结构，但具体内容则因公司不同而各具个性。我们可以这样来想问题：当一家公司的人才们都能够满足公司文化守则的要求时，这家公司将会是怎样的一家公司？毫无疑问，将会是一家非常棒的公司，是一家人才们愿意在其中工作的公司，是一家供应链伙伴愿意与之合作的公司，也必然是一家有良好发展前景的公司……这也正是制定文化守则的必要性和意义之所在。

顺便一提，公司在研讨制定文化守则时，应采取脑力激荡的方式，让参与研讨的每一个人都充分发表自己的意见和观点。过程中，组织者应该鼓励每一个人积极发言，不可打压任何一个人的观点。最终制定出的文化守则，必须是群策群力的成果，而绝对不可以是仅仅出于某个"权威"人物的一家之言。因为只有这样，所制定出来的文化守则才具有魅力和公信力，才能得到大家的认同和遵守。切记，在定稿之后，一定要以热烈的掌声来共同庆贺。

在共利型组织中的地位

对任何一家试图通过导入"共利型人才管理模式"来解决新时代人才管理问题的公司而言，清晰地定义事业梦想、业务逻辑和组织文化都是无比重要的。其无比重要性主要体现在三个层面：一是可以使公司的发展方向、目标、路径、原则和边界更加清晰，进而可以使公司的发展更加顺利；二是可以使公司里的人才们对公司的未来更加充满信心，更愿意积极争取持有公司的股份，更愿意将自身的职业命运与公司的命运结合在一起，进而便愿意为自身未来的更大利益而不过分计较眼前的利益得失；三是可以使公司里每一位人才的工作心态、思维和行为趋于一致，这样才会产生最大化的"同心协力"的管理效果。

（1）对公司发展的意义

当一家公司拥有远大的事业梦想、清晰的业务逻辑和可靠的组织文化时，它便更有可能获得更多和更优质的"利益相关者"的青睐和支持。这里的"利益相关者"，主要是指以下四个方面的组织或人士。

一是政府部门和领导。从理论上讲，政府部门和领导一定会更愿意扶持那些梦想、逻辑和文化都很强大的公司。

二是投资商。任何一家投资机构，都希望被投资对象拥有远大的事业梦想、清晰的业务逻辑和可靠的组织文化。

三是供应商和客户。所有的供应商和客户，都更希望与有追求、有前景和有原则的公司建立更加亲密的合作关系，并且其中的部分组织或个人，甚至愿意为有梦想、逻辑和文化的合作者而一定程度上"牺牲"掉自身的部分眼前利益。

四是商业银行、证券机构、新闻媒体、理论研究人士等等。它们也无不更加愿意跟拥有远大的事业梦想、清晰的业务逻辑和可靠的组织文化的公司建立和发展合作关系。

公司有了远大的事业梦想、清晰的业务逻辑和可靠的组织文化，还可以产生以下良好效应。

——可以使决策者的思维更加开阔而又敏锐；

——可以使决策者乃至公司里所有员工的工作更具方向感、目标感和责任感；

——可以最大化地避免公司在战略上走弯路；

——可以使公司的效率更高，以及经验的积累更快速；

——可以使公司具有更强的品牌吸引力、感召力和影响力；

——可以使公司对优秀人才更具吸引力和凝聚力；

——可以使公司发展出更强和更多的优势竞争能力。

（2）对人才的影响力

当一家公司拥有远大的事业梦想、清晰的业务逻辑和可靠的组织文化，因而具有前述意义时，该公司里的人才们通常会更具激情、更加信任公司并更具自律精神。在这种条件下，该公司对外部人才一定也会更具吸引力。

这里有必要特别指出，即便公司里一部分层级较低的人才，可能无法理解公司的梦想、逻辑和文化对于其自身的意义，但他们依然可以被公司的高层级人才们对事业的激情、对公司的信任和对自身的约束精神所形成的积极氛围所感染。事业梦想、业务逻辑和组织文化对高层级的人才们来说往往更具吸引力，因为高层级的人才们在选择工作机会时，通常会更加看重一家公司是否有发展前景。

我们的观察显示，许多公司在推行股权激励计划时，员工们的反应令企业的创始人始料未及。主要表现在以下多个方面。

——部分人才对公司推出的股权激励计划不感兴趣，他们的态度又影响了更多的人才对公司推行的股权激励计划没有兴趣或持观望态度。

——部分人才对公司的股份定价表示不满。他们不相信公司的股份值那么多钱，希望以更低的价格来获取股份，最好是免费获赠股份。

——部分人才希望公司授予自己更多的股份，因为在他们看来，自己得到的股份比例过小，对自己并没有什么吸引力。

——大多数人才会十分关心自己的"投资安全"，比如可能会担心公司如果垮掉了，自己投入的资金会打水漂，甚至可能会担心老板携款"跑路"。

——大多数人才都十分在乎购买公司股份以后可以有多少分红，以及如何确保自己能够拿到分红，他们都希望公司每年能够拿出更多的利润（而不是增量利润）来分红。

——大多数人才希望在被授予公司股份以后，自己有权监督公司的经营与管理，特别是监督公司的财务支出情况和实际盈利情况。

之所以会出现以上和不止于以上情况，可能有许多原因，但最主要的原因是，人才们看不到或不相信企业的未来，因为他们所在的公司缺少事业梦想与业务逻辑的描述，或者公司有事业梦想和组织文化的描述，却没有业务逻辑的阐述，或者那些描述只是老板们在"自说自话"。由于看不到或不相信企业的未来，他们便会必然更加关注和计较现实利益的得失。

可以这样进一步理解这一点。如果一位高级人才能够意识到，公司未来五年的市场价值可以达到10亿元，那么他就可能不会为只持有公司1%的股份而感到不满足。因为，如果他相信公司未来能够达到10亿元的市值，他所持有的1%的股份即便在过程中被稀释了50%，届时也有高达500万元的价值。如果公司过几年后能够IPO，或者被上市公司收购，那么他所持有的股份就更加值钱。在相同的情况下，人才们大致也不会对公司的股份定价、股份分红有过多的担心和不满，因为在未来可能获取的巨大利益诱惑下，眼前的小利可以不予计较。在相同的情况下，真正的人才一定会对持有公司股份感兴趣，否则便是不可思议的。

那么，如何才能使人才们看到并相信公司有良好的未来前景呢？答案是，对公司的事业梦想、业务逻辑和组织文化进行必要的提炼和描述。

我们的咨询服务经验显示：当一家公司的创始人与其合伙人团队，通过群策群力的方式，共同梳理出了合伙事业梦想、业务逻辑和组织文化以后，人才们就会看到并相信公司有良好的未来；他们会自觉地知道公司的良好未来需要大家共同来创造，只要每一个人都能够在各自的岗位上主动承担责任、竭尽全力地创造绩效，公司就必然会有美好的未来，而且由于自己持有公司股份，自己必然可以持续收获到公司未来发展的红利；在这种情况下，大家也就不会在眼前的利益上患得患失了。

最后有必要强调：真正优秀的人才，更为看好公司的事业梦想、业务逻辑和组织文化。大家都知道阿里巴巴有蔡崇信和彭蕾这两位历史功臣，也都知道前者曾放弃800万年薪、只拿500元/月的象征性工资，而后者当年每月只拿5000元的工资。为什么他们当年不计较个人眼前的利益呢？因为他们更看好和相信未来的利益。事业梦想、业务逻辑和组织文化对人才们的全部意义，均可以由此想象出来。又比如，一家上海的物联网行业的公司，其在创业之初便招聘了一大批技术领域的高手，其中有一位是来自华为公司的技术大咖，另一位是来自谷歌公司的技术高管，这两位人才在上一家公司的年薪都在100万元以上，加盟该公司后，他们的年薪降到了30万元左右，但他们却非常开心。该公司之所以能做到这一点，就得益于他们在创业之初，就梳理出了具有强大感召力的公司事业梦想、业务逻辑和组织文化。

7.3 步骤二：制定身份层级标准

在完成前述梦想、逻辑和文化的梳理之后，紧接着要对公司里人才们的身份层级进行划分。划分身份层级的直接目的是：定义哪些人可以成为共利者（合伙人），以及哪些人暂时尚不具备成为共利者的条件或资格。

所谓"划分身份层级"，通俗地讲，就是要把公司里的人才分为"三六九等"。乍听起来，这是一种"老掉牙"的主张或管理方式，并不适用于现代型公司，因而可能会让新生代人才们心生反感。然而事实上，即便是那些高度崇尚所谓"扁平化组织"的公司，或号称自己的公司已经实现"扁平化"管理的老板，他们公司中的员工群体，事实上也是有层级差别的。比如，总经理与部门总监之间在责任、权力和利益上一定是有区别的，部门经理与基层员工之间也一定在责任、权力和利益等方面是有层级差别的。具有广泛代表性的例证是，每一家公司的工资表都充分地反映了员工们在组织中的层级，即不同层级的员工，其薪酬待遇是有差别的。

必要性和意义

无论一家公司有多少数量的员工，在导入共利型人才管理模式时，一定会涉及一个基本问题，这便是究竟要与哪些人才建立共利关系，哪些人才暂时尚不具备参与共利（被授予公司股份）的资格。这之所以是一个问题，是因为至少在理论上讲，公司不应把每一位员工立即都纳入到共利关系中来。如果有公司愿意这么做，其动机或许应该被充分肯定，但这样做是不会取得理想的效果的。我们的大量咨询服务实践经验显示，优先与少数人才建立共利型关系，并以此激励更多的人才们努力争取与组织建立这种关系，对人才的整体激励效果往往会更好，对公司经营管理也有积极正面效应。不过，对员工的身份层级进行划分的意义还远不止于这一点。

如果你公司只准备将极少数的几位人才纳入合伙，并且没有计划在未来吸纳新的人才加入合伙人序列，你或许可以不对合伙人进行层级划分。但是这样做，你很可能会面临以下三个潜在问题。

第一个问题是，在实施股权激励的过程中，内部政策的回旋余地较小，无法采取有区别的政策激励到不同表现或价值的人才。比如说，有两位总监，一位是销售部门总监，一位是行政部门总监（因而岗位的价值权重不一样），他们大约是同一时间到公司的。在这种情况下，如果你授予他们的股份数量是相同的，但他们的岗位价值却有较大差异，这该如何解释呢？而如果你授予他们的股份数量是不相同的，你又如何向那位获取股份较少的总监解释呢？如果出现这种情况，那么股权激励不仅无法达到预期的效果，反而有可能滋生出不应有的不公平和矛盾。

第二个问题是，在政策执行过程中，不便于动态管理与激励不同表现和价值贡献的人才。即便由于你比较谨慎，或者你的人才们比较纯朴，并没有出现上述第一个问题，但随着时间的推移，也一定会出现类似这样的让你伤脑筋的情况：在一定的周期里，当某位合伙人的工作表现连续较差时，你怎么办？是让他继续做合伙人（享有合伙人的权利），还是把他从合伙人序列中剔除出去呢？如果让他继续待在合伙人序列中，并让他继续享有合伙人的全部权益，那就等于说你是可以容忍合伙人有不良工作表现的；如果你因为他存在持续的不良工作表现，而不让他继续做合伙人，那么他十有八九会选择离职，或者有可能干脆在那儿以消极工作状态跟你耗下去。无论出现这两种情况中的哪一种，对公司和当事人都是不幸的。

第三个问题是，可能会对未被激励到的其他优秀人才或高潜人才构成打击，并且有可能致使被激励到的合伙人逐渐沦为平庸员工。这是因为，如果你只让极少数人成为合伙人，合伙人制度并没有覆盖到大多数员工，那么就很可能会出现一种情况：由于看不到希望，一部分优秀人才会选择背离，而这些人才极有可能是你公司未来发展需要高度倚重的中坚力量。更坏的情况还在于，当一家公司过分激励中高级人才，而忽视了对公司下一阶段发展的中坚力量的激励时，十有八九会让那些被过分激励的中高级人才出现懈怠、不思进取，或向你提出更多的要求，因而导致公司的用人成本更高、机会损失更大。这是因为，当你对中高级人才们的倚重度过高，而他们手下却缺少后备梯队人才时，他们很可能便会因此而松懈下来。

因此我们认为，在导入共利型人才管理模式时，对公司的人才进行分层分级是十分必要的。通过有效的层级划分，不仅可以有效地解决上述问题，而且至少还能带来以下四大好处。

第一，分层分级后，公司政策的施展空间更大。比如，公司可以针对高层级的合伙人直接采取实股激励，针对中层级的合伙人采取股份期权激励，针对低层级的合伙人采取虚股激励。进行有区别激励的好处显而易见：较低级别的合伙人要想获得更多的利益，就需要努力工作并作出贡献，以便成为更高层级的合伙人。

第二，分层分级后，可以给那些暂时没有成为合伙人的员工以希望。因为，层级低的合伙人距离非合伙人的员工最近，它对员工们的暗示是：只要自己努力工作，满足特定的条件，也是可以升格为合伙人的。如果没有分层分级，合伙人与员工之间存在明确而严格的分界线，员工们可能会认为，自己怎么努力也无法达到成为合伙人的标准，因而极有可能会放弃争取成为合伙人的想法和努力。

第三，分层分级后，便于在企业内部形成良性竞争关系。对合伙人进行分层分级，一定会出现这样一种情形：不同层级的合伙人是呈"金字塔"形状排列的,"金字塔"上方合伙人的利益较大,"金字塔"下方合伙人的利益较小。人性是趋利避害的,当大家各自为了取得更大的利益而努力满足向上"攀爬"的条件时,如果公司用于管理合伙人的制度/政策标准设计得当的话,则合伙人之间便会形成一种良性的竞争关系——大家竞相努力拼搏、创造更佳业绩,以便自己的身份层级不断提升——这恰恰是公司希望看到的。

第四,分层分级后,也便于在未来有效地动态管理合伙人。有了分层分级,当合伙人在特定工作周期内的表现较差或贡献不达标时,可以让其身份降低一个层级,而不必无情地将其剔除出合伙人序列。这样一来,即便某位合伙人在某一考核周期里由于各种原因表现不佳,他也不至于一下子就丧失掉合伙人身份,他只要努力,还可以在下一考核周期里重新获得此前的地位,甚至于获得更高的地位。

那么,应该怎样进行层级划分呢?以下介绍的是我们在长期的咨询服务实践过程中积累的经验成果,可供大家创造性地借鉴使用。

实现方式一:合伙人"金字塔"

在我们帮助企业设计合伙人制度或导入共利型人才管理模式时,我们一定会建议采取图7-3所示的合伙人"金字塔"结构,来定义本公司的合伙人层级。也就是将公司里的人才由高到低分为五个层级:终身合伙人、核心合伙人、正式合伙人、预备合伙人和普通员工。"终身合伙人"一般是指身居高位,在公司工作时间长,为公司发展做出过独特贡献的人员;"核心合伙人"一般是指终身合伙人之外的公司资深高层精英,有的公司也会把创造过独特贡献的极少数中层管理者或技术精英纳入到核心合伙人的行列;"正式合伙人"一般是指公司的中层管理或技术骨干,也包括身居高位但资历较浅的管理、技术或专业人才,有的公司也会把职级较低,但在公司工作时间较长或者为公司的发展做出过较大贡献的基层骨干纳入到这一层级中来；"预备合伙人"一般是指分布在管理、技术、专业岗位的高潜人才，也包括进入公司时间短、因而待考察的中层管理者和技术人才；"普通员工"很好理解，无需赘言了。

```
        终身
       合伙人
      核心合伙人
      正式合伙人
      预备合伙人
       普通员工
```

图7-3 合伙人的身份层级划分

乍一看，按此方式来对合伙人进行分层分级似乎太过复杂了，其实不然。请想一想：普通员工并不是合伙人，预备合伙人也不是实质上的合伙人。真正的合伙人只有三个层级：正式合伙人、核心合伙人、终身合伙人。在实际操作中，针对绝大多数公司，我们一般会建议将终身合伙人暂时空缺。这样一来，合伙人便只有两个层级：正式合伙人和核心合伙人。实践已经反复验证，这种层级划分的方法，更有利于达成企业推行合伙人制度的目的。

这种层级划分方式具有前述优点，并能有效规避前述不分层分级可能导致的所有问题，但是在此有必要提请注意：只有进一步采取下面将要介绍的"人才管理万用表"，才能有效地运用好这个"金字塔"模型。

实现方式二：人才管理"万用表"

实践显示，如果不借助其他工具和方法，而只是单纯地使用前述"金字塔"模型来对公司的共利对象进行层级划分，将会出现两个方面的问题。其一,创始人依然无法精确地将不同的人员划归到不同的层级,而要完成这项活动,将势必会占用创始人大量的时间,即便如此也很可能依然得不出让自己满意的结论来;其二,无论创始人如何在这件事上花费心思,其做出的人才分层分级表依然不可能让所有的人员认同,特别是当公司人员较多,人才们的"服从性"比较差的情况下,要让所有的人员认同创始人做出的人才分层分级表,是一定会派生出许多问题和猜忌来的。

为了解决上述问题,我们在大量的实践中,独创出了表7-1所示的这个名叫《人才管理万用表》的工具和方法系统。多少年使用下来,这一工具表可以说屡试不爽。它看起来十分普通,但在人才管理过程中却具有非同一般的功用。我们的专家团队在为每一家客户公司设计合伙人制度时,都会运用这一工具表,来讨论、分析和定义合伙人的身份层级,并决定给不同层级的合伙人授予股份的相关事宜。

表7-1　　　　　　　　　　人才管理万用表

身份等级名称	身份层级分值范围	岗位基准分	修正系数					合伙人分	合伙人身份层级
			价值权重	历史贡献	服务年限	……		
终身合伙人								
核心合伙人								
正式合伙人								
预备合伙人								

表格的第一栏是合伙人的"身份层级名称"。如前所述，我们一般建议将合伙人分为由低到高的四个层级：预备合伙人、正式合伙人、核心合伙人和终身合伙人（特别提醒，大多数公司可以暂不设置"终身合伙人"这一层级，只有历史悠久且存在一定数量"历史功臣"的公司才有必要考虑设置）。如果你不认可这样的概念组合，你也可以用1级、2级、3级、4级至N级的方式来定义你公司的合伙人层级。

表格的第二栏是合伙人"身份层级分值范围"。运用这个万用表，最终将会给每一位合伙人一个"合伙人分"，将合伙人分比对此栏的分值范围，就可以知道任何一位合伙人究竟具体属于哪一层级。换言之，它是用来区分合伙人身份层级的依据。

表格的第三栏是"岗位基准分"。这一栏是这一万用表最基础的内容，只有完成了这一栏内容的填写，其他内容才能继续顺利进行。如果这一栏是不确定的或混乱的，那么其他内容的定义便没有了根基。在运用这一工具表时，往往在这一栏要花费大量的时间。因为我们一般要求，在填写这一栏时必须做到两点：一是要把公司里未来5年左右的岗位层级规划做出来，而且最好分为管理、技术和支持三条职系线（有的公司也会把营销线作为一条独立的职系）；二是要为每一层级给出岗位基准分，而岗位基准分的确定又需要充分考虑各岗位层级对公司发展的价值及贡献。

表格第四栏是"修正系数"。一家公司内同一岗位层级的人员，对公司的价值及贡献可能存在差别。比如，同是大区销售经理的两位人才，一位负责的大区销售额达到一个亿，而另一位却只有三千万；又比如，行政部门经理和技术部门经理，在不同的公司以及公司发展的不同时期对公司的价值也是有区别的；再比如，两位部门经理虽然同属一个身份层级，但其中一位到公司工作不到一年时间，而另一位在公司已经服务了八年之久，为公司作出了较大的历史贡献；还比如，同一级别不同具体岗位的人才，在人力资源市场的稀缺程度也是不一样的。换言之，仅仅依据岗位层级来定义合伙人身份，一定是不公平的，为此我们特地设置了"修正系数"这一概念。通过这一概念与方法，我们可以设置多种修正因素，比如岗位价值权重、历史贡献、服务年限等修正项，并且我们一般要求在给每一修正因素打分时，均可采取0.6~1.4的修正系数取值范围。

表格第五栏是"合伙人分"。这一栏很好理解，就是将每一位合伙人对应的第三栏的"岗位基准分"，乘以第四栏各项修正因素的平均值，便可以得出任何一位合伙人的合伙人分。

表格最后一栏是"合伙人身份层级"。这一栏是用第五栏的数值比对第二栏（代表合伙人身份）的分值范围的数值，就可以认定一位合伙人究竟属于哪一层级。

顺便提一下，我们之所以把这个工具表叫做"万用表"，是因为它还有很多其他方面的用途。

第一，运用该工具表，可以快速而清晰地将任何一家公司的员工分为不同的身份层级。对员工的身份层级进行必要划分有许多好处。最大的好处有三个：一是可以据此鼓励员工上进，并且为所有的员工指明其职业发展的方向和路径；二是便于公司采取"能上能下、不进则退"的管理政策，这样可以鞭策人才维持上进心，以及持续学习与成长的动力；三是可以使公司在人才管理过程中有回旋余地（具体是指，对表现好的人才让其"上一台阶"，对表现差的人才让其"下一台阶"，并且"上台阶"的人才不至于过分骄傲和放松，因为有可能还会"掉下来"，同时使"下台阶"的人才不至于伤心和气馁，因为只要他继续努力，还可以恢复原来的身份，甚至获取更高的身份）。

第二，运用该工具表，可以快速而有效地定义哪些人能够立即成为公司的合伙人（持有公司股份），哪些人暂时只能作为公司的预备合伙人，哪些人当前连预备合伙人也不够资格。这一点十分重要，因为有了标准以后，人才们可以对照标准，自行确认和反思自身的表现，而无需猜测公司老板或领导的想法。老板或领导在体现自己的管理意志时，也会有章可依。当然，有些公司的经营者在公司实行合伙人制度或股权激励政策之前，其心目中便已经有了人选。但即便如此，我们也会建议采用这一工具表，来定义合伙人的身份层级，因为这样做至少会有三个好处：一是使政策更加严谨，二是减少争议、分歧和猜忌，三是在配股时和配股后的相关利益分配方面使公司更加游刃有余。

第三，运用该工具表，可以让员工们看到自己在公司里的发展机会。如果一家公司缺少类似的职务进阶体系规划，一部分人才/员工可能因为看不到自己在公司的未来机会，而心生不满甚至心生去意。要知道，并不是所有员工都能很好地理解公司内部的职业发展机会的。员工中的大多数人，会在看到公司所有的职务已经有人在岗时，误以为自己再无向上升迁的机会。特别是技术岗位和支持岗位的员工，如果公司不能在技术线和支持线上做出岗位层级规划，那么这两条线上的人才们越是要求"进步"，便越是有可能会离开公司，因为他们可能会把向管理岗位发展作为自己的职业目标，而公司的管理岗位则是有限的。再者，一部分要求上进的员工，可能其核心能力或潜力并不在管理方向。

第四，运用该工具表，可以有效优化公司的薪酬体系。现实中，由于招聘人才越来越难，为了获取优秀人才，企业不得不采取灵活的薪酬政策，结果导致"新老员工工资倒挂"的现象十分普遍。运用此工具表，则可以解决或缓解企业面临的薪酬体系设计问题。

第五，在完成上述工具表的设计或内容填写以后，我们通常会要求客户公司的人力资源部门会同职系线部门，在规定的时间周期内，完成每一岗位人员的岗位职责描述和任职资格标准（含晋级条件和降级条件）。有了这些文件，便可以让员工们清晰地知道晋级所需要的条件，这样他们便会为了自身的利益而自主自觉自发地学习与成长，公司也可以基于这些文件，来积极干预员工的学习与成长——给员工创造机会。

最后，有了这一工具表，公司在招聘人才时，便有了说服优秀人才加盟的更充分的理由或依据。

▶ 7.4 步骤三：设计（优化）股权激励机制

导入"共利型人才管理模式"，必须动用股权来激励人才。这是因为，真正意义上的"共利模式"，一定会涉及股权激励的相关内容。因此，在完成了对公司人才的分层分级，并据此定义了不同层级的共利对象之后，接下来就要考虑如何对共利者实施股权激励了。

但必须首先强调指出，股权激励只是企业用于激励人才的方式之一，而不是也不应是全部。常识告诉我们，如果你公司在股权激励之外，所采取的用于激励人才的其他方式效果不佳，那么股权激励的效果肯定也不会好。所以，如果你公司要动用股权来激励人才，就有必要同时检视你公司的人才激励理念、政策和机制，是否对大多数优秀人才具有吸引力。

下面，我们首先来说明共利型人才管理模式中的股权激励机制所涉及的若干关键事项，之后，再回过头来讨论对员工进行有效激励的相关问题。

股权激励必备的七项内容

在设计股权激励政策时，必须充分、全面和不留死角地说明表7-2所示的7个方面的内容。通常，我们会建议客户通过一份名叫《合伙人章程》的文件，来完整地表述这些政策的具体细节。

表7-2　　　　　　　　　　股权激励必备的七项内容

序号	内容
1	持股主体和性质
2	持股比例和持股平台
3	股份估值与定价
4	行权期限和条件
5	股份分红与增量奖励
6	股份增持、减持和转让
7	股份退出

（1）持股主体和性质

"持股主体"要回答的是，用于激励员工的股份来源于哪家公司。通常，一位股东或多位股东为了厘清产权关系，或者为了经营与管理的方便，或者为了合法避税，或者受限于国家工商企业登记法规，可能拥有多家实体公司，且员工们可能分别在不同的公司工作。因而，在设计员工股权激励政策时，就必须说明公司里的特定人才将持有哪一家具体公司的股份。

与此同时，还须说明用于激励员工的股份属于实体股份还是虚拟股份。所谓"实体股份"是指真实代表企业资产的股份，所谓"虚拟股份"则只是名义上的企业股份。几年前，在人们对股权激励缺少全面认知的情况下，一部分企业经营者倾向于采用虚拟股份的方式来激励员工。现在看来，大多数高级人才对虚拟股份已经不再感兴趣了，因为虚拟股权激励严格说来，并不是真正的股权激励，而只是以"股权激励"或"股份分红"为名义而设置的奖金分配制度。不过，这种"股权激励"制度在针对一部分基层或一线员工时，依然有一定的激励作用，只是其作用正在减弱。

（2）持股比例和持股平台

在定义了用于激励员工的股份的性质和来源的同时，还需要说明用于激励员工的股份在公司总股份中的占比，以及员工持有公司股份的基本形式。

通行的做法是，注册一家或多家有限合伙企业，来代所有员工持有特定公司一定比例的股份。这个有限合伙企业即"员工持股平台"。相关知识大家都懂，故在此略过。

（3）股份估值与定价

股份定价涉及两方面的内容：一是公司的估值，二是授予员工股份的价格。

公司估值的方法有许多。最简单的是上市公司的估值（依据的是公司股票在二级资本市场上某一时间周期内的平均收盘价）。非上市公司在给自身股份定价时，如果有过融资，通常会以最近一次融资时的估值作为公司的市场估值；既未上市又未融资的公司在公司估值上并无定法，只要交易双方能够达成一致即可。不过，即便是这样，公司股份的定价也不宜过高或过低，因为过高估值会影响员工和投资商对公司股份的兴趣，而过低估值则不能反映公司股份的真实价值，或者说会导致公司资产被贱卖。

需要提请注意的是，公司估值并不一定就是公司在授予员工股份时的股份定价。在大多数时候，公司在授予员工股份时，会在公司股份估值的基础上打一定的折扣，目的是让员工们尝到持有公司股份的甜头。

（4）行权期限和条件

现在，绝大多数企业在授予员工股份时，会采取一定的行权期。行权期限在3年左右比较常见，也有一些比较强势的企业会设置5年以上的行权期，甚至极少数的大公司设置的行权期长达10年。究竟应该设置多长的行权期，要依据企业的战略安排来决定。这里需要提请注意的是，考虑到新生代员工的耐心，最好在设置行权期限时，不宜把时间拉得过长。

与行权期限设置相对应，几乎每一家企业都会设置相应的股份行权条件。大多数上市公司会把员工等待行权期间的公司业绩目标和公司股票在二级市场上的股价目标实现情况作为行权条件（由于公司股票在二级市场上的价格并不完全与员工的努力成正比，现在也有越来越多的上市公司不将员工的股份行权与公司股票在二级市场的价格挂钩），非上市公司通常会将员工股份行权与公司的业绩挂钩，或者与员工的个人业绩考核结果挂钩（我们一般建议两者并行）。

（5）**股份分红与增量奖励**

大多数公司在决定授予员工股份时，会明确说明每年将怎样向员工分红。比如，每年拿出一定比例的公司利润分配给持股员工。不过，也有一些公司因为追求上市或者本身没有利润，故而并不承诺每年是否向持股员工分红。

在这一问题上，我们有两个明确主张。其一，公司每年是否分红以及分红多少，应该由公司董事会根据公司当年的盈利情况及战略安排来决定。如果董事会决定分红，那么所有持股员工都遵循"同股同利"原则参与分红。

其二，把股份分红和增量奖励区分开来。在公司有增量利润时，每年度将拿出一定比例的增量利润奖励给全体合伙人/持股员工，在分配此项奖励时，应充分考虑每一位合伙人/持股员工的当期贡献。

（6）**股份增持、减持和转让**

相当多的公司在实行合伙人制度或股权激励计划时，对于员工在何种条件下可以增减持股份以及转让股份，并没有明确的文字约定，以至于在后期的管理中十分被动。

我们主张，在两种情况下，合伙人或持股员工应当或可以减持已经持有的公司股份：①年度贡献评估得分极低；②因个人或其家庭特殊原因需要合理减持股份，并经持股平台的普通合伙人（GP）同意。无论哪种情况下所减持的股份，持股平台的普通合伙人都将以一定的价格予以回购。同时，在两种情况下合伙人或持股员工可以增持相应数量的股份：①合伙人的职务得到升迁，因而其合伙人分增加；②合伙人的职务没有变化，但连续贡献系数>1.0，因而导致其合伙人分增加。但在任何一种情况下，增持股份的时间为下一次配股周期到来时。

我们同时会建议客户，在《合伙人章程》中必须写明这样一项内容：公司在筹划首次公开募股（IPO）或在一级资本市场融资时，经公司董事会同意并与特定投资人接洽和安排，合伙人可以将其个人持有的公司股份中的一部分或全部，以议价的方式转让给特定出资人；任何合伙人个人不得私自与任何投资人洽谈个人所持公司股份的转让事宜，任何私下进行的此类股份转让行为均视为无效，并且将强行回购当事人所持有的全部公司股份。

（7）股份退出

早些年，许多非上市公司在授予员工股份时没有约定退出条款，即没有就持股员工离开公司时其所持股份的处理原则进行必要的约定，以至于随着时间的推移，出现了不少让人扼腕叹息的人性悲剧。在经历了无数的惨痛教训之后，如今企业在推行合伙人制度或授予员工股份时，普遍会对合伙人/持股员工离职时其所持股份的处理原则进行约定。然而，大多数企业在这一方向上的认知和做法，还是相当粗放的。

合伙人/持股员工的离职，通常有三种情况：一是主动离职（合伙人因各种原因主动向公司提出离职申请并获批准），二是被动离职（合伙人因贡献考核不达标或任职能力严重不足或公司实施结构性裁员而离职），三是因重大过错而被公司开除。理想的做法是，公司在授予股份时，就同时与合伙人明确约定在不同情况下离职时股份处置的具体办法。

三大窘境、原因分析及解决之道

现实中的大多数企业，在员工激励方面正在面临着下面我们将要指出的三大窘境。之所以在讨论了股权激励之后要谈一谈这三大窘境，是因为如果一家公司身处这三大窘境却又没有意识到，因而不愿意或不知道如何探究原因并有效解决问题，那么它将不可能成功地导入我们所倡导的共利型人才管理模式，即不可能通过股权激励来一揽子地解决其所面临的时代性的人才管理问题。

（1）三大窘境

具体是指：涨薪效果短暂、新老员工薪酬倒挂、股权激励效果不佳。尽管在本书第2章中我们已经概要地指出了相关问题，并分析了原因，但为了促使大家来思考和真正有效地解决人才激励的相关问题，我们还是强调性地再次把问题提出来。

①涨薪效果短暂。

十年之前，企业只要愿意并有能力给员工多发工资（含奖金），员工也就被激励了。而今，仅仅运用薪酬来激励员工，其效应正在与日俱减。表现为，在一部分员工或大多数员工抱怨薪酬太低时，企业不得不每过一两年，就费尽心思地设法适当调高员工薪酬或改变薪酬结构；但每一次调薪以后，却只能收到短期的激励效果（通常效果只能维持半年左右），随后员工们对薪酬不满的声音又开始此起彼伏了。

员工们对薪酬的不满，会从两个方面对企业的经营管理构成不利。其一，会导致员工们的工作效率和质量问题，其直接后果就是对企业效率和质量的损害。来自这个方向的损害，可能并不一定被每一家企业所意识到，因为它通常是悄无声息地发生的。比如，当一位员工对薪酬不满时，他并不一定会表现为不工作或有意搞破坏，而是工作中没有笑脸、没有热情，或者完全可以在10分钟之内干完的工作，结果却要用上15分钟，或者本来在头一天下班前就可以干完的工作，却要拖延到第二天十点钟才能完成。

其二，一旦有员工因为对薪酬不满而"拍屁股走人"，公司就不得不投入成本招聘新人来接替他的工作，而且找到的新人未必令人满意或留得住，甚至公司为新人付出的成本远高于在已离职员工身上的投入。

②新老员工薪酬倒挂。

这是一个十分普遍的现象。表现为，新招聘来的人才薪酬高于甚至远高于现有相同岗位的老员工。这一现象导致了四个方面的问题。其一，导致老员工对薪酬不满，于是必然出现上面已经指出的两个方向的问题。其二，企业在决定给予新人以更高薪酬时，通常会高估新人的潜在价值，相比之下也就会低估"老人"的价值；而在新人入职以后，半数以上新人的工作表现低于预期，而"泼出去的水"已经无法收回，老员工对薪酬的不满则还在进一步发酵。其三，在被迫之下，一部分企业会优先上涨部分老员工的工资，结果不仅引发未被涨薪的老员工更加强烈的不满，而且新人在薪酬上因为没有了优越感，也会随之表示不满。于是，为了不至于影响士气，一部分企业试图通过"薪酬不透明"的方式来"封锁真相"，然而殊不知这样一来，公司所倡导的"公开、公正、透明"的企业文化也就受到了质疑。其四，无论公司采取怎样的方式来解决新老员工薪酬倒挂的问题，在下一阶段，这一问题还会继续对企业构成新的困扰。

理论上讲，即便一家公司存在新老员工薪酬倒挂现象，如果老员工的薪酬总体上高于市场平均水平，那么老员工虽然也会因之而产生不满情绪，但也不至于造成上述连续性的不良后果。遗憾的是，大多数企业的员工薪酬，只是居于行业平均水平或低于行业平均水平。

③股权激励效果不佳。

近年来，有越来越多的企业开始动用股权来激励员工。理论上讲，企业授予给了员工股份以后，员工们便会从公司后续的发展中获取有良好想象空间的股份相关收益；在这种情况下，员工们的工作责任心、投入度就会大幅度提高，工作业绩也会大幅度增长。然而，大多数实行了员工股权激励的公司，不仅没有看到这些良好效应，反而体会到了由股权激励派生出来的一大堆新问题。问题包括员工斤斤计较于持股比例、股份定价、股份分红、购股资金安全、股东权利等等，而他们中大多数人的心态、思维、行为、能力和业绩却还是"涛声依旧"。在不实行股权激励政策的情况下，员工如果不能满足企业的要求或对企业不满，企业可以选择让其离开，或其可以随时选择离开，然而员工们一旦持有公司股份，那么相互关系便一下子复杂了起来。

需要特别指出的是，当一家公司动用股权来激励员工，仅仅是由于面临了薪酬支付压力，因而不得不动用股权以弥补薪酬激励力度的不足，那么采取股权激励的效果必然低于预期；如果其发展现状和前景较差，则其效果一定会更差。

（2）原因分析

当一家公司正在经历以上窘境时，它可以把导致这些窘境的原因全部归结于"外"。比如，抱怨现在的人才们"欲壑难填"，抱怨劳动法规对公司发展不利，抱怨同行企业在用人手段上不地道或不理性，等等。

然而，毫不客气地说，正在经历上述三大窘境的公司，之所以面临了窘境，其根本原因还是在于自身。如果不能认识到这一点，将没有可能突破人才管理的窘境。

①导致"涨薪效果短暂"的原因。

我们的观察和分析显示，所有面临了这一窘境的公司都有一个共同的特征："小气"加上"被动"。所谓"小气"表现在，不愿意给予员工明显高于行业平均水平的薪酬，只愿意给予员工与行业平均水平大致持平（甚至低于行业平均水平）的薪酬。所谓"被动"表现在，只有等到员工对薪酬生发出越来越强烈的不满时，抑或是低薪酬导致一系列公司不堪承受的后遗症时，老板才同意给员工们加薪，而加薪后的薪酬也不会明显高于行业平均水平。

当一家公司在薪酬方面具有上述小气加被动特征时，员工们一定会对薪酬不满，即便公司被迫无奈地给员工调薪酬，也只能迎来极为短暂的员工满意期。这类公司往往有一万个理由来解释，它为什么不能给员工们以较高的薪酬，但所有的理由都不能获得大多数员工的理解与同情。

有一个事实，可以证明我们的上述观点：凡是不存在这一窘境的公司，在给予员工薪酬方面一定是比较慷慨的，在薪酬的竞争力降低时，调整薪酬的速度也一定是较快速的，因为这类公司清晰地知道，低薪和被动加薪给公司造成的潜在损失，远比给员工发放较高薪酬并维持薪酬的竞争力对公司构成的损害要大。

②导致"新老员工薪酬倒挂"的原因。

我们的观察和分析显示，存在这一问题的公司也有一个共同的特征：善于算眼前的小账，而不屑于算系统的大账。这类公司的经营者，之所以愿意给新进人才以远高于老员工的薪酬，不是因为慷慨，而是"被逼无奈"。在他们看来，如果不给出高薪酬，外面的优秀人才就不会加盟本公司。他们之所以不愿意在给新人高薪的同时，给公司里的老人加薪，是因为他们认为，如果同时给老人加薪，公司将不堪用人成本的重负。同时，这类公司中的一部分经营者会有一种心理倾向：认为外面来的人才一定会比老员工能力强；老员工虽然有可能会对薪酬产生不满，但可以通过情感、说服、隐瞒和承诺未来涨薪等方式来解决问题，老员工中的大多数不会因此而"撂挑子"。这类公司不是不会，而是不愿意算这样的账：老员工对薪酬不满时，对公司会造成哪些损害？老员工因薪酬而辞职时，又会给公司造成什么损失？

据我们所知，现实中也有一些公司，能比较有效地处理好新进人才薪酬过高导致的一系列问题。首先，它们不得不跟许多公司一样，为了获取优秀人才而向新进人才承诺更高的薪酬。其次，由于它们善于将新进人才的薪酬与业绩进行高度挂钩，这便在一定程度上避免了纯粹给高薪导致的问题。最后，由于它们给予老员工的薪酬高于行业平均水平，老员工们即便在薪酬上有一定的不公平感，也不会或不敢在心理和行为上跟公司对抗。

③导致"股权激励效果不佳"的原因。

我们的观察和分析显示，凡是动用股权来激励员工却无法产生良好激励效应的公司，也有一些共同的特征：这类公司的经营者无不将股权作为薪酬的补充。当公司将股权激励仅仅作为缓解现金支付压力的手段时，它们多半会异想天开地认为，员工一定会珍视如此大好机会，甚至会想通过股权的"金手铐"来对人才们进行捆绑，人才们便只能努力地在思维、行为、能力和业绩上最大化满足公司的要求。换言之，如果一家公司的经营者仅仅是指望股权激励带来当下的效应，那么人才们也就必然更加斤斤计较于个人当下利益的得失，而不会特别珍视股权所承载的未来利益。

我们还想非常不客气地表明一个观点：如果一家公司正在同时被上述三大窘境严重困扰，那么可以认为，该公司的经营者及高管团队一定是比较短视和懒惰的。"短视"是指，他们不会或不愿意算大账，其思维是交易性的，即把每一天的支出与获取都视为交易，而且只关心每一次交易对自身的利弊，而不知道或不愿意把每一次交易行为对公司发展的整体和长远的利弊联系起来进行思考与取舍。"懒惰"是指，他们不知道或不愿意在人才管理的若干基础方面下功夫；事实上，只有从应对新时代人才管理问题的基础性体系着手来解决问题，才有可能比较有效地突破上述三大窘境。

（3）解决之道

具体来讲，应同时从以下五个方面来思考和解决问题。

①少用人，用对人。

这是一个涉及人才管理战略的问题。众所周知，十几年以前，当中国正处于"人口红利"期时，那些采取"人海战术"的公司获得了超速发展；今天和未来，企业要想获得持续稳健的发展，就有必要尽可能避开需要大量用人的行业和业务。这便是"少用人、用对人"这一观点的来源。

"少用人"有两层含意。一层含意是，尽可能地不涉足需要大量使用人才或员工的业务，或者在做业务取舍决策时，尽可能地将非核心业务进行外包。另一层含意是，尽可能地让较少的人干更多的事、拿更多的钱，这么做意味着可以相应地增加员工的薪酬收入。

"用对人"也有两层含意。一是尽量通过有效的专业化分工，多用"专业型人才"，而放弃使用"全能型人才"的想法。相比之下，使用专业型人才比使用全能型人才的综合用人成本更低、效率更高。另一层含意是建立用人标准，从而确保在招聘人才时选对人，因为用错人的成本更高。

②采取有比较优势的薪酬政策。

采取高于行业平均水平的薪酬政策。如果不能做到这一点，企业必然会在人才管理上捉襟见肘。

提到这一点，很多公司有可能会感到为难，因为公司的利润有限。然而我们认为，这里有一个究竟如何算账的问题：低薪酬虽然看起来会减少企业在用人成本上的直接支出，但实际上带来的是员工工作效率的低下和员工异动成本的增加；高薪酬虽然会增加用人成本的直接支出，但如果管理手段得当，员工工作效率的提高足以弥补直接用人成本的增加。

有必要特别指出的是，这里所说的"高于行业平均水平的薪酬政策"，并非是指固定薪酬高于行业平均水平，而是指包括固定薪酬和变动薪酬在内的整体薪酬高于行业平均水平，这就要求公司有必要在固定薪酬和变动薪酬的组合政策上，进行精心设计。

③采取全员合伙模式。

这是本书的基本主张，目的是把人才们对工作回报的关切，引导到对公司发展的关切上来。也就是说，让人才们更加关心价值的创造，以便从公司持续的发展中获得更大的红利，而不是只关注眼前的有限的薪酬（正如本书第5章已经论述过的那样，这里所说的"全员合伙模式"，并非是指所有员工立即持有公司股份，而是指相关政策覆盖到所有员工，让所有员工看到希望和机会）。

④鼓励员工攀爬"金字塔"。

所有组织里的人员都是呈"金字塔"形态分布的，处于金字塔中下层的人员得利较少，居于金字塔中上层的人员得利较多。这个简单的常识告诉我们，任何一位员工，要想在职场上获得更大的利益，有效的做法是沿着"金字塔"往上攀爬。那么，如何才能沿着"金字塔"往上攀爬呢？不二的答案是：建立相应的能力，做出相应的贡献。

公司可以怎么做呢？其实很简单，就是按照1+4模型的第二步骤（制定身份层级标准）提供的"人才管理万用表"，来设计出你公司的职级进阶体系，并辅以相应的管理标准，从而引导员工不断奋发上进。

⑤将绩效管理作为"牛鼻子"。

无论你公司试图从哪个方向上来解决员工的金钱回报问题，都需要特别重视员工的绩效管理。道理十分简单：只有员工们能够创造更大的价值，公司才有条件可持续地为员工们提供最大化工作回报。所以，我们一直在讲，绩效管理是人才管理（包括确保薪酬激励和股权激励有效）的"牛鼻子"。

但问题是，怎样才能通过绩效管理这个"牛鼻子"来牵动人才管理这头"牛"呢？本书第8章和第9章将全面回答这一问题。

第 8 章
共利型人才管理方案设计：
1+4 模型（下）

◆ 8.1 步骤四：构建贡献管理体系

◆ 8.2 步骤五：定义赋能成长方式

上一章向大家介绍了"1+4模型"的来源，并详述和讨论了五个实践步骤中的前三个步骤。本章要介绍和讨论的是这个模型的后两个步骤。

后两个步骤的内容在1+4模型中，具有"看似平常，实则关键"的地位，因为它们事关共利型人才管理模式的成败。如果说1+4模型的前三个步骤大致是可以一次性设计完成的话，那么后两个步骤将持续地和极大地考验公司创始人的智慧、意志和耐心。

8.1 步骤四：构建贡献管理体系

在完成了对合伙人的股权激励方案设计以后，接下来立即涉及三个敏感问题。一是要不要对合伙人的绩效贡献进行考核。在这个问题上，不同人所持的观点是不同的，甚至是迥然相异的。二是是否将绩效贡献考核结果与合伙人的股份相关利益挂钩，以及怎样挂钩。这个问题的严肃性在于，如果不将绩效贡献考核与合伙人的股份相关利益挂钩，绩效贡献考核便有可能不被合伙人所重视，怎样挂钩则又涉及绩效贡献考核的公平性问题。三是如果认为有必要对合伙人的绩效贡献进行考核，那么究竟应该由谁来考核，以及考核什么。这绝对不是一个小问题，因为如果考核思想和方法存在缺陷，那么要将考核结果与合伙人的股份相关利益进行挂钩，就会面临许多既棘手又敏感的问题，处理不好会导致股权激励系统的崩溃。

所以，在说明应该如何考核合伙人的绩效贡献之前，我们有必要就上述三大问题中的前两个问题所涉及的相关方面，展开必要的议论。受篇幅所限，对于上述第三个问题，我们将放在下一章专门讨论，并给出具体的方法建议。

"无需考核"VS"应该对赌"

实行合伙人制度或股权激励计划以后，要不要对合伙人进行绩效贡献考核？对于这一问题，在企业经营者中间历来有两种观点：一种观点是"无需考核"，另一种观点是"应该对赌"。

持"无需考核"观点的经营者们，大致都是因为不了解合伙人制度或股权激励计划，或是出于某种良善的意愿，抑或仅仅是偷懒。等到他们的企业真正地实行了合伙人制度或股权激励计划以后，他们一般还会对其合伙人进行一定程度的绩效考核，只不过由于他们最初所持的是"无需考核"的观点，所以实际上对合伙人的绩效实施考核时，其所采取的方法，与针对普通员工的绩效考核并无差别，大致也不会将考核结果与合伙人的股份相关利益高度挂钩。

持"应该对赌"观点的经营者们，大多是一些自以为善于洞察和利用人性的老板。他们认为，只有对合伙人的绩效结果进行严格的考核，并将考核结果与合伙人的股份相关利益高度挂钩，才更加符合企业利益，也更加符合人之本性。不过，大多数持有这种观点的经营者，其所在的企业通常规模较大，管理不至于很落后，其在与员工的博弈中实际上处于较强势地位。故而，当企业实行合伙人制度或股权激励计划以后，他们一般采取的所谓绩效考核，实际上只是跟员工进行对赌的游戏。

接下来，我们专门谈谈这两种观点和做法。

（1）关于"无需考核"

2016—2017年，我们所在的奇榕咨询公司与北京大学汇丰商学院和华创教育研究院合作，先后在上海、西安、北京和深圳开办了20多期"合伙人制度建设"主题的公开课。

我们清楚地记得在西安开办的一期公开课上，当我们提到有必要管理合伙人的绩效贡献时，有一位前来听课的民企老板站起身来，大声地提问："既然都合伙了，大家都是老板了，还需要考核吗？如果还需要考核，那实行合伙人制度又有什么意义呢？"

我们当时大致是这样回答这位民企老板的：即便合伙了，也需要对合伙人进行考核，因为人性是自私的、短视的，并且是有惰性的，而合伙人也是人，只有通过相应的绩效考核，才有望将合伙人善诱到共识、共担、共创、共享的"四共"原则上来，这样才对企业、所有合伙人和所有员工都有好处……然而，令在场所有人都没有想到的是，还没等我们把话说完，这位民企老板就愤然地离开了授课现场。

事后，我们通过课程组织方打听到，这位民企老板的确是带着美好的愿望和想象来参加这期公开课的。当他知道即便实行了合伙人制度，老板还是要花心思和精力去考核合伙人的绩效时，就冲动地认为，所谓合伙人制度不过又是一场骗人的把戏。他为什么会这样判断呢？因为，此前他曾花了一大笔钱购买了一个"积分制管理"名义下的课程及软件，事后发现根本就没有什么用，故而他感到自己这回又上当了……

上述类型的民企老板，我们这些年来仅碰到这一例。但我们知道，持有相似观点的民企老板在现实中大有人在。我们曾基于相关教学和咨询服务实践经验做过分析，持有这一观点的人，之所以会认为实行合伙人制度以后不需要对合伙人进行考核，通常是出于这样的原因：他们的企业规模小，过往的管理基础差，员工管理曾令他们伤透了脑筋；在这种背景下，当他们听说合伙人制度或股权激励计划可以解决员工的积极性、责任心和忠诚度问题时，便想当然地以为，实行合伙人制度或股权激励计划以后，就可以使自己在员工管理方面脱离苦海、高枕无忧、做"甩手掌柜"。毫不客气地讲，这一观点背后的心理，其实是试图在人才管理方面偷懒。

2018年11月，上海市科技创业服务中心在上海市钦州路100号开办了一个名为"科技小巨人总裁训练营"的培训项目，我（张诗信）被邀请前往讲授《合伙人的绩效管理》这一课程。培训主办方的工作人员在开课前两天就在微信中告诉我："由于张老师您讲得特别好，所以已有70多人报名这个课程，我们正在设法将人数压缩到50人以内。"然而，到了开课当天，实际上还是有多达70人前来听课，他们都是年营业额在1个亿到10个亿不等的科技创业型公司的创始人，是上海市政府重点培育的对象。其实，我心里十分明白：参训者的听课热情之所以很高，根本不是因为我的课讲得有多好（他们中的大多数人其实并不了解我，此前也没有听过我讲课），而是这一课程主题吸引了他们。说白了，是他们的企业在合伙人的绩效管理方面遇到了问题。

事实证明，我的判断没有错。在课程开场15分钟左右，我请现场的学员们分享他们公司在实行股权激励计划以后，持股员工在以下三个方面的变化或尚存在的问题：①归属感和忠诚度；②使命感和责任心；③投入度和业绩表现。

在接下来的约20分钟时间里，共有4名学习者分享了他们的经验。他们的经验有一个共同之处：实行合伙人制度或股权激励计划以后，除了合伙人的归属感和忠诚度有所提高以外，其他两个方面并没有出现预期的明显变化。从他们的分享中我还了解到，他们无一例外地只是在采用全员通行的绩效考核方式来管理合伙人的绩效，而且无一例外地都没有把合伙人绩效考核结果，与其个人所持股份的行权、分红和合伙人身份升降等进行任何挂钩。课间休息时，我还特意找到这几位分享的学员，试图了解他们当初在实行合伙人制度或股权激励计划时对合伙人绩效管理问题的考虑，以及他们现在的想法。我得到的答案高度一致：当初他们并不认为必须对合伙人实行绩效考核，现在感到有必要考核，所以才来听课。

我们研究发现，持有"无需考核"观点的经营者们，之所以"不愿意"考核合伙人的绩效，并将考核结果与其股份相关利益高度挂钩，除了前述原因以外，还有一个至关重要的原因就是，这类企业的现金支付能力弱，发展态势对优秀人才不具有强烈的吸引力，因而招聘和保留优秀人才的能力较差。在这种背景下，他们担心采取强势的绩效考核方式，有可能导致合伙人"不予配合"。或许恰恰就是因为这一原因，一些小企业或创业公司在实行合伙人制度或股权激励计划时，通常会大比例地将公司股份以极低的象征性价格授予合伙人或直接赠予股份，通常也不设行权期，而是立即兑现，并从速完成工商登记变更。

（2）关于"应该对赌"

与上述"无需考核"观点形成鲜明对比的是，也有很多企业的经营者认为，必须对合伙人的绩效进行严格考核，而且大多采取的是"对赌"性质的所谓绩效考核。这些企业的通常做法是，在决定授予特定人才以公司股份时，会设置严苛的行权条件：只有企业实现一定的业绩目标，合伙人才可以行权，否则便不能行权。一些上市公司还会把公司在二级资本市场的股价上涨目标，也列为合伙人的行权条件。

我们研究发现，这类企业通常有三个方面的特征：一是企业规模较大，且发展势头较好，是优秀人才竞相前往的工作去处；二是企业人才济济，且管理比较成熟，因而企业在与人才的博弈中居于相对强势地位；三是企业经营者自以为对人性的理解和把控程度较高，相信遵循"付出和收获"成正比的价值规律，是处理企业和人才关系的基本法则。因此，他们有条件、有能力和有信心与特定的人才"对赌"，以至于他们在授予特定的人才以股份时，通常采取的是市场化的定价模式，并且设置的行权期限普遍较长（3~5年，甚至有的长达10年）。

现实中这类例子很多，几乎所有的主板上市公司在授予特定人才以股份时，无一例外采取的是这一方式；尚没有上市的国内大多数大型企业，在授予特定人才以股份时，也大致采取的是这一方式；一部分发展态势良好的中小或创业公司，其老板大多处于自信心高度爆棚阶段，因而在授予特定人才们以股份时，也会效尤大公司的做法而采取这一方式。

从某种意义上讲，在决定授予特定人才以股份的同时，向人才们提出一定的绩效目标要求，人才们达成绩效目标就有资格行权，反之就无法行权，这不失为一种管理合伙人绩效的有效方式，但这是否是最佳的管理合伙人绩效的方式，是值得商榷的。对此，我们提出以下三个方面的问题启示读者思考。

其一，是对赌的业绩条件设置问题。一些企业在针对合伙人设置对赌的业绩目标时，往往倾向于设置"进取性较强的目标"，特别是一些上市公司，往往把公司的股价上涨目标也列为对赌的条件。这是否恰当将是一个很大的问题。因为，过高的业绩目标和不完全受当事人掌控的股价，极有可能不但不会激发合伙人的工作斗志，反而有可能会挫伤合伙人的信心。这并不符合企业实行合伙人制度或股权激励计划的初衷。理想的做法是，既要让合伙人努力实现高目标，又能确保合伙人努力奋斗之后能够实现行权。

其二，是对赌引发的短期行为导向问题。大多数企业，只是在股份行权这一问题上采取业绩对赌方式。这一方式的最大缺陷，早已被享誉全球的投资大师沃伦·巴菲特先生所揭露（本书第4章中已有相关介绍）。他曾在2005年对美国上市公司实行的固定价格下的股份期权激励计划提出过严厉批评："假设停滞公司（Stagnant）授予CEO无用先生（Fred Futile）一定数量的股票期权，比如相当于公司总股本1%，那么他的个人利益就会非常清楚地决定他的行为：他肯定不会向股东分配任何红利，而是用公司所有利润来回购股票，从而推高股价，让他自己的股票期权收益最大化……"事实上,企业在合伙人股份行权的问题上对赌,其负面效应远不止于此,还包括:合伙人有可能放弃行权,因而不付出应有的努力;合伙人也有可能通过牺牲企业的长远利益而获取行权资格;合伙人还有可能在千方百计行权以后不再努力奋斗了……

其三,对赌未必不是"偷懒"行为。相比于采取更为科学严谨的方式来精益化地管理合伙人的绩效,对赌显然是一种直接而又省事的方式。因为,前者显然需要花费许多心思,比如需要系统地考虑企业所有影响业绩的关键要素,又比如需要持续地全面优化企业的管理体系,再比如需要同企业各层级的人才们耐心沟通企业的经营与管理方式等。而且,即便做到这些,也未必能够确保企业必然产出理想的经营业绩。相比之下,采取对赌的方式显然要简单省事得多,只要精心地、抑或是大而化之地、甚或是粗暴地设置一个可以让合伙人勉强接受的绩效目标即可。然而在相当程度上,这或许只是经营者的一种偷懒性管理思维、心态和行为,因为这样做是那么简单省事——只要参赌双方愿意(或一方在另一方的强迫下不得不)下赌注即可。我们不得不说,这样做既有可能是对合伙人不负责任的一种思维、心态和行为表现,同时也有可能是对企业的长期发展不利的一种管理思维、心态和行为表现。

主张及理由

我们的基本主张是:要想导入共利型人才管理模式,并确保这一模式持续有效,就有必要对合伙人绩效贡献进行严格管理,并将绩效贡献考核的结果与人才们的切身利益高度挂钩。

(1)主张:应与五项利益高度挂钩

①与合伙人的薪酬收益挂钩。

几乎每一家公司都会将一定比例的薪酬与员工的绩效考核结果进行

挂钩。挂钩的方式通常有两种：一是拿出一定比例的薪酬与绩效考核结果挂钩，二是将全部薪酬与绩效考核结果挂钩。我们的这一主张与传统的做法并无二致，你公司可以根据自身的情况，选择或创造出把对合伙人的绩效贡献考核结果与其薪酬进行挂钩的方式及具体操作办法。

②与合伙人的股份行权资格挂钩。

在授予合伙人股份期权以后，要对合伙人在股份行权期内的绩效贡献进行考核，并依据绩效贡献考核结果来决定合伙人是否可以行权以及行权比例。在我们为客户设计合伙人制度时，一般会建议客户采取这样的原则性办法：公司达成年度业绩目标时，所有合伙人方可行权，否则所有合伙人当期不能行权；在满足前述要求的基础上，依据合伙人个人当期绩效考核结果，决定个人当期是否可以行权以及行权比例。

③与合伙人的当期增量奖励挂钩。

我们主张，周期内绩效贡献大的合伙人得到的当期奖励就多，反之就少。我们一般建议：一定要分增量利润中的一定比例，而不是分存量利润；在公司没有增量利润的情况下，所有合伙人当期都没有增量奖励。公司当期有增量利润时，将依据特定规则来决定个人当期的"名义"增量奖励金额，再依据每一位合伙人的当期绩效贡献考核结果来决定其"实际"可拿到的增量奖励金额。

④与合伙人股份增减持挂钩。

大多数公司在实行合伙人制度或股权激励计划时，一般不会在合伙人股份行权之后，将其所持股份与其后期业绩表现挂钩，充其量只会约定合伙人离开公司时的股份处置办法。实践证明，这是合伙人制度设计中的一个极大缺陷。许多合伙人在实际取得股权以后，其奋斗精神下降，或做出有损企业利益的行为，或满足于既得利益而不愿意继续学习与成长，这使得企业的经营与管理后患无穷。所以我们主张，将合伙人所持股份的增减持与其当期绩效贡献挂钩：当合伙人的绩效不能达到既定分值时，其应当减持相应的股份，所减持的股份由持股平台的普通合伙人立即以事先约定的价格回购（合伙人此前所持有的股份是其通过历史贡献挣得的，回购相当于买断了其所减持股份的历史贡献）；当合伙人的连续绩效贡献较大时，他将按照约定规则增持相应的股份。

⑤与合伙人身份升降挂钩。

导入共利型人才管理模式的公司，其在设计股权激励计划时，应将合伙人分为不同的身份层级（正如上一章第三节的建议，可由低到高分为四个层级：预备合伙人、正式合伙人、核心合伙人、终身合伙人）。每年基于每一位人才当年的绩效考核得分情况，对其身份进行一次重新认证，从而使得连续绩效贡献较大的合伙人在公司的地位不断提升，同时使得连续绩效贡献较小的合伙人在公司的地位不断降低，并以此逐步将那些不愿意努力奋斗、"只想坐车、不想拉车"的人员逐步修正出合伙人序列。

（2）两大理由

为什么我们主张要将合伙人的绩效贡献考核结果与上述五项利益进行高度挂钩呢？我们的这一主张是出于以下认知和经验两个方面的考量。

①与人性有关。

其一，人是自私的、短视的和有惰性的；其二，习惯势力是强大的；其三，建立新能力不可能一蹴而就。这三个方面来自人性的弱点，使得企业在对人才们实施股权激励时，如果不采取相应的约束举措，则股权激励不可能达到理想的效果。下面逐一说明。

第一，人是自私的、短视的和有惰性的。我们的大量观察和研究显示，企业实行股权激励计划所面临的最大威胁，首先来自于人的自私、短视和惰性。关于这三大人性弱点的概述及其对组织可能构成的危害性，已经在上一章第二节有所说明，故不再重述和展开。

第二，习惯势力是强大的。我们都有这样的生活经验：一旦一个人养成了某种习惯，在未来的时间里便很难改变。比如，当一个人爱占小便宜，并且屡屡如愿以偿时，他便会养成占小便宜的心理和行为习惯。一旦养成了这种不好的心理和行为习惯，那么在随后的时间里，一旦碰到可以占小便宜的机会，他便可能会"故伎重演"。虽然他也有可能在未来的某个时间，出于某些原因，意识到占小便宜的心理和行为不好，会有意识地管控自己，但由于他已经养成了爱占小便宜的思维、心理和行为习惯，他则极有可能最终又会回到爱占小便宜的老路子上去。

又比如，当一位员工通过多次跳槽而获得了加薪升职机会时，他就可能会养成跳槽的心理和行业习惯。一旦这种习惯被养成，他便很难全身心地投入到当下工作中。当在工作中碰到较大的问题，或者碰到来自外界的机会诱惑时，他的习惯就会指引他继续选择跳槽。即便他偶尔也可能意识到，频繁跳槽将对自己长期的职业发展不利，因而会在某一个时间段里具有某种"自控力"，但当工作压力或外部诱惑力足够大时，他便极有可能还是会继续选择跳槽。

我们不得不承认一个事实，绝大多数合伙人在成为合伙人之前，都是雇佣制下的员工（或经理人）。他们中的很多人已经养成了与雇佣制相匹配的职业思维、心态和行为习惯，指望公司一实行合伙人制度或股权激励计划，他们就能脱胎换骨，立即具有合伙人应有的思维、心态和行为，这是不现实的。即便他们意识到合伙人制度或股权激励计划对自身的价值和意义，并且在企业的要求下愿意改变自身既有的思维、心态和行为，但由于习惯势力强大，他们往往很难做到。换言之，如果他们在雇佣制下已经养成的职业思维、心态和行为习惯不能真正地改变，则企业实行合伙人制度或股权激励计划的效果必然相应打折扣。

第三，建立新能力不可能一蹴而就。理论上讲，当一个人具有了新的突破性的能力素质以后，他旧有的"坏习惯"就有可能得以改变。比如，一个习惯占小便宜的人，如果他发展出了某种独特的专业技能，能够给他带来大量的金钱收入，他很有可能会改掉爱占小便宜的这个坏习惯。又比如，一个习惯性跳槽的人，如果能够在其所在的专业领域发展出独一无二的技能，以至于他所在的组织高度倚重于他，在这种情况下，为了避免他跳槽，组织极有可能给他加薪升职，他也就有可能从此忠诚于当前工作的企业，不再随意跳槽了。

然而，我们不得不说，一个人要想建立起足以改变其既有的习惯性思维、心态和行为的能力素质，其实并不容易。有两点原因：其一，当一个人已经有了某种习惯性的思维、心态和行为时，指望他自觉自愿地建立起足以消除既有习惯的某种新的能力素质，其实只是一厢情愿；其二，即便一个人有可能在自觉自愿的情况下，通过建立新的能力素质来改变旧有的坏习惯，也绝非一日之功，不可能一蹴而就。

②股权极具敏感性。

激励和绩效好似一架天平的两端：增加激励，一定要确保绩效有增长，天平才能平衡；如果不能在增加激励的同时采取举措来提高绩效，则受损的必然是企业。通常，增加激励是"分分钟"可以做到的，绩效增长则是很不容易实现的。许多企业在通过加薪来提高绩效无望的情况下，又试图通过股权激励计划来解决问题，因为这些企业想当然地认为，股权激励可以改变特定人才的身份，进而可以改变企业的绩效。这其实是十分天真的。

从理论上讲，实行合伙人制度或股权激励计划以后，员工的思维、心态、行为和行为结果将会发生积极正面的改变，随之而来的必然是企业绩效的提升。然而，大量实践显示，企业实行合伙人制度或股权激励计划以后，人才们的思维、心态、行为和行为结果并没有发生明显的积极变化，企业的业绩也并没有发生明显变化，反而人才管理问题因之而更加严峻。这是因为，相对于传统雇佣制下的绩效管理，股权激励计划下的人才绩效管理涉及的问题更为复杂，难度也会更高。

在传统的雇佣制下，企业给员工承诺高薪酬的同时，会要求员工的工作行为和结果发生改变。如果员工的工作行为和结果表现差劲，他们的利益就会立即受到影响，即他们的工资或奖金因此而减少，并有可能失去升职加薪机会。对于工作和业绩表现特别差劲的员工，企业可以"分分钟"将其"扫地出门"，并且不会遗留任何隐患。

然而，在股权激励计划下，员工持有企业的股份，如果企业缺少严密且合法的制度安排，持股员工的工作行为和结果尽管并不能满足企业对他们的要求，但他们很可能依然会获取到企业发展的红利；更重要的问题还在于，如果缺乏严密合法的制度安排和管理体系设计，持有股份却不能为公司创造价值的员工，将会对公司经营管理的所有可以想象到的方面，都构成深远的负面影响。

至此，可能有人会想当然地认为，既然如此，那么在授予员工股权的同时，将与之配套的制度安排和管理体系设计出来，问题不就顺理成章地得到了解决吗？没错！如果企业在推行合伙人制度或股权激励计划的同时，能够出台与之配套的制度和管理体系，的确有可能解决问题。但是，以下两点值得引起高度注意。

其一，在传统的企业治理结构中，企业制度和管理体系的完成是循序渐进的，而且绝大多数的企业制度和管理体系，都是在不断试错的过程中逐步发展起来的。在此过程中，企业推出一种新的政策或制度，如果在实践中证明有问题，那么推翻重来即可。然而，由于在股权激励计划下，员工持有企业股份，对与股份相关的任何问题都是十分敏感的，任何缺乏充分考虑的变化都将可能导致不信任，而任何不信任都将对企业的管理与发展构成不利。

其二，在传统上，人才管理的方法是可以借鉴的，优秀的大中型企业往往是其他中小企业的学习标杆，即便模仿错了，也可以随时改正。而合伙人制度是近几年才出现的新生事物，尚没有形成一致公认有效的管理标准。这意味着，每一家企业都只是在"摸着石头过河"。这在传统的雇佣制下不是问题，因为发现错误可以即刻改正；但在股权激励计划下，任何改变都充满了风险。

说到这里，我们不得不指出：在这一点上，发展稳定而迅速的大企业，可以让发展本身来消除试错导致的问题，比如发现前期股权激励制度存在严重缺陷时，企业可以通过付出巨大的成本代价来解决问题，并避免因变化而导致员工利益受损，比如华为曾经所做的那样，以高价回购员工所持股份（参见《合伙人制度顶层设计》一书），之后再调整或重新设计激励政策。显然，绝大多数中小企业并无此思想准备，也不具备相应的能力条件。

最后我们想说：现实中那些出于良好愿望而实行了合伙人制度或股权激励计划但效果却十分不理想的公司，几乎可以肯定，是因为不幸跌入了上述认知或经验的陷阱之中。

8.2 步骤五：定义赋能成长方式

在完成前述第四个步骤后，就要考虑如何持续有效地培养人才的问题了。我们把这一步骤称为"定义赋能成长方式"。

乍看起来，这一步骤"并无多少技术含量"。因为，在绝大多数人的经验世界里，培养人才的各种方式已经妇孺皆知，任何一种方式都不会出现神奇的效果。的确，在过去20多年间，"人才培养"主题下的各种概念和各类组织的商业行为，已经令人目不暇接、眼花缭乱，各类公司已经在人才培养方面建立了"广博"的认知，并且几乎每一家公司在培养人才方向上，每年都在投入大量的金钱、时间、人力和物力，最重要的是，在此过程中大家建立了一个共同的经验：人才培养的效果，一定会与企业的期待有差距。除此之外，几乎没有人怀疑培养人才在企业发展中的地位，但由于培养人才的"产出"不够迅速直接，因而人们会认为这是一件重要但不紧急的事情。

然而，在此我们想说，在导入共利型人才管理模式之时或之后，培养人才将更为重要而又迫切，其重要性和迫切性实际上将不亚于1+4模型中的任何其他内容。如果大家以平和的心态来看待图8-1所示的内容，便能迅速地理解并认同这一观点。

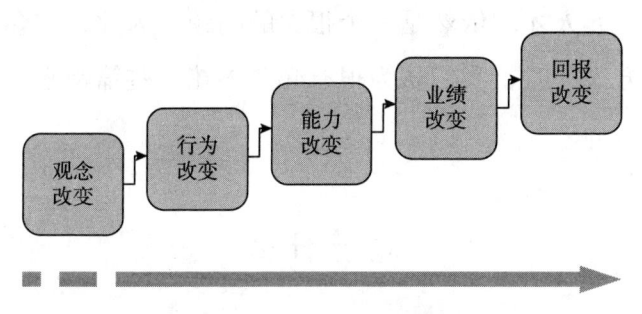

观念改变 → 行为改变 → 能力改变 → 业绩改变 → 回报改变

图8-1 员工实现最大化工作回报的逻辑路径

图8-1要表达的意思是，企业实行共利型人才管理模式的最终目的是要成就员工，而成就员工的核心内涵，就是要让员工实现最大化的工作回报（物质、精神和机会）。然而，怎样才能让员工获得更大的工作回报呢？毫无疑问，只有公司持续有良好的业绩，员工们才有可能获得更好的工作回报。而公司持续良好的业绩，则有赖于每一位员工有持续良好的个人业绩贡献。那么，员工们如何才能产出持续良好的业绩贡献呢？答案是员工们的能力持续发生改变，而要想员工们的能力持续发生改变，其前提是他们的工作心态、思维和行为必须首先持续地发生改变。换言之，你公司只有设法确保人才们的心态、思维、行为持续地发生改变，才能导致他们的能力持续地发生改变，公司的业绩才能持续地得到增长，员工个人才能实现最大化工作回报。再换言之，如果采取了合伙人制度或股权激励计划以后，员工的心态、思维、行为和能力没有发生明显改变，因而没有带来公司业绩和员工工作回报的明显改变，那么你公司的合伙人制度或股权激励计划就是失败的，或者说是没有意义的。

所以我们说，在导入共利型人才管理模式时，培养人才的重要性和紧急性丝毫不亚于其他四大要素。而且，如果说1+4模型中的其他四个要素可以一次性基本设计完成的话，那么如何培养人才，则是一个需要企业各层级管理者持续不断操心的问题。

然而，我们的观察显示，即便企业意识到人才培养的重要性和紧迫性，但如何培养人才却依然是一个很大的问题。为此，在介绍如何"定义赋能成长方式"时，我们认为很有必要多花一些篇幅来对相关问题予以讨论。

培养什么

要做好人才培养工作，需要首先分析和回答一个基本问题，就是究竟要培养什么？针对这一问题，不同的人会基于自己过往的知识和经验有自己的看法。比较典型的观点是来自传统西方管理学的理论：培养人才应当围绕技能、知识和心态（SKA）三个维度来展开。基于这一理论，在过去几十年里，有无数学者和培训机构用极其复杂的"模型"来定义不同工作人员应该或有必要学习的内容。

我们倾向于认为，从广义的角度来讲，应从两个维度来分析和定义人才培养涉及的内容：工作意愿和工作能力。"工作意愿"是指，企业有必要让人才们从哪些方面来满足组织的价值观和规章制度要求；"工作能力"是指，企业有必要让人才们从哪些方面来建立创造良好工作业绩所需要的知识和技能。

（1）工作意愿

培养人才们的工作意愿，是指要从价值观和规章制度两个方面，来建立和提升人才们对公司文化的认同度。这两个方面是相互依存、互为表里的：公司的价值观是公司规章制度的来源，公司的规章制度是公司价值观的表现。

（2）工作能力

培养人才们的工作能力，是指要从业务和团队两个方面来建立和提升人才们创造最佳工作绩效的能力。这两个方面也是相互依存、互为表里的：公司的任何一项业务都是由公司特定的人员来完成的，而任何一位人员都是在他人的协同下来实现特定的业务目标的。

怎么培养

这应该是大家最为关心的"人才培养"命题下的具体问题。下面介绍的内容，是我们过去十几年来，对相关问题进行理论研究和咨询服务实践的成果。

（1）学习的四个层次

2018年7月，我们合作撰写的"合伙人三部曲"的第二本书《合伙人的自我修养》正式出版。在这本书中，我们首次提出了人类个体学习的四个层次：自然性学习、被动性学习、主动性学习、创造性学习。下面简要地介绍一下这四种学习情境，以启发大家思考人才培养的相关问题，并以此证明：其实在培训之外，还存在着大量的可以用来培养人才的方式。

①自然性学习。

"自然性学习"，也可称之为无明确目的的学习方式。这种学习方式常常被人们所忽略，但事实上它是人们脑海中知识的重要来源。

自然性学习的基本特征是，学习者在感知到某种知识或信息之前，并无明确的学习目的，甚至都没有意识到自己是在学习，被学习到的知识或信息是随机地或自然地被感官所感知到的。被感知到的知识或信息被储存进大脑以后，在适当的时机才会被调用出来派上用场。

比如，一位员工在参加会议时注意到，有些同事发言时会以"各位领导和同事，大家上午好"为开场白，他觉得这样挺好的。于是，在不久后的某一次会议上，他也用这句话作为自己发言时的开场白。

又比如，一位刚毕业不久的女大学生，看到办公室的部分同事在下班时间还没到时，就开始收拾物品准备下班，等下班时间一到，便旋即离开办公室。她看在眼里，记在心上。之后，每到快要下班的时间，她便也会提前收拾妥当准备下班。但同样是这位员工，后来发现办公室的另外一些表现优秀的员工以及部门领导，不仅不会在下班时间还没到就准备下班，而且通常还会自觉自愿地加班加点，于是她想，自己也应该这么做，才有可能也成为一名优秀员工。

再比如，一位员工有一次跟同事聊天时获知，公司里曾有一位采购经理因为吃供应商的巨额回扣，被公司送进了班房。他于是懂得了一个道理：不能利用工作之便做违法犯罪的事情，否则"不会有好果子吃"。

在我们每一个人的大脑中，都有大量的知识和信息是通过这种自然性学习而得来的。在某些情况下，这样得来的知识甚至比特意学习得来的知识更具效用。基于这一认知，如果企业能够有意识地营造出良好的员工学习与成长环境，则员工就更有可能得到"自然的"学习与成长。

②被动性学习。

"被动性学习"，在此特指员工在组织或上级领导的要求下学习某些知识或了解某些信息。这种学习方式现在十分常见，比如：企业组织员工学习公司的文化和规章制度，让员工参加某一主题的课程培训，让员工阅读某一本书，组织员工学习某位优秀同事的事迹，等等。

被动性学习的基本特征是，学习的目的是明确的，但并非来自学习者内在的自发，而是来自外部力量的强加。这种外部力量既可能来自企业组织，也可能来自某位领导，还可能来自某位有特定影响力的人物。

看到被动性学习这个概念，读者可能会认为，这是一种"不好"的学习方式。它之所以会给人以这种印象，是因为我们每一个人都有这样的经验：当一个人被他人安排或要求学习某些知识，其效果会因为不是出于学习者自愿而不会很好。但其实在特定的条件下，被动性学习也可以是一种效率较高的学习方式。

比如，我们每一个人从儿童到大学毕业这个时间段里，从学校里所掌握的大量知识，绝大多数都是教育部门、学校和家长强加给我们的；又比如，员工为了通过某种技术职称评定考试而学习，也带有一定程度的被动性学习成分，但其学习效果往往也并不差。

事实证明，有些被动性学习的效果之所以不佳，可能有两个原因：一是企业或领导在安排学习时，没有明确告知学习内容与学习者的切身利益有什么关系；二是学习者不知道或没有能力领悟到所学内容与自身利益的关系。换言之，解决了这两个问题，就能有效改善被动性学习的效果。

③主动性学习。

"主动性学习"，是与"被动性学习"相对应的一个概念。被动性学习是以组织为中心的学习，即由组织来设计学习方式、学习内容和学习目标，要求或希望员工予以满足，虽然过程中员工可能也有一定程度的"主动性"（比如，在一次课程培训中，员工可以主动选择记住某些自己认为重要的内容，或忽略自己认为不重要的内容）。

主动性学习则恰好相反，它是员工基于一定的目的，主动选择学习方式和学习内容的自我提升过程。员工个人自主学习的方向，可能与组织对员工所要求或期望的方向一致，也可能不一致。前者例如，一位管理者正在阅读杰克·韦尔奇的自传，他希望把书中传授的知识应用到其日常管理工作当中；后者例如，一位员工正在阅读一篇指导如何跳槽或怎样在工作中跟领导博弈的网络文章。

员工主动性学习的方式通常包括：阅读书籍、报刊、网络文章，参加自己感兴趣的讲座或培训活动，有目的地收看一些特定类型的电视节目、在线视频或视频课程，为获取某一职业资格证书或者更高级别的学历而进行的各种形式的自学,向同事、朋友、客户、同学或老师请教某些知识或经验,与他人讨论问题或观摩他人工作,等等。

乍一看,主动性学习是一种很受欢迎且效果很好的学习方式。然而,需要引起高度注意的是,这种学习方式的确比较受欢迎,但效果是不是很好则另当别论。因为,在没有外部因素干预或限制的情况下:学习者既可以选择学习,也可以选择不学习;既可以选择学习这方面的知识,也可以选择学习那方面的知识;既可以选择学习对所在组织有利的知识,也可以选择学习不利于所在组织的知识(比如,学习如何利用公司的管理漏洞,来为自己谋取不正当或非法利益)。

尤其需要引起注意的是,在网络时代,信息大爆炸,各种随之而来的学习机会层出不穷。在这种背景下,如果一位员工不善于识别并抵挡住各种各样的诱惑,那么他的主动性学习效果将会大打折扣,甚至还可能会对其未来的职业发展造成不利影响。

④创造性学习。

这是我们在过去九年间反复在数十家企业进行实验,并一直在极力倡导的一种学习方式。这种学习方式的基本特征是,为挑战自身现实能力达不到的目标,学习者穷尽一切手段占有他人创造的知识,并自主创造知识。

为了使读者快速了解什么是创造性学习,我们接下来举一个例子(请注意:类似的例子在每一家公司都有发生,也几乎是每一位职场人士所经历过的;只要组织或员工意识到这种学习方式的价值,并决意去实践这种学习方式,便一定能够取得超预期的学习成果)。

某家用电器公司采购部门一位负责包装材料采购的主管,被提拔到了采购部经理的岗位。上任之前,公司总经理找他谈话指出,上任后的工作重点是设法降低公司的采购成本,并为其订立了具体的年度目标:使公司的总采购成本较上一年度降低3%。

该采购部经理上任以后,先后采取了许多方式来寻求降低成本的方案。比如：要求部门内所有人员积极提出合理化建议，购买了大量相关书籍来阅读，重新翻阅了自己以前学习过的精益生产方面的课程教材和笔记，率领其团队前往北京、上海等地学习相关课程，与生产部门和物流部门的人员讨论相关问题，向一部分供应商的经理人员请教，等等。最后，经公司总经理办公会同意，他采取了一项名为"集中采购、发展供需同盟关系"的战略来降低成本。

采取新战略的第一年，按可比价格计算，公司的采购总成本较上年降低了2.7%，没有达到总经理之前下达的目标。尽管如此，该采购部经理及其部门的工作成绩，还是得到了公司领导层的高度肯定。

上述例子中的主人公针对特定的目标，寻找一切途径和方法来谋求达成目标的过程，就是创造性学习。在这一过程中，他不仅能够最大化地占有他人创造的知识成果，并且能够自主发明解决问题的方法。表面上看来，创造性学习一点儿也不神奇，因为这种学习方式每时每刻都在每一家企业中发生。但是，如果从其学习效果来看，我们不得不承认，它是一种"神奇"的学习方式。其神奇性体现在：能够快速地学习大量知识，能够迅速把他人的成果转化为自己的知识，学习本身具有创造知识的性质，可以使学习者迅速脱颖而出，等等。

创造性学习既可以适用于学习者个人自觉自主进行的学习活动，又可以是组织发起的针对特定员工群体的学习活动。当一个人启动了创造性学习方式，他便一定会自觉和不自觉地开启前述自然性学习和主动性学习方式，并且不大会拒绝被动性学习，甚至有可能会变被动学习为主动学习。相似的道理，如果一家公司善于运用创造性学习的原理来赋能其人才团队，那么它的人才们不仅会自觉和有效地启动自然性学习和主动性学习方式，同时会积极主动地接受组织安排的学习机会（变被动学习为主动学习）。

请特别注意：采取创造性学习方式，即便最终没有完全达成目标，学习者也因之而得到了快速成长。举一个例子来说明这一点。

某汽车公司的总裁要求公司汽车研究院发动机研究所的工程师们用三年时间创造出一款世界一流水平的汽车发动机。这个目标大大地超过了这个工程师团队的现实能力。为了完成这个目标，这个工程师团队便启动了"三步走"的创造性学习计划。

第一步，确定目标。他们制定了"用三年时间创造出世界一流的汽车发动机"的具体的分阶段的工作目标和计划，并落实了责任人和有关激励措施。

第二步，进行学习。他们采取了一切可能的方式分头学习，占有他人创造的思想、理论、知识和经验，并在内部充分分享。包括：把其他公司的汽车发动机买来进行分析和测试，阅读所有与先进发动机相关的著作、论文，检索和分析与先进发动机相关的所有专利，参与所有行业性技术交流活动与知识讲座活动，请一流的汽车专家到公司讲课，引进一流的发动机相关的技术专家，派出"间谍"搜集竞争对手在发动机方面的技术，等等。

第三步，创造与实践。他们在占有他人已经创造的思想、理论、知识和经验的基础上，开始设计拥有本公司自主知识产权的发动机，并经反复论证和修改设计方案，开始试制。设计和试制过程中碰到技术难题时，他们一方面继续向外部学习，以寻求解决问题的答案，另一方面绞尽脑汁地独立思考，探索解决问题的方案。

毫无疑问，假定这个工作团队三年内如愿以偿地创造出了一款世界一流水平的汽车发动机，那么这个工作团队中的每一个人一定是汽车发动机方面的一流专家，因为他们不仅占有了他人发明的与世界一流汽车发动机相关的几乎所有的思想、理论、知识和经验，而且设计出了世界一流的汽车发动机——站在了本专业技术领域的金字塔顶端。

请重点注意：假定他们用三年时间没有创造出世界一流的汽车发动机，而是需要四年或更长的时间才能创造出来，他们也有可能是世界一流的汽车发动机方面的专家，因为他们已经占有了他人发明的与世界一流汽车发动机相关的几乎所有的思想、理论、知识和经验，创造出一流的汽车发动机将只是一个时间问题。

主张与建议

经过以上介绍，我们便有了明确的主张和建议：采取共利型人才管理模式的公司，有必要运用"创造性学习"的方式持续地赋能合伙人，以此来促使他们持续和较快的成长。

图8-2显示的是我们在管理咨询服务过程中，与众多客户企业共创出来的赋能合伙人的方法系统。它由三大内容构成：①鼓励设置挑战性绩效目标；②提供必要的学习成长环境和条件；③持续奖励绩优者。这是一套专门针对公司合伙人群体，通过结构化的管理手段来制式化赋能合伙人，并确保合伙人不得不遵从组织意愿的独特的学习法则。实践已经反复证明，任何准备推行共利型人才管理模式的公司，如能坚持运用这一学习法则，就一定会产生不错的人才培养效果。

图8-2 赋能合伙人的方法系统

需要说明的是，运用上述创造性学习法则来赋能合伙人，需要首先导入本书第9章建议的"3S贡献管理体系"。3S贡献管理体系所具有的"促进合伙人学习与成长"功能（五项功能之一），就是用来赋能合伙人的。赋能方式简述如下。

第一，要求每一位合伙人自觉自愿（或不得不）以岗位工作为抓手，设置并持续不断地挑战自己当下能力不能达到的绩效目标（包括解决实现高目标过程中面临的各种问题）。我们有足够的理由相信，无论任何个体或者团队，要超越自身当下的能力去实现目标时，就一定会面临这样和那样的问题和困难，且在为追求目标的实现而解决相关问题和困难的过程中，他们的能力将得到快速提升。正如上面我们在论述创造性学习的好处时已经表明的那样：通过挑战高目标来建立能力的过程中，即便一个人或团队最终没有实现其所设置的目标，但他或他们的能力也会因为追求高目标的实现而得到提高。

第二，要提供必要的学习成长环境和条件。企业在鼓励人才们挑战高绩效目标时，人才们必然会面临这样或那样的问题和困难。在这种情况下，企业有必要大力营造出鼓励人才们采取各种方式学习的氛围和条件，包括倡导或要求互帮互学、管理者辅导下属、导师辅导徒弟、组织课程学习、组织经验分享，以及提供其他一切有助于人才们解决问题和克服困难的学习方式、工作内容和相应条件。当企业这么做时，很快就将看到人才们的成长和进步。

第三，要持续奖励绩优者。在"学习"的语境下，或在我们的经验性认知里，为鼓励人才们学习，组织应该奖励那些学习成绩优异者。然而我们的主张是采取创造性学习，企业不要试图奖励那些学习表现突出者，而应该奖励那些绩效表现优异者。理由有二。其一，创造性学习是以岗位工作为抓手的学习，其核心目的不是为了学习而学习，而是为了创造出优异绩效而展现出的学习诉求、状态与行为，因而这种学习成果的检验指标，不应是学习到了什么，而应是创造了怎样的工作绩效。其二，善于学习的人才以及那些学习成绩优异的人才，不一定能够创造出优异的绩效，但能够创造出优异绩效的人才，一定是善于学习的。因此我们认为，以绩效表现来衡量人才们学习的效果，将更为可靠、直接和有说服力。

第 9 章
模式成败的关键：
3S 贡献管理体系

◆ 9.1　一个严肃的课题

◆ 9.2　KPI、OKR不能担负新使命

◆ 9.3　合伙人贡献管理体系：3S

◆ 9.4　导入3S体系的四种方式

在建设共利型组织时，"1+4模型"中的每一要素都是不可或缺的，忽略任何一个要素，所设计出的制度体系一定存在缺陷。其中，难度最高的、起根本性决定作用的是"贡献管理体系"。设计和执行贡献管理方案，不仅在任何一家企业都有难度，更重要的是，它事关其他步骤设计与落地的有效性。

我们一直有一个明确而又坚定的主张，就是必须重视对合伙人的绩效贡献考核，并且要将绩效贡献考核结果与合伙人的一揽子切身利益高度挂钩。然而，这一主张面临一个极大的挑战：如果绩效贡献考核方式存在问题，那么"挂钩"越是紧密，问题必然会越多、越大。所以，我们特地安排一章的篇幅来专门讨论这一重大要素。

9.1 一个严肃的课题

我们在上一章提出，公司在导入共利型人才管理模式时，十分有必要通过严格的绩效贡献管理体系，来促使每一位人才自觉自愿或不得不持续地学习与成长，并将绩效贡献考核的结果与人才们的以下五大切身利益高度挂钩：①薪酬收益；②股份行权；③增量奖励；④股份增减持；⑤合伙人身份升降。

然而，一个问题随之出现。如果一家公司的绩效贡献考核标准本身存在缺陷，那么这样一揽子高度挂钩的结果，就极有可能导致不公平，甚至伤害到一部分人才，进而妨害企业的经营与管理，最终会影响共利型人才管理模式的构建与有效落地。

一谈到绩效管理，人们会立即想到KPI、OKR、BSC、360、MBO等各种绩效考核方法，并且有时会产生一种错觉：只要运用这些方法或沿用本公司现行的绩效管理方法，就能够解决授予人才们股份以后涉及的绩效管理问题。

针对这一认知，我们经常对那些向我们咨询合伙人制度设计相关问题的创始人说：如果你对自己公司现行的绩效管理体系充满自信，你当然可以沿用现行体系来管理合伙人的绩效贡献，并将考核结果与合伙人的五大直接核心利益高度挂钩，问题在于，你敢这样做吗？几乎每一位创始人在我们这样回应以后，其自信不是增加了，而是大幅度地降低了。

他们的这一反应在我们的意料之中，因为我们十分清楚地知道，绝大多数公司现行的绩效管理方法在运行中，存在考核难度高、考核结果不够公平等问题，因而许多创始人对其现行的绩效管理方式并不自信，不敢拿绩效考核结果与大比例的员工薪酬挂钩，更是不敢将其与人才们的股份相关利益强关联，担心引起人才们的不满、反感或背离。

换言之，大量的公司之所以在这个问题上缺乏自信，不是因为过于谨慎，而是因为没有找到真正有效的符合现时代精神的绩效考核思想与方法。再换言之，针对合伙人这一特定群体，我们需要找到或创造一套足以承担新的历史使命的绩效贡献管理方法体系。

▶ 9.2 KPI、OKR 不能担负新使命

目前，主流的绩效考核思想及方法主要有两种：KPI和OKR。涉及合伙人的绩效贡献管理这一问题时，一部分认为有必要予以考核的

企业，通常会"本能"地认为，只需在这两种绩效方法之间做出选择即可。

我们的研究和实践表明，这两种绩效考核思想及方法，在实践中都碰到了一系列新的问题，应该说，它们均已无法承担起"考核合伙人绩效贡献"这一新的"历史使命"。因而，在你的公司试图选择其一来考核合伙人的绩效贡献时，应该十分审慎，除非你能够对这两种思想及方法加以有效改造。以下是我们对这两种主流绩效考核思想及方法的评析。

KPI的优缺点

KPI是"关键绩效指标（Key Performance Indicator）"三个英文单词首字母的组合。它通过指标的设置、整合和控制，把组织对员工绩效的评估简化为对几个关键指标的考核，从而促使员工的绩效行为与组织要求的行为相吻合，而不至于出现重大偏差，进而确保公司实现战略目标。公司在制定KPI考核标准时，通常要求所制定的关键指标必须符合SMART原则：明确性（Specific）、可衡量性（Measurable）、可实现性（Attainable）、相关性（Relevant）和时限性（Time-bound）。

KPI是迄今为止所有绩效管理理论和方法体系中普及率最高的一个概念。绝大多数人在谈及绩效管理时，首先想到的就是KPI，甚至在不少人的意识里，KPI就是绩效管理的代名词。之所以如此，是因为在其他绩效管理理论和方法问世之前，世界上用于考核员工绩效的思想和方法，似乎只有KPI。

追溯企业管理发展的历史，我们可以清晰地想见这样的情景：企业为了实现自身的整体业绩目标，需要将目标分解到组织中的各个部门、层级和岗位，并在分解目标时，充分考虑到影响业绩目标实现的若干关键性工作；企业相信，只有对所有部门、层级和岗位的人员进行目标和关键工作完成情况的考核，并将考核结果与相关人员的利益进行挂钩，才能最大化地确保企业整体业绩目标的实现；企业界在理论家们的引导下，逐步达成了一种共识，就是将这种分解目标并考核和奖罚员工的方法叫做KPI。

然而，尽管KPI理论和方法已经问世了一百多年（据说，它发端于意大利经济学家帕累托先生于1906年提出的20/80法则），但迄今为止，人们只是在整体框架和基本思想方面达成了大体一致的意见。这是因为，不仅每一位理论家对KPI概念和方法的阐述不尽相同，而且每一家企业所采取的在KPI名义下管理员工绩效的理念和方法也有很大不同。

（1）实践中的共同点

各公司所采取的KPI绩效管理思想和方法，其共同之处大致可以归纳为以下五点。

①采取"子目标之和大于总目标"的目标分解原则，将公司整体的经营和管理目标分解成为适用于各部门、层级和岗位的细分考核指标和目标。在设置目标时，名义上都遵循SMART原则。

②为各考核项和细分指标分别设置一定的权重。在设置权重时，遵循的基本原则是，各考核项的整体权重相加为1，各细分考核指标的权重相加等于考核项的权重。

③采取一定的评估方法对每一考核指标进行评分。评分时，一般采取百分制，对于特别重要的细分指标，通常会设置有限加分的规则。

④规定针对不同岗位人员的绩效考核周期。到了期末，由考核者按照特定的流程和标准，或以约定俗成的方式，对被考核者的当期绩效进行打分。有的公司在这一环节会采取比较复杂和正式的打分方式，更多的公司采取的则是比较简单和随意的打分方式。

⑤将绩效考核的得分情况与被考核者的一定比例的薪酬/绩效奖金挂钩，有的公司还会依据绩效考核结果，来决定员工薪酬的涨跌和职务的升降。

（2）优缺点分析

作为一种被企业界普遍采用的历史悠久的绩效管理方式，KPI毫无疑问有其内在的优点。但是，随着企业内外部经营与管理环境的变化，特别是在现如今企业经营管理环境及其发展变化的大趋势下，基于KPI的绩效管理思想及方法，已经不能很好地达成企业对员工实施绩效管理的初衷了。换言之，现在看来，KPI理论和方法体系既有优点，也有缺点。以下是我们对其主要优缺点的概述。

优点。

①将公司的经营目标及影响目标实现的若干关键性工作，分解为各部门、层级和岗位的目标和任务，并加以考核，这一点无疑是正确的。

②在设置考核指标时，通过权重分配的方式来标明各指标的重要性，不仅可以充分体现组织或上级对工作重要性的判断，而且也有助于提醒被考核对象对组织所关切的重要指标的关注。

③将考核结果同被考核者的薪酬/奖金乃至职务升降等切身利益挂钩，这一考核思想本身具有基于人性的考虑。因为，通过这一制度性安排，可以促使员工们积极地争取个人利益或避免个人利益受损，而最大化地满足组织对他们的要求，进而最大化地确保公司整体经营与管理目标的实现。

④通过考核，可以在一定程度上发展员工的工作意愿和能力。因为，至少理论上讲，在KPI考核之后或过程中，组织或上级可以通过面谈、辅导、培训和加强管理等方式，让员工改善工作意愿和提升工作能力，从而创造出更佳的工作绩效。

缺点。

①没有就如何设置考核指标给出统一的原则、方式或划分清晰的边界，以至于各公司在设置考核指标时，可以随心所欲地把一些相关不相关、可考可不考的内容都纳入到考核体系中。这样做既导致指标间的相互包容、逻辑矛盾，又分散了关键指标的考核权重，同时还导致员工对绩效考核抱以博弈、抵触或无所谓的态度。

②没有就如何设置目标值给出统一的原则，以至于各公司在设置考核指标的目标值时随意性很大，尤其是大多数企业习惯于遵循"进取性"的目标设置原则。这样一来，当目标"总是"不能达成时，反而使员工们对绩效考核习惯性地抱以博弈、抵触或无所谓的态度。

③采取"分布式权重设置"，使得各公司在设置各考核指标的权重时，往往为了照顾到更多的考核指标，而不得不极不情愿地牺牲掉一些重要指标的权重。特别是，当公司无边界地试图将更多的"关键因素"纳入到考核体系时，权重分布小的考核指标，往往会因为难以衡量而导致分歧和不满，或者因为重要性不足而被员工无视或轻视。

④在考核流程和考核结果应用方面，均缺乏一致公认的原则和标准，因而不同的公司可以这么做，也可以那么做，随意性很大。

（3）**结论**

KPI是劳资关系交易时代的产物。作为一种企业与员工进行博弈的工具，它在企业发展的历史过程中，曾扮演过十分重要的角色，但如果将其应用于利他时代的人才管理实践，则注定不会有好的效果。这是因为，在新的历史条件下，企业用于与人才们博弈的筹码正在变得越来越少，或者说交易的天平已经倾斜到了员工一端。

或许，对于那些处于强势地位的大企业来说，运用KPI来管理其合伙人的绩效贡献，尚存在一定程度上的表面价值。但KPI对创建共利型组织文化肯定是不利的。试想，你公司已经决意要与人才们共利（已经把股份授予他们），却同时却又要与人才们进行博弈，这会在人才们的心理和行为上产生怎样的效应呢？

OKR的优点与问题

OKR是近年来管理理论和实践界最为流行的概念之一，是许多中国企业希望了解和采取的一种全新的绩效管理思想及方法。它来自于全球顶级公司的目标管理实践，最早由Intel公司提出，后来被Google、Uber、LinkedIn采用，再后来便得到了全球大量企业和管理专家的追捧。因而，人们有足够的理由相信，它是绝佳的绩效管理方法。

OKR是Objectives & Key Results三个英文单词首字母的组合：O = Objectives，可以理解为企业目标；KR =Key Results，可以理解为关键成果领域；将之合在一起就是"对确保达成企业目标的关键成果领域的分解与实施"。

在应用实践中，OKR被人们赋予了这样的内涵：让组织中的每一个团队清晰地分析和确定本团队在下一个周期内的若干工作目标（O），并基于各自的工作目标，分析、设置和确定影响目标实现的关键成果领域要追求的数值（KR）。在工作周期结束时，再对照工作成果评定和反思目标实现的情况，同时，设置下一周期的工作目标和关键成果领域要追求的数值，这样做更有利于达成组织的绩效目标。

然而，也有明智的管理理论工作者在这样呼吁：OKR的结果，不应与当事人的个人薪酬等切身利益直接挂钩，而应当仅仅作为促使员工实现有效自我管理的工具。因为如果将其作为绩效考核的方法体系，则会面临一系列问题。

（1）何以迅速风靡

我们曾针对企业为什么要选择OKR作为绩效管理工具进行过专门调研，得到的回答大致可以归纳为以下四点。

①传统的KPI考核效果极差，员工大多不认同，因而需要导入一套新的有效的绩效管理方法，OKR便进入了视野。

②OKR源自于Intel、Google这样的世界顶级公司的最佳目标管理实践，其权威性和效果不用怀疑，只是不知道如何应用于中国本土公司。

③国内外大量的管理专家都在著书或撰文推荐OKR，大量的培训公司也都在开办OKR相关的课程，可见OKR已经获得理论界的一致认可。因此有理由相信，OKR是替代KPI的最佳的绩效管理方法。

④新生代员工不喜欢"被管理"，所以KPI的效果很差，而OKR主张的是员工实现有效的自我管理，因而针对新生代员工，OKR的管理效果会更佳。

虽然以上只是部分公司给出的选择OKR的理由，但在我们看来，其他看好或选择OKR的公司，其理由也大致接近，最多只是多一条或少一条理由罢了。

（2）优点与问题

我们的研究显示，相比于KPI，OKR有其明显的优点，这也是众多公司希望了解和导入OKR的理由。但是，OKR也面临诸多方面的应用问题，并不能普遍适用于所有的公司。企业在试图导入OKR时，应该首先把相关问题想清楚。

优点。

①通过将公司的战略目标进行分解，使团队和个人聚焦于所分解的

工作目标，并制定出实现工作目标的关键成果领域的数值，从而摒弃了KPI考核中常常出现的令人无所适从的考核工作者意愿、态度、能力等复杂无效的内容。

②强调了人才们在绩效管理中的自主和自觉意识，这符合新时代精神，符合新生代员工的特点。

③来自全球知名公司的经验和全球学者普遍认同的绩效管理方法，更容易获得员工们的认同，并且令管理者更加自信，这对企业推行这种绩效管理方法本身是有意义的。

问题。

我们的研究显示，OKR在应用过程中也面临一些不容忽视的问题。如果企业不能意识到并有效地解决这些问题，应用OKR将不可能取得理想的效果，甚至搞不好，它的应用效果还不如传统的KPI。其主要问题如下。

①虽然可能关注到了影响公司经营结果目标的全部关键结果领域，但在企业管理过程中，并不是有了明确的目标，员工们就能自动努力地去实现目标。特别值得注意的是，OKR鼓励员工设置富有挑战性的工作目标（鼓励挑战自己的极限），而如何才能实现具有挑战性的工作目标，这一管理标准本身并无说明。这就意味着，所订立的目标极有可能只是"目标"，并不能真正转变为现实成果。

②OKR最核心的价值是，鼓励员工实现自主自觉和有效的自我管理。但是在现实中，并不是每一家公司的任何一个部门和层级的人员，都能实现自主自觉和有效的自我管理。通常，只有那些高度认可公司的战略、策略和文化，具备较高能力素质，没有生活的后顾之忧，以创造令自己满意的工作成果为人生乐趣的人，才会具备自主自觉和有效地实施自我管理的意识、动力和能力（Intel和Google等公司的人才们大多是这

样的人）。显然，并不是每一家公司都拥有或有条件拥有这样的员工。

③标杆公司在使用OKR时，并不将员工的OKR评估结果与员工的薪酬等切身利益挂钩，而只是将其作为引导员工进行自主自觉和有效自我管理的工具。而大量看好OKR的国内企业，因为意识到本公司的员工素质和能力没那么高，所以会认为，不将考核结果与员工的切身利益挂钩将不会产生好的管理效果。但问题因此就产生了，既然要将考核结果与员工的切身利益挂钩，那么就不可避免地会导致企业与员工之间的讨价还价和相互博弈，而当这种情况出现后，OKR也就失去了它的本来面目了。

（3）结论

就OKR的设计思想而言，可以说它是一种正确的因应利他时代的人才管理主张，因为当人才们已经获得了高薪酬或已经持有了公司股份（与公司建立了共利性关系）时，他们为了自身的利益，就有必要通过更为有效的自我管理，来竭尽所能（甚至是向死而生）地为公司的事业发展贡献自己应有的价值。

但是，由于OKR本身不是一种绩效管理工具（而只是一种目标管理工具），确切地说，它缺少一种促使或迫使人才们不得不产出最大化绩效的机制性功能，故而将之用于管理合伙人的绩效贡献，也是不可取的。

9.3 合伙人贡献管理体系：3S

本书第1章和第4章已经讨论过，在劳资关系的利他时代到来后，出现了两种并行的人才管理模式：一是以西方公司和中国传统的大企业为代表或主体的"后交易型人才管理模式"，二是以新兴的中国民营企业为代表或主体的"共利型人才管理模式"。由于后交易型人才管理模式不是本书议论的重点，而且这种人才管理模式并不具有未来性，所以在此我们不想讨论这种模式下的绩效管理究竟应该怎么做，或者说究竟应该基于什么原则来予以改进。我们有必要把有限的篇幅和精力，放在共利型人才管理模式下绩效管理问题的讨论上。

在人才们持有公司股份的情况下，如果公司依然用已经过时的博弈性质的绩效管理思想与方法来考核人才们的绩效贡献，则注定不会产生好的效果。也就是说，如果一家公司决定导入共利型人才管理模式，它就很有必要选择或建立全新的绩效管理思想及方法体系与之相配套。

2019年6月，继《合伙人制度顶层设计》和《合伙人的自我修养》两本书之后，我们又出版了《合伙人制度顶层设计：3S绩效考核》一书。该书将奇榕咨询公司独创的并推广应用了五年之久的绩效管理思想及方法体系和盘公诸于世，这便是专门用于管理合伙人绩效的3S贡献管理体系。

3S贡献管理体系撷取了KPI的有用内容，又融汇了OKR的精华思想，并在二者的基础之上，开创性地增加了全新的针对合伙人群体的共利性管理思想、方法和工具。经过八年的实践检验，3S体系已经被证明具有普适性。

下面是对3S贡献管理体系的框架性内容介绍，感兴趣的读者可以阅读《3S绩效考核》原著，以便系统地了解和学习相关思想及方法。

三个评估方向

企业采取传统的KPI方法设计员工的绩效考核指标时，对于应考核什么和不应考核什么，通常是无边界、无原则的，不同的企业可以随意取舍。因此我们看到，那些持有"只要结果，不要过程"管理理念的中小企业，往往为图简单省事而只选取结果项的考核指标；而那些大中型企业，则总是试图将更大范围的指标纳入到考核体系中来。

我们主张，企业应定期考核合伙人在图9-1所示的三个方面的绩效贡献：文化贡献、结果贡献和过程贡献。所谓"3S"，其中的"3"就是指要从"文化（Culture）""结果（Result）"和"过程（Process）"这三个方向，来定期评估每一位合伙人的绩效贡献；"S"是"得分（Score）"这个英文单词的首字母，故称"3S贡献管理体系"，简称"3S体系"。

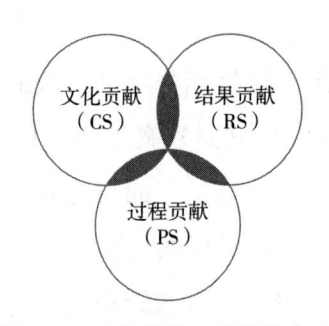

图9-1　3S体系的三个评估方向

我们之所以主张应从文化、结果和过程这三个方向上来管理合伙人的贡献，理由和逻辑如下。

（1）理由

读者可以通过以下情境来思考和理解，我们为什么主张一定要考核合伙人在文化、结果和过程这三个方向的绩效贡献。

假定有一家50人规模的小公司，2021年的销售业绩为6000万元，2022年决意要实现1.2亿元的销售目标。现在的问题是：该公司要想实现销售目标，对其全体员工在总体上和客观上，应该有哪些方面的要求呢？

毫无疑问，该公司要实现1.2亿元的销售目标，客观上要求公司里的每一位工作人员，都能够在各自的岗位上，实现由总目标分解而来的工作结果目标以及影响工作结果的关键事项目标。比如，各个区域和岗位的销售人员要实现相应的销售相关目标，生产人员要实现与销售目标相适应的生产目标，研发人员要实现与销售和生产目标相适应的新产品研发目标，采购人员要实现与销售、生产和研发目标相适应的采购目标，财务、人力和行政部门人员要实现前述各部门为实现目标而派生出来的相应的关键工作事项目标……当该公司将年度总体目标分解为各部门和各岗位人员的绩效目标，并将绩效目标分解到季度或月度时，在理论上讲，它便有了确保总目标实现的针对各部门和岗位人员的结果项绩效考核目标。

那么问题来了：假定上述目标分解是有效的，该公司2022年就一定会实现其1.2亿元的销售目标吗？答案是不一定。因为，假定该公司不能从以下两个方面确保公司全体员工的行为有效，那么上述目标分解无论多么科学，都不可能确保总目标的实现。

其一，假如该公司缺少一套有效管理员工的文化准则和规章制度，或者虽然有但员工们并不遵守，或者有一部分核心层级人员的行为正在对公司的文化准则和规章制度构成破坏性冲击，那么该公司便很有可能会因为观念和行为不一致，而导致目标无法达成。

其二，假如该公司的员工不能确保在2022年的全年工作过程中，有良好的行为表现来应对和解决各种随机出现的问题，那么该公司也难以确保年度总体销售目标达成。这是因为，在任何公司、部门和岗位人员达成目标的过程中，都会随时面对各种各样的问题，比如销售部门人员会碰到一系列的与客户开发、客户关系维护、订单处理、竞争应对等相关的问题，生产部门会碰到人员短缺、物料供应、设备故障和技术障碍等问题。当相关工作人员不能预见到工作问题的发生，或在问题发生后出于各种原因，不能有效地解决问题时，势必会影响本岗位工作结果目标的实现；而本岗位的结果目标若不能实现，便势必会影响公司总体目标的达成。

反过来说，如果上述公司既能有效地将公司的总目标分解到每一部门、层级和岗位，又能最大化地确保全体员工遵守公司的文化准则和规章制度，同时还能最大限度地确保每一位员工有效解决工作过程中的各种问题，那么，该公司的总体目标就能最大限度地得到实现。如果在这种情况下，也不能实现总目标，那便是总目标定得过高了。

综上所述，任何一家公司在管理员工的绩效时，都有必要同时考核员工的文化行为表现、工作结果和工作过程行为表现。

（2）逻辑关系

在3S体系中，文化、结果和过程这三个要素的逻辑关系如图9-2所示。

图9-2 三个评估方向的逻辑关系

"文化"是员工实现良好业绩的"起点"。员工只有遵守公司的文化准则和规章制度，才可能有良好的工作过程表现和工作结果表现；不遵守公司文化准则和规章制度的员工，不可能产生良好的绩效，即便产生也一定只是碰巧，不可能持续。

"结果"是员工要达到的"终点"，也是企业的最大关切。考核员工工作结果的重要性还在于，如果缺乏工作结果目标的牵引，员工在其他两个考核方向上的行为表现，便很有可能偏离正确的方向。

"过程"是员工要达成结果目标的"重点"。只有工作过程有效，才能达成工作结果目标（如果工作过程有效也不能达成工作结果目标，那意味着目标定得过高；如果无需管理工作过程，也能达成工作结果目标，那意味着目标定得过低）。

基于以上说明，文化、结果和过程这三个考核方向是彼此加强和相互修正的关系：加强文化行为表现和工作过程行为表现的考核，可以促进员工达成工作结果目标，也可以用以修正工作结果目标定义时的偏差；加强工作结果目标的考核，可以促进员工文化行为和工作过程行为的有效性，也可以用于修正文化和工作过程管理中的偏差。

五项功能

考核合伙人在文化、结果和过程三个方向的绩效贡献，是为了把对每一位合伙人的绩效考核结果，与其股份相关的所有利益高度挂钩。但是，这并不是唯一的目的。3S贡献管理体系最核心的价值并不止于此，它除了可以有效地用于动态决定合伙人若干切身利益"增减"之外，还同时具备以下五项功能。

（1）促进沟通与协作

在传统上，大多数的绩效考核标准中并没有"过程管理"的相关内容，只有目标设置与考核。企业的考虑是，有了目标设置，管理者和员工便会自动自觉地为实现目标而努力。然而，这一观点和做法明显存在一些问题。比如，一些员工不知道应如何采取有效的工作行为，无法实现既定的目标；又比如，一些员工明知道按照规范化要求可以取得更好的工作结果，但可能为了图省事而不愿意那么做，这样一来，依然无法取得最佳的业绩。

最重要的是，对于完成岗位工作目标将要涉及的任务、流程和方法，许多员工的理解是有限的。他们往往需要上级领导的指示、提醒、敦促，才能意识到自己应该做什么、怎么做。比如，一些销售人员面对大量的客户开发、客户关系维护、客户订单处理与协调等工作,可能抓不住工作重点,因而效率较低,如果没有上级的帮助,就不能取得理想的销售业绩。又比如,HR人员可能会每天忙于大量的事务性工作,却不愿意去做那些他们不擅长的基础性制度建设、关键人才招聘和员工效能管理等工作,如果没有人去提醒、要求和敦促,他们管理人力资源的绩效便不可能达到最优。

除此之外,跨部门、跨岗位工作协作中的问题,更是在许多公司天天出现。如果只是规定员工的业绩目标,而不考虑实现业绩目标所依赖的条件,就势必无法完成目标。比如,销售部门要完成销售订单,会对生产部门的交期构成要求;而生产部门的工作效率,又会受制于采购部门的工作质量和效率……这意味着,如果做不好管理协调工作,那么,即使有明确的业绩目标,也常常会完不成。

3S体系所具有的促进沟通与协作的功能体现在,任何一位工作者的工作目标与计划,都是在上级和相关岗位人员的参与下制定出来的;在制定工作目标与计划的过程中,就可以解决大量的跨岗位和跨部门沟通协作的问题。比如,销售部门接到一个大订单,会要求生产部门按照合同规定的交期交货;生产部门要按期交货,就会要求采购部门及时供应相关供应品,也会要求人力部门解决人力不足的问题;生产部门、采购部门和人力部门各自都有自己的工作要做,这时,相关人员在制定关键工作事项计划时,就应该就此协商,并形成彼此承诺,从而确保按时保质保量地完成订单。如果缺乏这样一种工作沟通与协作承诺机制,那么在工作过程中,就会出现扯皮拉筋和相互推责的问题,最终会损害公司利益。

又比如,公司总经理要求人力资源部门在某月某日之前,完成全公司各个岗位人员的SOP优化设计。人力资源部门要完成这项工作,一定需要公司各部门配合完成本部门各岗位人员的SOP。如果缺少一种有效的沟通和协作机制,人力资源部门便不得不"求爷爷告奶奶"地要求、请求或敦促各部门主管"帮助"他们,而各部门人员一定会以工作忙为理由,要么不能按照人力资源部门要求的时间节点提交,要么提交的质量达不到要求。导入3S体系以后,管理层在召开3S会议时,当总经理要求人力资源部门主管做出承诺,并将这项工作写入关键工作事项计划时,人力资源部门主管就必然会要求所有相关部门主管同步承诺相应工作的完成时间和质量,并将承诺的内容写进他们各自当期的关键工作事项计划。

(2)促进合伙人学习与成长

3S体系的另一个功能是促进每一位合伙人的学习与成长。将这一功能作为管理合伙人绩效贡献的重要目的,所基于的理由有以下三点。

其一,任何一位合伙人,只有提升了工作能力,才有可能创造出更好的工作业绩。道理很简单:你希望一位员工将120斤的担子挑到10公里之外的某处,他如果确有这个能力,你只要激励一下他,他便可以做到;如果他不具备这个能力,你仅仅激励他是没有用的,在这种情况下,你要他完成任务,便只有一种选择,那就是帮助他提升能力,包括让他寻找到达成目标的新方法。

其二,3S体系本身具有促使合伙人能力提升的功能。因为,当一位合伙人在文化、结果和过程三大考核方向上努力争取得高分时,他就会努力建立能力或寻找方法;这样一来,他的工作能力也就会得到提升。最重要的是,3S体系本身将为合伙人的能力提升指明方向和要求,并提供衡量依据。

其三,3S体系还具有发现合伙人能力短板的功能。企业运用这一体系,要求每一位合伙人制定本人的工作目标与计划时,以及对每一位合伙人的每一项细分指标进行考核时,所有合伙人的工作意愿、工作能力和发展潜力,都会一览无遗地呈现在所有人的面前。这是因为,3S体系要求,每一位合伙人的绩效目标与计划的制定以及各指标项的考核,都应在公开进行的"3S例会"上呈现。在这种情况下,一方面,那些表现欠优的合伙人将面临强大的压力,他们不得不改变自身的思维、心态、行为和行为结果;另一方面,也将不断提醒企业,应采取相应的管理干预措施,来促使那些在思维、心态、行为和行为结果方面表现欠佳的合伙人,迫使他们作出相应的改变。

(3) 促进业绩目标的达成

当每一位合伙人因能力提升而创造出了更佳的业绩时,公司的业绩目标也就能够最大化地实现。

3S体系本身,就是一套确保每一位合伙人实现最佳业绩的方案。当每一位合伙人都能够在文化、结果和过程这三个方向的每一细分指标项上有良好表现时,公司便必然能够创造出更佳的业绩。

(4) 促进管理的持续改善

在运用3S体系管理合伙人的绩效贡献,以促使每一位合伙人创造更佳业绩时,合伙人将面临许多直接和间接的现实问题或困难。这时,公司或上级领导,只有设法来分析和解决问题,相关合伙人才能形成工作承诺;而当公司或上级领导为追求更佳业绩,不得不设法解决合伙人在创造业绩过程中已经和将要碰到的各种现实问题或困难时,公司的管理也就得到了相应的改善。

比如,当公司要对每一位合伙人"跨部门沟通协作的行为表现"进行考核时,将会涉及到跨部门沟通协作的管理标准问题;如果没有标准,便无法评估一位合伙人是否有效地响应了跨部门的沟通协作要求。问题出现以后,公司为了使每一位合伙人都能积极地响应其他部门的沟通协作要求,就不得不设法建立起跨部门沟通协作的管理标准。这便是3S所特有的推进企业管理改善的功能体现。

相似的道理,如果一位合伙人的3S考核标准中,有一项考核指标叫做"工作创新",那么公司就应该制定出相应的工作创新指南及成果认定办法;如果公司没有这么做,就无法引导合伙人有意识地进行工作创新,也无法有效地评价一位合伙人是否在进行工作创新,无法评估合伙人的工作创新成果究竟值不值得嘉奖。

(5) 促使合伙人获得更好的工作回报

这是3S体系的最终目的,也是上述四项功能得以实现的前提性功能。

具体说来,3S体系将从三个方面带给人才们以利益。其一,当一位合伙人的连续3S绩效考核结果较优时,便可以在股份行权、增量奖励和后期股份增持等方面占有更大优势;其二,当一位合伙人的连续3S绩效考核表现优异时,极有可能获得更多的升职和加薪机会;其三,当大多数合伙人都有良好的3S绩效表现时,意味着公司的业绩会更好,股份价值会更高,每一位合伙人不仅可以获得更大的股份相关收益,也将会获得其他多重收益。

由于3S具有促进合伙人学习与成长的功能,当一位合伙人的能力因为其所在公司推行3S体系而得到提升时,即便由于各种原因最终离开了现在工作的公司,也能够从新的组织里持续获得由此带来的良好的工作回报。

内容框架与设计要领

表9-1是3S绩效管理标准的通用模版。我们在指导和帮助企业设计合伙人制度时,总是要求企业基于这个模版,来制定适用于每一位合伙人的3S绩效考核标准。

表9-1　　　　　　　　3S贡献管理标准（通用模板）

评估指标		目标设置	评分标准（细则）	数据来源	评估得分	权重设置	最终得分
评估方向	细分指标						
文化贡献（CS）							
结果贡献（RS）							
过程贡献（PS）							

接下来，将论述该模板承载的管理思想和所基于的思维逻辑，及其所提供的方法在具体应用过程中涉及的问题和处理技巧。

（1）指标设置

3S贡献管理体系首先是一个相对封闭的考核系统。其封闭性体现在两个方面。其一，只考核合伙人在文化、结果和过程三个方向上的贡献，不涉及其他维度的考核。其二，只考核合伙人在前述三个方向上的行为和结果表现，不涉及工作意愿和能力的考核。（与现行的绩效管理方法中通常把员工工作意愿和能力一并纳入考核不同的是，3S贡献考核不涉及这两个方向的内容，理由之一是它们不易衡量，理由之二是员工具有良好的工作意愿和能力，并不必然会产生良好的工作业绩，而能够产生良好业绩的员工，则一定意味着其具备相应的工作意愿和能力。我们一般建议，企业在招聘及培养人才时，才应重点关注候选人或培养对象的工作意愿和能力状态。）在此两个前提下，我们再来分别讨论如何设置每一考核方向下的细分考核指标。

①"文化贡献"方向的指标设置。

首先有必要说明什么是"文化贡献",以及对合伙人文化贡献进行考核的重要性和必要性。我们在此所说的"文化贡献",是指一位合伙人遵守公司既定文化(价值观)准则和规章制度的行为表现。

每一家公司都有既定的文化准则和规章制度,它们是企业在发展过程中逐步选择并形成的。文化准则包括企业的愿景、使命、价值观,企业倡导的做人、做事、团队合作、对待客户的准则,以及企业规定的不可容忍的员工行为底线,等等。规章制度是指适用于每一位员工的工作行为规范,通常包括:上下班时间规定、目标与计划管理的规定、工作协作/响应相关的规定、工作汇报(报表)相关的规定、会议管理相关的规定,等等。

考核合伙人文化贡献的目的在于,合伙人只有遵守公司既定的文化准则和规章制度,才能维持和确保组织的凝聚力、向心力、协同力和战斗力,公司才可能创造出较好的经营与管理业绩。反过来说,如果一家公司缺少相应的文化准则和规章制度,或虽然已经有但人们不去遵守,那么,员工就会各行其是,组织就会像一盘散沙;这样的组织缺乏凝聚力、向心力、协同力和战斗力,也就不可能创造出卓越的经营与管理业绩。

在理解了考核合伙人文化贡献的重要性和必要性之后,下一个问题就是如何设置文化贡献方向的考核指标。我们一般建议设置以下三项细分考核指标。各企业也可以根据自身的管理要求,以及各岗位的具体情况,来选择文化贡献方向细分考核指标的多少和具体的指标内容。

遵守《合伙人文化守则》的行为表现;
遵守公司目标与计划管理、工作汇报与会议管理要求的行为表现;
跨部门沟通与内外部协作的行为表现。

需要特别说明的是，并不是每一家公司在上述三个细分考核指标项上，都有明确的堪称"准则"的文化定义和堪称"规范"的规章制度。在这种情况下，我们会建议企业在制定3S标准之前花一定的时间，通过群策群力的方式，梳理和制定出要求公司全体合伙人共同遵守的《合伙人文化守则》；同时重新梳理公司现行的核心规章制度，以便清晰地定义出要求合伙人必须遵循的规章制度是什么。

② "结果贡献"方向的指标设置。

结果贡献方向的考核指标是每一家公司都高度关注的，因为公司每一位工作人员的工作结果的加总，就等于公司总体的绩效（如果不相等，那说明公司的绩效考核标准设计存在缺陷）。

结果贡献方向的考核指标看起来是比较容易确定的。在大家熟知的KPI考核指标体系中，工作结果方向的指标总是优先受关注的，而且，几乎每一家公司都能针对每一个岗位罗列出多项重要的细分考核指标来。然而，在设置这一方向的细分指标时，会面临一个难点：销售和生产部门人员的结果指标相对容易设置，非销售和生产部门人员的结果指标却不容易设置。以下举例说明。

在设置销售部门人员的结果项细分考核指标时，无非是在以下通用指标中，根据公司的实际管理需要做出选择。

销售目标达成率；

销售毛利目标达成率；

新产品销售目标达成率；

销售回款目标达成率；

客户满意度；

市场占有率；

销售费用控制目标达成率……

在设置生产部门人员的结果项细分考核指标时，也无非是在以下通用指标中，根据企业的实际管理需要做出选择。

生产计划达成率；
质量目标达成率；
产值目标达成率；
人均产值目标达成率；
制造成本控制目标达成率；
体系维护与改善目标达成率；
创新目标达成率……

但请注意，即便是针对销售和生产岗位的结果项考核，涉及三个以上的可选择指标时，究竟选择什么指标作为细分考核指标，也是对相关人员的极大考验。因为通常来说，考核指标设置过多，会稀释其中一些重要指标的权重；而考核指标设置过少，则有些重要的内容可能未被关注到。我们通常建议，处理这一矛盾的办法是，只选取被各相关方人员认为最重要的2~4项指标，其他指标不予考核。这虽然显得有些武断，但实践证明却是有效和可行的。

更有难度的问题还在于，如何为非销售和生产岗位人员设置结果项的细分考核指标？在设计绩效考核标准时，非销售和生产岗位人员的工作结果内容的分类，一直是一个未能很好解决的管理难点。（即便是销售部门和生产部门的人员，有些岗位在结果考核项上如何分类，同样是一个没有被很好解决的问题，比如销售部门的助理和内勤岗，生产部门的计划和统计岗。）

所谓"分类"，是指如何将一个岗位的工作结果分解成为不同的考核指标。我们的观点是，所有工作岗位的工作结果一般会涉及五个维度的内容：效率、质量、成本、创新和安全。这五个维度也是企业管理工作永恒的五大主题。换言之，不同的企业在针对不同的岗位设置结果项细分考核指标时，无非是在这五个维度上做出选择。

不过，需要提醒的是，不同岗位在上述五个维度的优先顺序是不一样的。比如，对于危化品仓库管理人员和飞机驾驶员等岗位来说，安全指标可能应该是排在第一位的；而对于其他众多岗位的人员而言，效率指标则可能应该排在第一位。

③"过程贡献"方向的指标设置。

在谈到这一方向的指标设置时，首先需要认同一点：没有正确有效的工作过程，便不会产出最佳的工作结果。比如，如果一位销售人员不能有效地选择目标客户、完成客户开发、维护与推进客户关系，他便不大可能实现销售目标；又比如，当一位人力资源主管不能做好人才招用育留四个方向上的若干具体工作时，他几乎没有可能实现理想的人均产值目标或员工流失率目标。在这个意义上讲，考核相关工作人员的工作过程表现，是一个不可或缺的选择。

那么，怎样设置过程贡献方向上的细分考核指标呢？针对这一问题，我们一般建议考核以下三项细分指标。

周期内关键工作事项计划完成率；
周期内关键工作事项计划完成的质量或效果；
周期内计划外工作事项完成情况。

不同企业针对不同岗位人员的考核周期各不相同，有的是季度考核，有的是月度考核，有的是每周考核。无论是哪一种考核周期，企业中的许多工作岗位，尤其是管理岗位，在考核周期内无一例外地会涉及到大量的具体工作；他们只有关注到那些影响工作结果的关键性工作事项，并解决好这些关键工作事项所涉及的问题，才能确保在考核周期内最终创造出良好的工作结果。

比如一位安全管理人员，他的工作结果目标是"零安全事故"，那么围绕这一结果目标，他可能需要在考核周期内完成这样几项关键性工作事项：对相关人员进行一次安全知识与技能培训，出台一种安全管理办法并确保有效执行，进行一次安全大检查（发现安全隐患并及时消除），等等。毫无疑问，他只有做好了所有已经列示出的与安全相关的关键工作事项，才有可能确保在周期内实现"零安全事故"目标。

又比如一位销售人员，如果他在考核周期内的销售目标是1000万元，那么他就要分析，围绕这一销售目标，他需要开发多少新客户，将哪些客户的关系推进到什么阶段，要解决客户关系中的什么棘手问题，要争取哪几家客户尽早下订单，要协调哪些内部关系以便按时向客户交货，等等。他只有做好了跟实现1000万元销售目标有关的所有关键工作事项，才有可能确保在周期内实现1000万元的销售目标。

有了考核周期内的关键工作事项计划，就要设法完成；不仅要完成，还要尽可能高质量地完成。所以，以关键工作事项计划为主轴的过程贡献考核，有必要考核两项重要的细分指标：计划完成率和计划完成的质量/效果。

那么，为什么又要考核"计划外工作事项完成情况"呢？这是因为，许多岗位的工作人员，在按照事前确定的计划进行工作时，可能会有一些无法预估到的工作冲击他们的既定计划。比如一位安全管理人员，本来计划用一天时间对相关人员进行一次安全知识与技能培训，并用一周时间起草某一安全管理办法，然而公司总经理突然安排他到欧洲出差一周，考察某供应商新推出的一款消防设备。在这种情况下，这位安全管理人员的既定工作计划就会被冲击，他不得不既设法保证既定计划的完成，又满足总经理临时安排给他的出差要求。

任何一位岗位工作者的计划外工作，通常都来自于两个方向：一是上级领导的临时指令性工作，二是跨部门或跨岗位的临时协作性工作。由于来自这两个方向的临时性工作常常冲击被考核人员"正常"的关键工作事项计划，所以，我们特地建议在过程贡献考核方向加上"计划外工作事项完成情况"这一细分指标。这一指标我们一般建议在考核时只加分不减分，至于怎么加分，则要根据过程贡献考核的前两项细分指标的完成情况，来做出通盘的理性选择。

有必要说明的是，上述三项细分指标的设置只是一般性建议，不同的企业针对不同的岗位，可以根据相关各方的商议结果来设置具体的细分考核指标。

（2）权重设置

现在我们来谈一谈3S绩效考核标准的权重设置问题。

首先是三大考核方向的权重设置。对此，我们的建议是，针对合伙人的绩效贡献考核，文化、结果和过程三个方向的权重设置应分别如下。

文化贡献：10%～20%

结果贡献：50%～80%

过程贡献：30%～10%

以上权重分配中，在结果贡献和过程贡献考核方向，之所以存在较大选择区间，是因为不同岗位人员的工作结果有的易于衡量，有的则不易衡量。我们一般建议，针对结果贡献易于衡量的岗位，其结果贡献方向的考核权重要高，反之则应低。

设置权重时要考虑的另一个问题是，在每一考核方向下，各细分考核指标应如何设置权重？针对这一问题，大多数企业约定俗成的做法是采取"分布式权重设置"方式，即根据对各细分指标重要性的定义，分别给予不同的权重；所有细分指标考核权重的加总，即等于这一考核方向的总权重。我们一般不建议采取这种办法。这是因为，这种分布式权重设置办法会面临两个问题：其一，企业在为各细分考核指标分配权重时，可能存在认知偏差；其二，被考核者有可能无视或忽视那些权重分配较低的细分指标。

我们的建议是，最好采取设置"修正系数"的办法来解决上述问题：把每一考核方向下的第一项细分指标作为"核心指标"，核心指标采取百分制（最高可得120分）；把每一考核方向下的第二至第N项指标作为"修正指标"，修正指标也采取百分制计分法（最高可得120分），但需要将单项得分除以100，转换成修正系数；最后，再以核心指标项的得分乘以所有修正系数的平均值，得出该考核方向的最终得分。

打比方说，假定一位销售人员的结果贡献要考核四项细分指标：销售目标达成率、销售毛利目标达成率、回款目标达成率和销售费用控制情况。在某一考核周期，该销售人员在此四项细分指标的考核得分情况如下——

销售目标达成率：110分；

销售毛利目标达成率：80分（系数为0.8）；

回款目标达成率：90分（系数为0.9）；

销售费用控制情况：100分（系数为1.0）。

基于这位销售人员结果贡献项的四项细分指标的得分，用第一项指标（核心指标）的得分（110分），乘以后三项细分指标得分转换得来的修正系数的平均值〔（0.8+0.9+1.0)/3=0.9〕，得出的分值便是99分（110*0.9=99），即该销售人员考核周期内在结果贡献方向的最终得分为99分。由此可见，运用核心指标乘以修正系数的方式，就能有效回避传统的"分布式权重设置"中可能存在的问题。

（3）目标设置

众所周知，如果不能为每一项细分考核指标设置目标值，便无法评估每一细分考核指标的得分；而要为每一项细分考核指标设置目标值，便一定涉及到怎样设置目标值的问题。

在传统上，大多数企业在设置员工的绩效目标时，有一个共同的倾向，就是尽可能地设置"进取性目标"。比如，一家公司在上一年度的销售额为1个亿，该公司在设置下一年度的销售目标时，一般会倾向于设置大于实际可能或能力的目标，如设置1.3亿或1.4亿的目标。一旦完成了公司的目标设置，公司便必然会把总目标及其所涉及的关键工作事项目标分解到各部门和各岗位；如此一来，各部门和各岗位的目标便顺理成章地也具有了"进取性"。

企业之所以倾向于设置"进取性目标"，通常主要是基于两点考虑：一是老板和高管们从内心里总是希望在未来一个周期内取得更好的业绩，当有了这一良愿后，他们便会找到各种理由来证明其期望是"合理"的；二是老板和高管们通常相信，只有给员工以足够高的目标压力，并辅助以相应的正负激励措施，才能激发员工们的工作斗志。实践证明，这种做法有时候的确可以取得老板和高管们期望的效果，但大多数时候却是事与愿违的。

在这一问题上，我们一般建议在设置考核目标时应采取"相对保守策略"，即只要员工付出了一般性努力，便能达成绩效目标。但这并不意味着企业应该放弃取得更好业绩的愿望及努力，而是在员工取得更好业绩时给予员工以奖励，通过奖励来激励员工争取最大化的业绩。

比如，一家公司在上一年度的销售额为1个亿，该公司在设置下一年度的销售目标时，可以将考核目标设置为1.2亿，但同时可以通过正向激励，鼓励员工争取更好的业绩，以确保企业获得更好的经营业绩。具体做法是，在公司的销售额超过1.2亿时，便拿出超过考核目标值的业绩的利润中的一部分"重奖"业绩超标的员工们。

这样做的直接好处有三个。其一，可以让员工们相信，只要努力便一定能够实现考核目标，因而可以让员工们意识到，公司制定的考核目标是人性化的和有效的。其二，可以使员工们为争取更大的业绩而奋斗，因为当他们做出高于目标的业绩时，公司将给予相应的奖励。其三，当公司对不能完成考核目标的员工予以处罚时，所有人都会认同，因为考核的业绩目标只是正常努力就可以达到的，达不到正常的业绩目标是不能被原谅的。

与上述主张相适应，我们在辅导企业制定针对每一位合伙人的绩效考核目标时，一般会建议采取"80～120分制"的计分方式，来评定每一位合伙人的贡献。在这一建议下，合伙人达到一般水平得100分，低于一般水平相应减分，高于一般水平相应加分。这一考核思想的核心是：企业应以正面激励或奖励合伙人为主。这一建议的理由是：以奖励为核心内容的绩效考核思想，比传统的以处罚为核心内容的绩效考核思想，在实践中所展现的实际绩效管理效果会更好，特别是对于新生代员工而言。

（4）评分标准

结果贡献项的评分标准比较好制定，一般是"数据说话"，即按照完成情况同比例给分，最高分值为120分。比较困难的是文化贡献和过程贡献这两个考核方向，其所涉及的若干细分考核指标应如何给分呢？对此，我们的建议如下。

对于文化贡献方向所涉及的若干细分指标的评分标准，我们一般建议采取"极端事件法"，也就是看被考核对象有无特别好的行为表现或特别差的行为表现。如果既无特别好的行为表现，又无特别差的行为表现，就给100分；如果存在比较差或特别差的行为表现，就相应给80或90分；如果有比较好或特别好的行为表现，就相应给110或120分。

这是3S贡献管理体系特有的一种管理思想：企业没有必要在所有细节问题上，计较员工的所有行为表现。如果是事无巨细地追究当事人满足管理标准所要求的所有细节，便必然会存在偏差，引起争议，导致博弈，所以过分"精细"的考核是得不偿失的。而如果采取"模糊化"方式识别极端事件，事情就一下子简单了。即给大多数没有好的或差的行为表现的人员100分，只给极少数的有较好或良好行为表现的人员加分，并只给极少数的有较差或极差行为表现的人员减分，且加分和减分时都说明事实依据；这样一来，就不会存在偏差，就不会引起争议，也就不会导致博弈。

对于过程贡献方向所涉及的若干细分指标的评分标准，我们一般也主张采取"相对模糊"的方式进行评分。在实际操作中，一般是由被评估对象的直接上级，根据当事人在考核周期内关键工作事项计划的总体完成情况、工作计划的挑战性及工作投入度等方面来给出笼统的评价。

我们之所以提出这一主张，有三点理由。其一，对大多数岗位来说，过程贡献方向只占较小的权重（最小只占10%），且给分范围是80~120分，因而对整体得分的影响有限。其二，过程贡献管理应是一种"下属在上级督促和帮助下实现有效自我管理"的安排；基于这一定位，只要当事人与其上级达成一致意见即可。其三，3S考核评估的得分情况，将在公开的"合伙人3S会议"上进行公布及调整；在这一机制安排下，上级在给下属的过程贡献方向打分时，一般不得不尽量做到公平（这是因为，给一位下属打出过低的得分，会导致下属的不认同和其他人对打分者的不利评价；而给一位下属打出过高的得分，则意味着放纵下属，并同样导致其他人对打分者的不利评价）。

需要特别说明，各企业在依据本公司的具体情况，制定出了可行的评分标准以后，在具体实施评估时，还将涉及到许多具体问题，比如数据来源、评分方式、争议解决、正式沟通、资料留存等等，限于篇幅，在此不便一一展开。需要了解这些方面内容的读者，建议阅读《3S绩效考核》原著。

（5）关键工作事项计划表

前文说过，3S的评估得分，除了可以用来"增减"合伙人的多项切身利益之外，还具有五项强大的功能（促进沟通与协作、促进合伙人学习与成长、促进业绩目标的达成、促进管理的持续改善、促使合伙人获得更好的工作回报）。这五项功能，主要是通过表9-2的使用来实现的。

表9-2　　　　　　　　关键工作事项计划与评估表

关键工作事项计划					评估		
工作方向	关键工作事项	成果形态描述	时间进度		达成情况描述	自我评估	上级评估	最终评估结论
^	^	^	开始	完成	^	^	^	^

这是3S贡献管理体系中一个十分重要的工具表。每一位合伙人周期内关键工作事项完成情况的得分，就是前述PS考核方向的得分。关于运用这个工具表的必要性，以及在应用过程中的注意事项，将涉及大量的内容。我们先举个例子大家就会明白。

一位销售岗位的员工，你要求他每月完成10万元销售目标，月底你会对他当月的业绩完成情况进行考核。理论上讲，如果你要求他完成的销售目标是他努力可以实现的，那么他大致也会认同你给他制定的目标，并且也会从内心里愿意努力达成目标。

然而，由于一个月有30天，你到月底才考核他，在这种管理模式下，至少在一个月的上半个月，他可能并不着急，因为"时间还早着呢"。在这种心理下，他最容易被各种碎片化信息所干扰，他的工作效率和质量也就不知不觉地被影响了，这样一来，到了月底他极有可能无法完成10万元的销售目标。

问题还在于，当一个销售团队的许多人都因为"各种原因"而不能达成销售目标时，老板和管理者便很可能会认为，是因为给销售人员制定的目标过高，才致使他们无法达成。

通过有效的过程管理（应用上述"关键工作事项计划与评估表"），就可以有效地解决这一问题。其机理是这样的：如果把一位销售人员每月的销售目标分解为当月要完成的重要工作事项、任务和目标，比如：本月要拜访哪几家客户，要跟哪几家客户沟通什么，要促成哪几个订单签订，要收回哪几笔货款，还要完成哪些与完成销售目标相关的其他重要事项？等等，那么销售人员在明确的关键事项任务的指引和压力下，就可能更有效率地开展工作。

我们一般建议，公司每月应召开一次"合伙人3S会议"。这个会议的中心议题有四个：一是复盘每一位合伙人上一个月的重要工作情况，并对其上一个月的工作过程表现进行评估打分；二是每一位合伙人介绍下一个月的关键工作事项计划，并与其他合伙人进行必要的沟通；三是追求向上向善的文化氛围，以开放的心态采取群策群力的方式，研究和解决工作中碰到的问题；四是指定专门人员会后跟进、协调、落实一部分需要跨部门或岗位协同的工作，并将具体工作写进相关人员的关键工作事项计划表中（形成承诺）。我们的长期咨询服务实践经验显示，只要有效地召开好合伙人3S贡献管理例会，就能够实现"促进沟通与协作、促进合伙人学习与成长、促进业绩目标的达成、促进管理的持续改善、促使合伙人获得更好的工作回报"这五项功能。

在实践中,每一位合伙人需要在直接上级的指导下,在每月例会之前填写这个工具表。填写时需要遵循以下六大原则。

①强沟通。

所填写的内容,应是当事合伙人与其直接上级充分沟通和相互承诺/确认的结果。

②不漏项。

任何一位合伙人在安排每月工作计划时,都不应忽略掉本职工作范围内的任何关键工作方向(见表9-2第一列)。这一点,其直接上级应重点关注。因为通常情况下,大部分员工会习惯于在自己擅长或难度较小的工作领域"尽情"地表现自己,却尽可能地回避自己不擅长或难度较大的责任范围内的工作。管理者通过对该表中工作方向的控制与指导,可以确保下属不遗漏岗位工作要求的工作内容。

③抓重点。

是指合伙人在其直接上级的指导下填写该表的第二列时,应对各工作方向下的所有工作事项进行优先级别排序。被列示到表中的所有关键工作事项,将锚定当事合伙人本月的工作重点。

④可衡量。

是指当事合伙人在其直接上级的指导下填写该表的第三列时,一定要说明第二列中已经填写的每一关键工作事项必须取得怎样的成果,而且其承诺取得的工作成果必须是可衡量的。对于一些无法在本周期内取得最终工作成果的事项,可以只承诺计划取得的阶段性成果,但绝对不可以用无法衡量的含糊语言来表述。

⑤可控制。

是指当事合伙人在其直接上级的指导下填写该表的第四列时,一定要明确填写每一关键工作事项的开始和结束时间,目的是让当事合伙人做到紧凑地规划自己周期内的工作时间,这样做工作效率会更高。

⑥有挑战。

是指当事合伙人在其直接上级的指导下填写该表时，所填写的关键工作事项目标与计划，必须具备一定程度的挑战性。通常，在时间不够用却又要完成更多工作的情况下，其工作效率才会更高，对合伙人的成长也才会更为有利；反之，如果人才们只是在充足的时间内完成有限的工作，不仅其效率不会达到最高，而且也不利于他们自身的学习成长。切记，优秀的人才都是被逼出来的。

9.4 导入3S体系的四种方式

尽管我们已经花了大量的篇幅来介绍3S贡献管理体系，并且一直在试图把这套绩效管理的思想及方法体系尽可能地说清楚、讲明白，但毫无疑问，肯定有相当一部分读者还是"云里雾里"。因而，在此需要简要说明一下，企业可以怎样获取到3S贡献管理体系的方法与工具。

我们的经验显示，如果一家公司决定或希望运用前述3S体系来管理合伙人的绩效贡献，并以此促进合伙人的持续成长，它可以通过以下四种方式中的任何一种，来获取完整有效版本的3S体系及应用规范。

方式一：求助于管理咨询公司或咨询师。截至目前，不仅我们两位作者所在的奇榕咨询公司可以提供这类服务，而且国内已经有不少的管理咨询公司和咨询师，也在以"3S贡献管理"的名义提供相关咨询服务。

方式二：参加相关培训课程。已经有不少的培训师在讲授3S主题或类3S主题的培训课程。虽然并不是每一位授课老师都能很好地诠释3S的设计思想和应用方法，但大体说来这些课程还是可以在一定程度上帮助企业了解和掌握3S体系的。需要指出的是，通过这一方式获取3S，需要学习者具备足够的绩效管理经验，并需要具备创造性思维和足够的耐心，才有可能真正有效地将3S体系导入到本公司。比方说，在过去几年中，我们与上海华创教育研究院合作，每年在上海、江苏、浙江三地都要开办约10场左右的合伙人绩效贡献管理相关主题的公开课，参训的都是科技型创业公司，其中半数以上的企业都能够在听课之后，自行将3S方法体系创造性地应用于本公司的合伙人贡献管理实践。而且我们每年都要走访其中的至少18家公司，走访过程中我们发现，这些公司已经能够将3S大致应用于本公司核心人才团队的绩效管理实践，并且效果总体良好。

方式三：运用现成的3S软件系统。目前，除了"合伙人3S贡献管理系统"的软件之外，我们知道还有一些公司利用我们提出的思想和方法开发出了相关概念下的绩效管理软件系统。获取这类软件系统，可以十分方便地一次性导入3S体系。

方式四：自行研发相关管理工具。当一位有足够管理经验、思想和耐心的人，在阅读本书或《3S绩效考核》原著之后，是有可能根据自己的管理理念及意志，来设计出适用于本公司合伙人贡献管理的方法体系的。换言之，对于特别聪明、有经验和有意志的部分企业人士来说，通过这种方式获取3S体系也是一种不错的选择。

第10章
企业发展阶段与共利型组织设计

- 10.1 企业发展的三个阶段
- 10.2 创业期公司的共利型组织设计
- 10.3 扩张期公司的共利型组织设计
- 10.4 成熟期公司的共利型组织设计
- 10.5 共利型组织的设计流程

企业的发展一般要经历创业期、扩张期和成熟期三个阶段，现实中不同的企业处于不同的发展阶段。处在不同发展阶段的企业，其面临的外部市场环境、竞争环境及其所带来的压力是不一样的，其内部发展动因、决策机制、组织环境、制度文化及人员等因素也各不相同。这些都意味着，处于不同发展阶段的企业，在建设共利型组织时，其着眼点、目的、策略与方式应有所差别。

阅读本章，可启发大家认真思考这样的问题：本公司目前正处在哪个发展阶段？本公司建设共利型组织的着眼点与目的是什么？本公司应该采取什么策略与方式来建设共利型组织才会更为有效，以及过程中应该注意哪些关键事项？

10.1 企业发展的三个阶段

世界上的每一家企业都是不一样的，正如我们常说的"世界上没有两片完全相同的树叶"。导致企业不一样的原因十分复杂：一方面，不同企业处于不同的社会与文化环境中；另一方面，不同企业处于不同的发展阶段；再一方面，不同企业面向的市场、面对的竞争对手以及向市场提供的产品与服务千差万别；还有就是，不同企业的资本结构不同，可用资源不同，老板的知识、经验、价值观、人格有别，生产、经营、技术环境不同，员工的能力素质也不尽相同。

尽管企业是千差万别的，但为了探索不同的企业究竟应该如何实践共利型人才管理模式这一问题，我们不得不对企业进行大致或粗略的分类（因为只有这样，才能从纷繁复杂的现象背后看到某些规律与异同），并谨慎地给出抛砖引玉式的建议，以期启发读者进行相关思考、判断与取舍。

接下来，我们将通过关注企业发展阶段的不同来进行论述。毫无疑问，虽然这个关注点不是导致企业异同的全部原因，但我们认为可以将其作为"大概率事件"来展开议论，并据此给出启示性的思考问题的路径与方法。

如图10-1所示，企业的发展一般要经历三个大的阶段：创业期、扩张期、成熟期。处于创业期的企业通常是小企业，处于扩张期的企业通常规模中等，处于成熟期的企业通常规模较大。但规模并不是唯一的衡量标准。有的企业已经成立了15年以上，规模高达数亿元，但它很可能还处在创业期；有的企业已经发展成了"巨无霸"，但它依然还处于强劲的扩张阶段，比如十多年之前的零售巨人沃尔玛、亚马逊、苏宁等公司，今天的华为、腾讯、阿里巴巴等公司；另有一些企业却"未大先衰"，比如现实中大量的年销售额在1亿~5亿元的企业，它们只是在行业发展巅峰期才迎来短暂的快速增长的好时光，随后便不幸滑入了漫长的缓慢增长期甚至停滞期。下面是对不同发展阶段企业的一般特征描述。

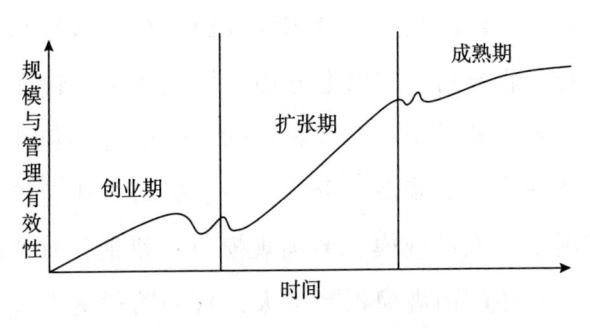

图10-1 企业发展的三个阶段

创业期企业的特征

处于创业期的企业有以下特征：企业依赖于一位或多位老板的个人能力来获取生存与发展。比如，有的创业企业是一位老板独立创业，有的创业企业是夫妻二人共同创业，有的创业企业是几位同学或朋友联合创业……无论是哪种创业类型，这一时期企业生存与发展所依赖的能力，大多源于创业者个人的技术、资源、关系、胆识、勤奋与魅力等等。因为，这一时期企业内部除老板以外的人才力量薄弱，再加上缺乏聘请高能力素质人才的资金能力，企业的技术、营销、生产、采购、财务和人事等等，只能由创业者或参与创业者亲力亲为。

大多数创业期的企业会因为产品/服务无法打开销路或者资金资本枯竭而夭折，只有能够活下来的企业才有可能成功地渡过创业期。一家创业企业何时才能渡过创业期，要依据三个指标来判断：①是否已经找到了稳定有效的业务战略。②是否建立起了可以分担创业者压力与责任的管理团队。③是否已经实现了持续盈利或者有充足的资本供给。

扩张期企业的特征

进入扩张期的企业有几个鲜明特征：一是企业所面临的市场机会众多，潜力巨大；二是企业的技术或产品或服务经过前期市场检验，已经成熟或基本成熟；三是已经有管理团队和成规模、成建制的员工队伍，他们能在不同的专业方向或层级上分担老板的决策、管理与工作压力。

在上述背景下，如果企业拥有足够的资金资源，包括经营利润或通过股权、债权及商业融资获得的资金，企业就可以快速扩充员工队伍，快速提升产销规模，人员规模和产销规模每年都能以30%以上的速度递增。由于人员规模和产销规模不断扩大，这一阶段的企业一定会努力推动内部专业分工，并通过推行一系列管理制度、标准与规范，来确保组织运营的高效率、高质量和低成本，尽管实际上大多数企业并不能达到理想的状态。

成熟期企业的特征

进入成熟期的企业主要有以下基本特征：一是经过前期的高速扩张，或因为所处行业市场的竞争异常激烈或已经趋于成熟，企业的年销售增长率低于15%，并且因受制于各方面的条件而无望获得更高的增长速度；二是产品的盈利能力相较于扩张期已经大幅度降低，且每况愈下；三是由于适应于高速发展阶段而建立起来的内部人员、组织结构及管理规范，在新的历史条件下已经成为企业继续发展的障碍，使得企业运营效率低下、成本高昂。

在上述背景下，企业急需找到新业务、新市场或研发出新的产品，以改变发展不利的局面。但是因为企业要想走出低速发展或发展停滞的困境，需要具备很多条件，如大量可供支配的资本资源、决策管理机制的灵活性、员工队伍心态与观念的转变等等。通常，如果这一阶段的企业不能有效地应对内外部环境变化而导致的困境，那么伴随而来的要么是大量裁员，要么是战略重建（收缩业务或进入全新市场领域），要么是被其他公司收购重组，更糟糕的情况是宣布破产或关门歇业。

"过渡阶段"的企业特征

世界上没有一家企业从上述一个阶段向另一个阶段的过渡是在一夜之间完成的，所有的企业从一个发展阶段过渡到另一个发展阶段，通常都要经历三到五年或者更长的时间，甚至有的企业一直会停留在某两个阶段之间的过渡期。比如，我们在与众多企业打交道的过程中发现，有不少企业在创业期向扩张期过渡的过程中，由于各种原因，往往使出了浑身解数也没法实现成功跨越,以至于企业最终错过了良好的战略扩张机遇期;另有一些企业,本可以在扩张期有更多的市场斩获,但由于各种原因,它们却快速地进入并长期处于扩张期向成熟期的过渡阶段。

当一家企业处于从一个阶段向另一个阶段的过渡期,意味着该企业同时具有前一阶段和后一阶段的特征。但可以肯定的是,那些难于从创业阶段向扩张阶段过渡的企业,往往是创业期的企业特征过于强大,以至于无法快速建立起扩张期企业所应有的能力;那些本可以在扩张期停留更长时间的企业,之所以较早地进入了扩张期向成熟期过渡的时期,往往是因为种种原因,使这类企业在发展的高峰期就快速地形成了官僚主义习气,以至于沉疴日重、错失良机。

▶ 10.2 创业期公司的共利型组织设计

现在,几乎所有的创业公司都在实行合伙人制度,特别是一二线城市里的新技术、互联网、新媒体、咨询服务等领域的新公司,实行合伙人制度几乎已经成为它们诞生和发展的重要驱动因素。

创业公司之所以热衷于合伙人制度,有两个现实原因:一是当创业者的某些能力不足时,通过寻找创业搭档来与自己形成能力互补,可以解决自身能力不足的问题;二是创业公司吸引优秀人才的资金能力、企业实力和品牌形象不足,通过许以股份可以解决自身不足以吸引优秀人才的问题。

然而,我们的观察和研究显示,大多数创业公司目前实行的合伙人制度,只是其践行共利型组织战略的初级尝试。由于受多种因素的制约,它们要想建立起本书所倡导的共利型人才管理模式,还有漫长的路要走,过程中需要突破许多认知局限和现实障碍。

直面五大问题

我们认为,创业公司更需要并且更适合采取共利型人才管理模式。理由有三。

其一,创业公司前途未卜,更加需要有优秀的人才加盟,才能确保事业有成,但创业公司往往无法提供足够的薪酬条件和优越的工作环境,来吸引并保留住优秀人才。在这种情况下,授予优秀人才以股份,以此邀约人才共同创业、共享未来,可以一定程度上解决创业公司的人才招聘、任用和保留问题。

其二,创业公司的创始人及其联合创始人大多比较年轻,且受教育程度较高,能够接纳新生事物,具有共利思维,因而他们接纳和建设共利型组织的意愿会更高。

其三,创业公司人员少,组织结构简单,几乎没有历史包袱,将其已有的合伙人制度一步到位地升级为覆盖全员的共利型人才管理制度,其难度较低,收效更为显著和迅速。

事实上,许多声名卓著的公司,都是在创业之初就实行了股权激励计划,才得以吸引和保留住优秀人才的,比如国内的阿里巴巴、华为、小米等公司。可以认为,现在和未来,在互联网、高科技和现代服务业等领域,任何想要获得成功的公司,不采取员工持股计划,几乎是不大可能取得突出成就的。

然而,与非创业公司相比,新创公司实行员工持股计划会面临一系列的挑战。我们在《合伙人制度顶层设计(第2版)》一书中曾指出,之所以非创业公司推行员工持股计划以后,大多数能够产生较好的效果,是因为它们往往基本具备以下与股权激励计划相配套的四样东西。

首先,非创业公司大多拥有清晰的事业梦想、业务逻辑和组织文化,而且已经被实践证明是有效的或是基本有效的。换言之,这类公司的人才对公司的未来是充满信心和信任的。

其次，非创业公司普遍已经拥有自己的人才群体，而且在长期的用人实践中，逐步形成了选拔与任用人才的标准。此外，由于企业发展已经达到相当的规模，组织结构和职务体系也比较成熟，能够基本保证经营与管理有效。

再次，非创业公司普遍具有相对成熟的绩效管理体系。其中的一些比较强势的公司，尽管其绩效管理体系尚不尽完美，但也能基本有效地用于员工的业绩评估，并基于业绩评估结果来对人才实施奖罚。

最后，非创业公司几乎无一例外地拥有自己的人才培养模式。尽管有的公司的人才培养模式也是问题多多，但这并不妨碍公司的正常运营和发展。

因为非创业公司具备上述四个方面的条件，即便它们仅仅推行的是单纯的员工股权激励计划，往往也能起到相应的作用，因而一定程度上也算是事实上的合伙人制度。

很显然，创业公司则大多不具备非创业公司那样的与股权激励相配套的条件。创业公司推行合伙人制度或股权激励计划，将直接面临以下五个方面的问题。这五个方面的问题，无一不对创业公司的创始人构成严峻挑战。对这五个方面的问题建立充分认知，就是对创业公司实践共利型人才管理模式所涉问题的系统思考。

（1）事业梦想、业务逻辑和组织文化的有效性尚待实践检验

毫无疑问，绝大多数创业公司在成立之初，都有自己的事业梦想、业务逻辑和组织文化（通常称之为"愿景、使命、价值观"及"盈利模式"）的描述，而且多半是"高大上"的。比如，许多创业公司从成立的第一天起，就宣称公司未来的战略目标是上市，或宣称自己要在所处的行业领域成为一流公司。围绕各自的事业梦想，它们也一定会模仿众

多优秀公司的做法，设计出属于自己的新颖独特、雄心勃勃的盈利模式和自信满满的组织文化。然而，毫无疑问，创业公司的事业梦想、业务逻辑和组织文化，是需要经由时间或市场检验的。只有经由时间或市场检验之后，证明是有效的，才具有相应的感召力和影响力——获得人才的追随、资本的青睐以及市场的认可。

在合伙人制度或共利型组织这个命题下，创业公司用事业梦想、业务逻辑和组织文化来感召人才、激励人才加盟，其必要性是毋庸置疑的。因为，尽管并不是每一位人才都是高度理性的，都是有能力评判创业公司的事业梦想、业务逻辑和组织文化是否可靠的，但对于真正可堪大任的人才，一定是有此能力或应该是有此能力的。换言之，当一家创业公司的事业梦想、业务逻辑和组织文化尚不成熟时，它便无法吸引到真正优秀的人才；在这种情况下，推行合伙人制度进而建设共利型组织的后果是可以想见的。

（2）人才尚待检验，组织发展尚不确定

这是创业公司在推行合伙人制度或建设共利型组织过程中面临的最核心的问题。

许多创业公司的创始人并没有丰富的经营企业的经验。他们要么是在企业中从事过一定的中高级管理工作，要么只有极为有限的职场工作经历，有的甚至是刚刚毕业不久的大学生。他们一定是在理想、自信和胆量的驱使下选择创业的。他们之中的大多数人会在选拔与任用人才方面，以及在组织发展的规划上自信满满，但由于经验不足，并受制于公司初创时的条件，以及受限于公司业务发展的不确定性，他们在寻找或选择创业合伙人时，往往表现出三种倾向。一是碰到一位"对上眼"的有着良好学历和工作背景的人才，或者想象中有能力、有资源、有潜力的人才，就会诚恳地邀请其加盟自己的创业团队。二是在碰到一位看样子很优秀的人才时，往往会授予总监、副总这样的诱人头衔。三是往往

会直接给予较大数量/比例的实体股份，比如给予总股份的2%~10%。

创始人的这些行为似乎是可以理解的，因为只有这样，才可能吸引人才加盟，才能用好和保留住难得的人才。但是，这样做的后果是可以想见的：无论是合伙人选择错误，还是授予的职务头衔过高，抑或是给予的股份过多，都会给未来的管理，特别是后续合伙人制度或共利型人才管理模式的落地，造成严重的负面影响。

遗憾的是，虽然这件事情对于公司的未来发展是那么重要，但创业公司的创始人往往无法做到"瞻前顾后"，因为有比这更紧急的事情等待他们去处理，比如融资、研发新产品、获得市场认可等。换言之，也许有些创始人在这一点上是清醒的，但为了"应急"，他们却不得不暂时搁置这一问题，因为此时他们会倾向于这样思考问题："等一阵子再说吧""车到山前必有路"，或者说他们认为，发展本身能够消除发展过程中碰到的问题。

（3）股权设计往往遵循的是"从速、从实和从简"原则

创业公司在对员工实行股权激励时，既有可能采取针对个别人才分头授予股份的方式，也有可能采取精英层持股模式，还有可能采取全员持股模式，但无论采取哪一种持股模式，它们大多遵循的是"从速、从实和从简"原则来授予人才们以股份的（参见本书第5章第2节的相关描述）。

无论是出于什么理由，创业公司在授予人才股份时所遵循的"从速、从实和从简"原则，都不利于创业公司后期的人才激励与管理。事实上，创业公司是可以采取更加智慧的方式来解决这一问题的。

（4）缺乏有效的贡献考核标准

创业公司在授予人才股份时，很少会同时推出或告知，公司将对合伙人采取怎样的贡献考核标准，以及基于贡献考核结果对合伙人实行

"升降进退"的管理规则。其冠冕堂皇的理由是，创业公司的业务和工作模式不确定，随机应变性工作多，又缺少可参考的历史数据，所以无法有效设置合伙人的工作目标，更无法对合伙人的业绩作出精准考评；而且公司的人员较少，过分强调制度化管理有可能形成官僚化作风，进而会降低组织的运营效率。此外，创业公司在用人过程中，为追求效率或降低成本，"一个萝卜多个坑"的现象比较普遍，这极大地增加了对合伙人贡献考核的难度。总之，看样子这一切都是可以谅解的。

然而，创业公司在授予员工股份时，如果不能同时制定出有效考核合伙人贡献的标准，将势必为未来的管理埋下隐患。事实上，不是创业公司不适应或无法对合伙人实施有效的贡献管理，而是创业公司不懂得究竟应该如何管理合伙人的贡献。

（5）缺乏培养合伙人的经验

我们曾接触过大量创业公司的创始人，每当跟他们谈起对人才进行培养的重要性和必要性时，他们几乎无一不充分认同。但是回到现实中，大量的创业公司对其人才仍然基本上还是属于"放养"状态。原因有四：一是创业公司的创始人没有太多的精力用于人才培养，而会把更多的精力用在融资、研发和营销方向；二是创业公司的创始人并不懂得怎样有效地培养人才，招聘的人力资源管理者也大多只是那种把"课堂式培训"理解为人才培养的"普通型"人才；三是创业公司的业绩不稳定，业务与工作模式尚处于形成过程中，且各类人才承担的工作往往多而杂，因而难以形成有效的工作管理规范；四是创业公司成立时间短，尚没有形成有效的培养人才的文化、模式与方法。

可以想见，不能有效培养合伙人的一个后果就是，当某位人才的能力素质和业绩不能满足复杂多样和快速变化的工作要求时，公司便会对他表现出一定程度的不满，甚至会试图寻找新的人才予以替代。公司对合伙人不满，合伙人大多也会感知到，他们出于自我保护或自我安慰的本能，通常也会生发出对公司的种种不满。当这种相互不满的情绪累积到一定程度以后，就会出现合伙人出走或被迫离职的情况。这在雇佣制下或许属于正常现象，但在实行合伙人制度以后，由于合伙人持有公司股份，其身份不再是打工者，故而合伙人的异动将造成多层面的严重后果。

现状：三种典型的做法

我们的观察显示，创业公司推行合伙人制度时，通常有三种典型的做法（见图10-2）：一是两位及以上的公司创始人之间的合伙行为，这通常是创业企业初创期的标准情形；二是创业企业成长过程中，在引进个别人才时，逐一向被引进人才承诺股份（本书第5章中所介绍的"个别人才合伙模式"）；三是整体考虑、规划和推行针对人才群体的员工持股计划。

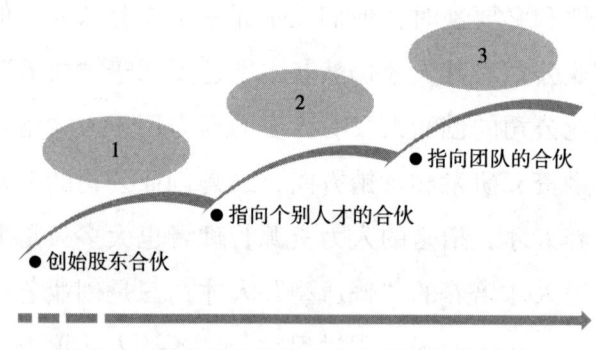

图10-2　创业公司推行合伙人制度的典型做法

上述三种做法中，只有第三种情形更接近于本书所倡导的共利型人才管理模式。下面的观点仅启示大家思考相关问题。

（1）创始股东合伙

尽管在本书第5章中我们已经表明，"创始股东合伙"不是本书议论的范围，但在谈及创业公司的合伙人制度建设时，为保证内容的完整性，我们还是觉得，在此有必要对这一合伙形式进行必要的提示性议论。

这类合伙是指几位公司创始人之间的事业合伙关系。其典型特征是，两位及以上的股东通过协商，分别持有一定比例的公司股份，并按照股份比例分享公司的权利以及承担相应的风险。这类公司的资本既可能是来源于投资商的投资，也可能是参与合伙的人员按照持股比例共同出资，还可能是参与合伙的个别人出资，其他人员则以技术、能力或关系资源的形式入股。在这类合伙中，通常有一位合伙事业的发起或召集人，他持有的公司股份通常最多，也是未来公司发展的主导者。因此，人们通常把这样一个人物称为公司的"创始人"，而把其他参与创办公司的人员叫作"联合创始人"。

这类合伙形式的形成，通常会基于三大要素。一是相互信任。毫无疑问，没有相互信任作为基础，大家不可能走到一起共同创业。但是，可以彼此信任到什么程度，以及在随后的联合创业过程中是否能够维持或不断加强相互信任的关系，则是另当别论的事情。二是能力互补。也就是说，参与联合创业的多位合伙人分别在不同的专业方向上具有优势能力——有人有资金，有人擅长整合资源，有人擅长决策，有人擅长营销，有人擅长技术——大家各自的优势能力组合在一起，便构成了新创企业的生存与发展能力。当然，创始合伙人之间的能力互补是否一定能促成合伙事业的成功，则是另外一回事情了。三是利益共享。这是大家联合创业的动力所在，离开这一关键要素，彼此不可能形成合作。然而，为各方所接受的当前的利益分配方式，并不能确保在未来很长时间里创始合伙人之间不会发生利益冲突。许多股权设计专家认为，这类合伙关系是否能够长期有效，关键在于股权架构是否合理。他们通常给出的建议是：创始人所持股权的比例要足够大，比如占60%以上，剩余部分才是其他联合创始人和外部投资者所持有的股份。这一建议的核心思想是，只有个别人绝对控股，才能确保未来公司在发展中不出现权力争夺或利益纷争。然而，在我们看来，持股比例是一回事，权力和利益约定可以是另外一回事。我们曾参与过十数家这一类型企业创始股东之间的合伙协议制定，基本经验是：只要创始合伙人之间有明确、细致、合法、合理并为各方充分认同的文字约定，股权架构的问题也是可以相应得到解决的。

我们认为，这类合伙能否有效并最终取得成功，除了股权架构以外，还有另外三个关键问题。

第一个问题是，参与创始合伙人员的性格和能力之间能否形成"绝配"。理想的"配置"是：只能有一个"太阳"，可以有多个"月亮"。"太阳"是指引企业发展方向的灵魂人物，在关键事情上他能够一锤定音；"月亮"是指参与灵魂人物决策并能在某些具体的专业方向上独当一面的人员。在企业经营管理过程中，"月亮"必须围绕"太阳"转。反过来说，如果一家企业有两个或两个以上的"太阳"，那么太阳之间就会经常"打架"。毫无疑问，这对企业的发展将是非常不利的。但遗憾的是，据我们所知，有些新创公司创始人在寻找合伙人时，往往忽略了这一点，因为他们一方面急于创业成功，另一方面又缺少人事方面的经验。

第二个问题是，后期对联合创始人的行为约束和贡献管理。初创公司时，参与合伙的创始人都相信，自己和他人未来一定会为共同事业投入足够的时间、精力和情感。然而，随着时间的推移，这一问题已经成为许多创始人的心病，即一部分联合创始人并不能够做到为共同的事业而全情投入，有的人持有较多的股份，却并不能为公司的发展做出相应的贡献。一旦出现这种情况，便不是合伙协议所能解决的了。比较有效的办法是，说服那些不能起作用的联合创始人退出或减持手中的股份，但这极有可能意味着公司要付出相应的金钱代价。

第三个问题是，联合创始人的能力不能与企业的发展要求相适应。

这也是一种比较常见的现象——最初合作时，彼此的能力或许可以实现互补，但随着时间的推移，有些人的能力在不断提高，而有些人的能力则是停滞不前，甚至有些人的能力已经完全不再有用（比如，因为具备某种非正式关系能力而被邀约合伙的人，随着时间的推移，他原先所拥有的"关系"能力已经难以发挥价值了）。当出现这种情况时，只有两种办法来解决问题：要么宽宏大量地容忍问题存在，要么拿钱来解决问题。

总之，联合创业式合伙，最好是尽可能地把彼此之间未来合伙过程中可能碰到的问题都预计到，并对应性地拿出解决方案，而且最好把解决方案写进合伙协议中。

（2）指向个别人才的合伙

创业公司在成功起步以后，会渴望招聘到能人加盟自己的事业，希望通过招聘能人的方式来弥补能力短板。比如，在技术能力不足时，希望有一位技术精英加盟；在营销能力不足时，希望有一位营销精英加盟；在融资能力不足时，希望有一位融资高手加盟……

这一时期，创业公司招聘专业高手加盟的行为往往是"点对点"式的，哪个专业方向上需要什么人，就设法去招聘什么人，并承诺给予一定数量或比例的公司股份。比如，在需要营销人才时，就想到要招募一位营销领军人物，而一旦发现一位看样子可以寄予厚望的营销人才时，就极力想要把他招进来出任公司的营销总监或营销副总，并为吸引他而承诺给予5%的公司股份。又比如，急需技术领军人物时，便动用一切力量寻找技术大咖，当发现一位看样子可以担当大任的技术人才时，便极力要把他招进公司里来，并为吸引他而承诺给予3%的公司股份……以此类推。这是典型的个别人才合伙模式（参见第5章中的相关介绍）。

创业公司之所以会采取这种个别人才合伙模式，往往有许多原因：

急于引才成功，明知可能会给未来留有隐患，但还是抱持"车到山前必有路"的心态；无法向候选人开出较高的薪酬条件，所以认为不给予足够的股份，便不足以吸引人才加盟；业务发展不确定，无法对未来的组织发展和人才需求进行前瞻规划，因而无需或没有条件成批地招募关键岗位的合伙人……

然而，这类合伙将面临一系列问题：一是所发展的合伙人的价值观与能力，是否与企业的要求真正相匹配；二是究竟应该授予加盟的合伙人多少股份，以及怎样授予股份更为合适（由于这类企业处于创业期，其股份往往不太值钱，以至于企业在向单个的合伙人承诺股份时，通常比例过高，以至于后来"追悔莫及"）；三是往往没有一套对加盟合伙人未来的贡献进行有效考核的办法；四是往往无法对合伙人未来的价值观发展和能力成长提出要求，因为这类企业尚没有形成相关标准，以至于后期发现加盟合伙人的价值观和能力与企业的发展要求不相适应时，往往会"十分懊恼"。

我们建议，即便是初创型企业，也不宜针对个别人才单一性地授予股份，而应基于未来团队发展的整体规划来决定股权授予政策，即采取"全员合伙模式"，也即是采取本书所倡导的共利型人才管理模式。

（3）指向团队的合伙

这类企业大多已经处于创业基本取得成功的阶段，他们推行合伙人制度的目的，是希望通过这种制度来促使公司迅速进入扩张阶段。当然，也有一些创业公司在远没有取得创业成功之前，便前瞻性地试图将未来的管理和技术团队打造成合伙人团队，这样做既可以吸引和保留人才，还可以吸引外部投资商投资。

我们曾为众多的创业公司提供过合伙人制度建设咨询服务。这些公司在决定启动合伙人制度时，有一个共同的想法就是，希望通过建立合伙人制度来前瞻性地解决未来的人才与团队管理问题，并同时达成其他目的。

比如，2016年我们曾为上海一家创业公司提供合伙人制度咨询服务。该公司是一家物联网领域的高科技企业，其创办人是上海交通大学毕业的一位博士，该公司正处于创业期的后期阶段。在之前的公司创业过程中，该创始人为了达到吸引人才的目的，先后在引进人才或寻找合伙人时，分别针对8位人才承诺了给予1%～5%不等的公司实体股份。2016年初，在参加了我们开办的合伙人制度设计主题公开课后，该创始人决定请我们为他的公司设计针对未来全部关键岗位人才的合伙人制度。通过这一制度的设计，不仅弥补了前期授予人才股权过程中遗漏的许多重要事项和配套方案，而且还为未来的合伙人团队建设预留了空间，并约定了规则。

另一个例子是，2016年底，我们为西安一家高科技行业的创业公司设计合伙人制度。该公司是人机交互产业领域的先驱者，当时成立还不到两年时间，公司的核心技术和管理骨干仅五六个人，半数员工进入公司的时间不足一年。在我们的帮助下，按照本书第7～9章介绍的"1+4模型"，该公司完整地设计出了适应其未来核心人才管理与发展的政策、制度框架以及相关落地方案，这不仅对该公司未来的人才管理与发展规划出了蓝图，而且对公司的外部融资也产生了意想不到的积极效应。

创业公司针对团队（含未来的团队）整体规划与设计合伙人制度的好处是多方面的。

第一，可以促使公司对未来的人才发展与管理进行系统思考与规划。创业公司普遍存在一个极大的管理盲区：由于公司的业务、技术、产品、组织等各个方面尚不确定，创始人往往认为没有必要提前规划，于是在引进人才时，便只是针对个别人才承诺股份。这样做的后患是可以想见的。

第二，创业公司针对个别人才承诺股份，往往会由于公司的股份价值较低，以及授予人才股权的行为轻率随意，使得公司给出了较多的股份，但却未必能让人才们"领情"。人才们会认为，只有拿到更多的股份才足以与个人的价值和要求相匹配。通过针对人才团队来整体规划公司的合伙人制度，则可以有效地解决这一问题。比如，公司拿出15%的股份让特定的人才群体共同持有，其他85%的股份由创始人、联合创始人和外部投资商持有，这样做会给予内部人才以较高的价值感，因为在这种安排下，15%的股份会显得比例较高。

第三，可以向公司全体员工传递出更为正面和更加鼓舞人心的信号。特别是当公司的合伙人制度明确规定，公司所有员工一旦满足相应条件，便都有资格持有公司的股份时，对员工的激励作用一定是较大的，至少对那些要求上进的员工具有较大的激励效应。

第四，可以使公司在对外融资时，或在寻求外部供应/销售渠道合伙时，或在寻求政府支持时，获得更好的评价。因为无论是外部投资商、供应商、销售商，还是政府部门的人士，在评价一家创业公司值不值得合作或支持时，一定会把公司的人才团队建设作为重要的考量指标。因而，那些实行了合伙人制度的创业公司，会被认为更有能力和条件取得创业成功，这类公司的创始人也会被认为更具领导能力和人格魅力。

第五，创业公司按照"1+4模型"提供的思想和方法来设计针对关键人才的合伙人制度，对其迅速和系统地形成人力资源管理体系具有极大的促进作用。因为，创业公司一旦针对关键人才建立起了完整意义上的合伙人制度，该制度便不仅能够有效地激励与管理关键人才，而且各专业岗位的关键人才为了公司利益、部门利益和个人利益，一般都会积极地运用相似的思想、原理和方法，来激励与管理其部门内部的人才/员工队伍。

制度的建立与优化

前述第一种典型做法（创始股东合伙）不是本书的重点，故除已有论述之外，我们不再给出其他相关建议。

关于前述第二种和第三种典型做法，我们在本书第5章中已有过系统论述，故创业公司在建立与优化合伙人制度时，可参考相关内容进行理性思考和审慎取舍。在此需要提醒的是，无论创业公司的自身情况有什么不同，我们都建议，有必要按照本书第7~9章介绍的1+4模型所提供的理念和方法，来建立或优化本公司的合伙人制度。

▶ 10.3 扩张期公司的共利型组织设计

处于扩张期的企业，也可以进一步分为三个阶段：前期阶段、中期阶段和后期阶段。我们的研究和咨询服务经验显示，处在不同阶段的企业，建设共利型组织的重点和注意事项应有所不同。

扩张期前期的合伙

总体说来，当一家企业处于扩张期的前期阶段时，意味着企业面临的市场机会多，而内部人才数量有限，管理尚处在百端待举的状态。处于这一阶段的企业，应该是推行合伙人制度（共利型人才管理模式）的最佳时机。然而，由于处于这一时期的企业销售增长迅猛、盈利丰厚，企业用较高的薪酬和未来发展机会来吸引人才加盟，将不是一个大问题，再加上老板们对合伙人制度不熟悉，他们往往在这一时期意识不到推行合伙人制度的必要性和紧迫性。之所以说一家企业处于扩张期的前期阶段,恰恰是推行合伙人制度的最佳时机,主要有以下三个理由。

一是这一时期企业用于凝聚人才的梦想、逻辑和文化最为充分有力。也就是说,这一时期企业完全具备"1+4模型"中的"1"所要求的全部条件,并且这个"1"极具感召力。因而,值此时机推行合伙人制度,企业付出的成本最低,效率却能达到最高。甚至可以说,在企业生命周期中,这一时期实行合伙人制度,其效应是任何其他时期都无法比拟的。

二是这一时期企业需要对外招聘大量的优秀人才,以便更加快速地抓住市场机会。在这个意义上,实行了合伙人制度,不仅可以使企业的现有人才放下顾虑,心无旁骛、轻装上阵冲业绩,而且可以使企业吸引到外部大量的优秀人才加盟,同时还可以防范内部人才的流失。

三是按照"1+4模型"来设计内部合伙人制度,可以促使企业的人才管理体系快速走向规范化。因为,通过导入合伙人制度,企业可以以此为契机,迅速地将企业整体的人才招用育留体系一揽子建立起来。

处于这一时期的企业推行合伙人制度,需要注意三个关键点。第一,绝对不可以为图省事而草率地将单纯的股权激励作为合伙人制度导入。由于这一时期企业处于快速上升阶段,单纯实行股权激励也可以起到一定程度的激励作用,但长期来看,很可能埋下人才管理和制度管理的隐患。

第二,在推行合伙人制度时,可以先覆盖到更多岗位的关键人才,之后再视情况审慎地覆盖到全员。因为企业处于快速扩张期,未来盈利机会的想象空间较大,即便企业用于激励关键人才的股份比例并不高,也依然能够对人才有较大的激励作用。

第三,这一时期导入合伙人制度,表面上看来,其工作重点是股权激励,实则核心内容应该是人才选拔与任用标准、人才激励与管理手段以及人才培养方式。企业只有同时把相关体系一揽子建立起来，才能长效地激励、管理与发展人才团队。

扩张期中期的合伙

如果企业已经处于扩张期的中期阶段，意味着即将进入发展的巅峰时期。一般来说，这一时期企业充满了高度的战略、业务、管理与财务自信，甚至决策层处于一种高度的傲慢状态。

在这种背景下，企业推行合伙人制度最容易落入"自以为是"的陷阱。我们观察到，有许多这类企业在实行合伙人制度时，会自觉不自觉地仅仅把股权激励视为合伙人制度，并且通常只是覆盖到了较少的中高层管理者和技术精英，即采取的是"精英层合伙模式"。它们往往不是把合伙人制度作为长效发展企业的人才管理战略，而仅仅是为了在当下增加对少数关键人才的激励——在给予人才工资、奖金之外再增加股份收益。

我们认为，这类企业在导入合伙人制度时，至少要高度关注以下四个关键方面。

其一，不能单纯地把对关键人才实行股权激励视为合伙人制度，更不可以仅仅只是为了激励人才而激励人才，而忽视了其他相关限制条件与管理体系的建立。这一时期，企业想给予人才们以更多的工作回报是合理的，也是应该的，但不能忽视了"盛极而衰"的规律，而应想到：当企业的成长减速时，当企业给予人才的回报减少时，当人才们因为得到了更多利益而奋斗精神下降时，企业进而还可以拿什么来激励与管理人才们。

其二，处于这一时期的企业，其内部人才在人力资源市场上可谓"香饽饽"，企业为阻止人才的外流而推行合伙人制度，虽然会给予人才以较大的利益，但其所给予的利益一般不会高于外部"挖墙脚者"给予的利益诱惑，因为外部"挖墙脚者"会在有参考的条件下向人才抛出"橄榄枝"。在这种情况下，企业不能一味地为保留人才而向其承诺更多的股权和利益诱惑，而应借实行合伙人制度的契机，将人才管理标准加以优化，以确保把那些价值观与企业匹配的并具有发展潜力的人才吸纳为合伙对象，而不必在意某些投机分子的流失。顺便一提，处于这一时期的企业最容易吸引大量的投机分子加盟，尽管投机分子有可能成为企业高速发展的阶段性贡献者，但他们也有可能成为企业持续稳健发展的破坏者。

其三，这一时期的企业，由于业绩发展迅速，内部的管理问题，尤其是组织与人才管理问题，很容易被繁荣的业绩景象所掩盖。因而在推行合伙人制度时，决策层往往会误以为本企业的管理已经比较先进了，只需要推行股权激励计划即可，公司现行的管理制度足以与股权激励计划相匹配。这很有可能是一种危险的错觉。我们认为，即便一家企业在组织与人才管理方面的确是先进的，也有必要借助推行合伙人制度的契机，对现有的组织与人力资源管理体系进行必要的梳理和优化。进行梳理和优化，不是抛弃企业已经做得好的方面，而是要完善企业做得不好或不够好的地方。我们认为，这样做对企业长期的发展是有益的，对人才们的可持续获利与职业发展也是有好处的。

最后，这一时期的企业依然适合采取本书所指的"全员合伙模式"。理论上讲，采取这一模式，将有助于激发并保持整个团队的活力，而且可以避免（延缓）企业过早进入下一个发展阶段。

扩张期后期的合伙

处于扩张期后期的企业有两个鲜明的特征：一是企业成长出现趋势性减速，不仅销售增长率持续放缓，而且盈利率也持续降低；二是组织结构日益复杂，员工人数日益增加，随之而来的则是组织效率的持续降低、管理成本的持续增加。

但是，许多处于这一阶段的企业，往往意识不到或不相信企业已经趋于成熟，因为在外部市场机会出现阶段性好转和内部人员的努力下，企业也可能会出现阶段性的销售增长和利润回升，相应地企业的组织效率会相对提高，管理成本会相对下降。这种短暂的回归繁荣的景象，会使企业的决策者们误以为，只要增加激励与管理，就有可能使企业保持前期的上升态势。然而，这些只是假象。

处于这一阶段的企业，其决策者的思维、自信甚至是自负往往还停留在过去。如果这时企业要导入合伙人制度，最有可能会把单纯的股权激励计划视为合伙人制度。殊不知，在这一时期实行单纯的股权激励，只会损害企业抑或股东的利益，而并不能给企业的发展带来长期的实际好处。

这一时期的企业要导入合伙人制度，需要注意以下三个方面。

第一，合伙人制度不应是决策者优先考虑的方向。决策者优先考虑的应该是，重建适应未来发展的新的业务战略、组织战略及管理模式。只有解决了这个前提性问题，其合伙人制度的设计才会是真正长期有效的。

第二，这一时期推行合伙人制度，不应试图在全公司范围展开，而应首先在事业部或子公司层面推行，并且率先将事业部或子公司核心岗位的人才纳入合伙人序列，进而再审时度势地吸纳更多的人才进入合伙人序列。此外，这一时期推行合伙人制度的核心目标应该是，在问题还没有积重难返的情况下，把"大家"分拆成若干"小家"，迫使每一个"小家"直面市场、直面生死、自我再造、自负盈亏。

第三，在事业部或子公司推行合伙人制度时，切记不可仅仅是推行单纯的股权激励，应尽可能地按照"1+4模型"的要求来设计合伙人制度，即从梦想、逻辑和文化入手（"1"），建立事业部或子公司关键人才管理的四套方案（"4"）：选拔标准、激励方案、绩效方案和培养方案。

10.4 成熟期公司的共利型组织设计

当一家企业进入扩张期后期阶段时，便预示着即将步入成熟期。但是，这时候很少有人会意识到或敢于承认，本公司已趋成熟，行将老矣。因而，众多的企业到了这个时期，依然会穷尽一切办法试图维持此前的繁荣景象，结果不言自明。直到企业真正地进入成熟期，大家才会逐步形成共同的认知。

我们在本章的第一节已经描述过企业进入成熟期的标志，这里还想简单地谈谈这一时期企业在人力资源管理方面的特征。通常情况下，这一时期到来以后，企业在人力资源管理方面，会出现以下四个典型特征。

一是企业的中基层管理者和技术骨干不断流失，但这一般不会引起企业的高度警觉。因为这时的企业已经实现高度组织化和制度化管理，市场也趋于成熟，任何人的离职都不会明显地导致组织的震动，更不会导致业绩的明显变化。特别是基层骨干人才的流失，往往会被认为是一件无所谓的事情，甚至在有些企业还会被认为是一件降低成本的好事。

二是新的真正优秀的人才一般不会向这类企业流入。因为真正优秀的人才都知道，这类企业接下来不可能会产生经营奇迹，在这类企业工作自然也不大可能产生职业发展奇迹，甚至有可能对自身的长期职业发展构成不利影响。所以，他们在选择新的职业发展机会时，会尽量避开处于这一阶段的企业。偶尔这类企业也有可能从人力资源市场招聘到几位看来很不错的人才，但那些人才十有八九只是不明就里者。再者，这类企业也不大欢迎真正有才华的人才加盟，因为企业中的关键岗位已经被占领，既得利益者们会本能地排斥新进的真正优秀的人才。

三是已经获得既得利益的"老人们"会把企业当作"养老"的地方。这类企业中的既得利益者，包括那些已经拥有高职高薪的人员，他们或者是企业的创业元老，或者曾经为企业的发展立下过汗马功劳，或者深得老板个人信任。但是，到了这个地步，他们因为各种原因，不想重新去寻找工作，只希望能够维持既得利益。尽管他们中的有些人也知道，维持既得利益可能并不是长久之计，因而有时会出现一种深深的失落/迷茫感，但大多数人还是会一天又一天地守望着……

四是人多嘴杂，想法各异，新的经营管理思想在这类企业中没有市场，除非其"老大"是那种有思想、有抱负且意志坚定的人，否则根本无法破局。在这类企业中，有思想和主张的人才，最终大多会明智地选择沉默或离开。

有一些处于这一阶段的企业，也想通过实行合伙人制度来使企业起死回生。然而不幸的是，这类企业无论愿望有多好，如果试图在旧的机体上通过推行合伙人制度，来使企业重新焕发生机，这根本就是不现实的。理由有四。

第一，这类企业很难形成新的事业梦想、业务逻辑和组织文化。在适应新的历史环境的梦想、逻辑和文化缺乏或存在缺陷的情况下，人们不可能有激情，也不可能产生真正的信任。因为，梦想是激情的源泉，逻辑是信任的依据，文化是合作的保障。

第二，由于市场机会不足，实行合伙人制度也不大可能在短期导致经营业绩的回升。虽然这类企业实行合伙人制度以后，也有可能会出现短暂的业绩回升景象，但很难重归繁荣；而且，随后复归于平庸的现实，会击碎人们短暂的梦幻。

第三，这类企业应将哪些岗位的人员纳入合伙人序列，会是一个很大的问题。仅仅把少数人变为合伙人，一定会不公平，因为这类企业不是依赖于少数人而实现生存与发展的，甚至少数关键岗位的人才离职，也不会影响企业的生存现状。但是，如果把更多的人员纳入合伙人序列，又将面临一个新的大问题：大规模地将企业股份授予员工，只会增加企业的利益输出。

第四，在这类企业建立新的与股权激励计划相匹配的合伙人身份定义标准、合伙人股权激励方案、合伙人动态管理标准、合伙人培养方案，将是十分艰难的。因为，这类企业早就已经形成了约定俗成的人才选拔标准、组织与职务体系、绩效考核标准、人才升降进退标准和人才"培养"模式，要想改变它们，几乎难于上青天。而如果不能建立新的与合伙人制度相匹配的管理体系，仅仅是推行单纯的股权激励计划，不仅不会取得效果，而且一定有损企业或股东的利益与价值。

2015年，我们接触过江苏常州的一家处于这一阶段的公司。该公司的老板为了解决公司的发展问题，决定倾注公司的核心资源来发展新的业务。但是，该公司不是计划在新的事业体内部实行合伙人制度，而是决定在老的业务领域来推行合伙人制度。具体计划是，把公司的旧厂房、设备、库存积压产品、销售渠道资源、应收款和品牌核算为公司的净资产，并要求老的业务领域里的人才们，总共出资占比30%成为公司的合伙人。我们在听说该公司的这一计划后，立即意识到，这是一种"心术不正"的利用合伙人制度之名来"甩包袱"的做法，因而我们断然拒绝了为该公司提供咨询项目服务。后来，听说这家企业还是推出了既定计划，只是没有人响应，最终不了了之。

处于这一阶段的企业，要想成功导入合伙人制度，只有这样的路径可供选择：放弃在母体公司或旧业务机体内实行合伙人制度的幻想，而应是通过内部业务重组、自主投资新业务或并购外部业务等方式，成立新的事业部或子公司，进而在新的事业部或子公司（而绝不是在老旧业务体内）实行本书所主张的共利型人才管理模式。只有如此，才有可能东山再起。

10.5 共利型组织的设计流程

如果你公司决定自力更生地完成共利型组织设计，我们认为，你有必要按照下文介绍的流程来推进合伙人制度的全案设计工作。这一流程建议，来源于我们为大量客户企业提供合伙人制度建设项目咨询服务的实操经验。有必要警告性地指出：如果为追求速成而不按照这一流程来推进，或省略掉其中的某些步骤，将极有可能留下制度性缺陷或隐患。

通常，一家单体公司标准的共利型组织设计，最终需要输出七份核心管理文件：《合伙事业梦想与业务逻辑》《合伙人文化守则》《合伙人身份层级定义标准》《合伙人章程》《合伙人贡献管理标准》《合伙人股权协议书》和《合伙人一致行动协议》。此七份核心管理文件就是基于下述步骤来逐步完成的。我们认为，你公司在设计合伙人制度时，最终也应输出这七份管理文件。

步骤一：项目调研。

这一步骤需要用到的时间长短，视公司决策团队的人数、计划纳入合伙人序列的人才数量以及大家对合伙人制度的理解程度而有所不同。这一步骤要达成的目的是：充分了解公司创始人团队希望建立起怎样的合伙人制度，以及每一位计划纳入合伙人序列的人才对公司战略、商业模式、发展前景、组织与人才管理、公司推行合伙人制度等各方面的看法或疑虑，同时还有必要对每一位计划纳入合伙人序列的人才的能力现状及发展潜力进行必要评估。在针对创始人团队进行调研时，最好是集中开会研讨合伙人制度涉及的所有重大敏感内容；而在针对计划纳入合伙人序列的人才进行调研时，最好是一对一沟通。

即便公司中承担合伙人制度设计责任的人员已经比较了解上述调研

对象，在设计合伙人制度之前也很有必要进行这一步骤的活动，因为通过这一步骤的活动，可以向公司里的全体员工明确发出这样两条信息：①公司正在计划推行合伙人制度；②公司设计合伙人制度是十分审慎的。通过传达这两条信息，所有"要求上进"的人才都将被激励到，因为这一步骤的潜台词是，只有那些表现良好的人才才有可能被纳入合伙人序列。

有一点需要特别强调，就是在针对计划纳入合伙人序列的人员进行调研访谈时，一定要明确告知每一位受访者：本次被访谈的人才并不必然成为公司的合伙人，没有被访谈的人才也并不必然不能成为公司的合伙人，访谈只是了解大家的相关观点和看法，最终将以什么标准来甄选合伙人，一切尚在未定之中。

步骤二：研讨公司的合伙事业梦想、逻辑和文化。

在经过上一步骤的调研之后，无论大家对公司建立合伙人制度持有怎样的看法、观点和建议，均不要立即着手进行股权激励方案设计，而应在调研活动完成后，立即组织公司的核心管理团队，来对公司的合伙事业梦想、逻辑和文化进行充分研讨，并最终输出大家一致认同的合伙事业梦想、逻辑和文化守则。

可能有人会认为，本公司已经有了确定的愿景、使命、价值观，因而没有必要进行这一步骤的研讨。我们认为，即便你公司已经有了明确的愿景、使命和价值观，也很有必要十分正式地进行这一步骤的活动。因为，在设计合伙人制度时，这一步骤的研讨异常关键。其关键性表现在，合伙人制度是面向未来的，只有通过群策群力的方式，把公司合伙事业的梦想、逻辑和文化梳理得更加清晰，才能让大家更加充分地意识到成为公司合伙人的价值与意义，并且避免大家在持股数量/比例、股份定价、行权期限、行权条件和股份分红等具体的细节上斤斤计较。

一般的单体公司，只需要花上一天左右的时间就能完成这一步骤；

如果一家公司此前并没有明确有效的愿景、使命、价值观，那么需要花费的时间可能会稍长些。

需要特别注意的是，许多公司已经习惯了大老板"一言堂"，也就是说，由大老板一人来定义公司的梦想、逻辑和文化。还有一些公司可能会认为，人才们并不是很关心公司的梦想、逻辑和文化，让他们参与研讨可能还不如由大老板一个人说了算。我们认为，这些观点或想法是武断的，也是低估了团队智慧的。我们的经验显示，任何一家公司的中高管团队中所蕴藏的经营管理智慧，通常远远超过了老板们的想象，关键问题是，要如何调动团队的积极性以及萃取出他们的智慧。除此之外，老板们还有必要知道，让公司未来的合伙人参与公司重大事务的研讨与决策，将会相应地提升他们的责任感，也是对团队的最高境界的激励（真正优秀的高层级人才，更为关心公司的未来以及如何走向未来）。

步骤三：研讨梳理公司的合伙人定义标准。

在经历了上述两个步骤之后，也还依然没有到进行股权激励方案设计的阶段，而应是组织公司核心管理团队继续开会。这一阶段的会议一般有两个主题：一是进行必要的培训（有些公司会要求其核心团队成员在会前认真阅读相关书籍），二是对公司的职务/职级及进阶体系进行设计。后一项议程的目的是，定义公司各岗位人员所处的层级，并以此认定哪些岗位的人才将成为公司哪个层级的合伙人，以及哪些岗位的人才暂时尚不能成为公司的合伙人。

通常，这一环节会使与会者意识到两点：其一，推行合伙人制度是一件十分重大的事情，既关系到公司的长远发展，也关系到每一位人才的切身和长期利益；其二，要让大家知道，虽然公司的大量岗位人员暂时无缘进入合伙人序列，但这种规划同时向公司所有员工指明了他们在公司的职业发展通道（最多可设计出四条职业通道：管理线、技术线、支持线和销售线）。

现实中，绝大多数大中型公司已经有了类似的职务/职级及进阶体系，并且大多数公司在决定推行合伙人制度时，老板的心目中已经有了明确的合伙人人选。在这两种情况下，是不是就意味着无需定义合伙人的选拔标准了呢？我们认为，即便如此，也有必要通过核心团队的民主研讨，来定义公司的合伙人选拔标准。有以下四点理由。

其一，通过这种方式，向那些暂时没有成为公司合伙人的人才们说明落选的理由。否则，虽然激励到了一部分入选的人才，却可能严重打击到另一部分"强烈要求上进"的人才，而这些人才极有可能是公司未来发展的中坚力量。

其二，即便是同一级别的人才，所授予的股份也未必都应该是一样的。因为，同一级别的人才，其个人综合素质、服务年限、对公司的历史贡献等方面可能会有所不同，在人力资源市场上的稀缺程度可能也是不一样的，故而不宜授予相同的股份。

其三，有了标准，等于向人才们明确表示"一切都是在按标准办事"，这样可以减少人才们对老板的猜测，以及避免人才们对公司产生不信任感。

最后，可以借此向全体员工表明，公司还将逐步吸纳更多的优秀人才进入到合伙人序列中来，每一个人都可以努力争取成为公司的合伙人。

步骤四：股权激励方案设计。

在经过了上述三个步骤之后，便进入到股权激励方案的设计阶段。我们的经验显示，小规模的公司，通常只需要两周时间就可以完成股权激励方案的设计；中型规模的公司，通常需要一个月左右的时间才能完成这一环节的工作；股权结构复杂以及涉及的合伙对象人数众多的公司，这一环节的工作则可能需要一个月以上的时间。

在这一阶段，必须清晰明确地回答十个方面的股权激励相关问题：①用于激励人才的股份性质（实股或虚股）；②持股平台及相关管理规则；③行权期限及行权条件；④各种情形下的股份定价与购股原则；⑤股份分红和增量奖励原则；⑥各种情形下的股份退出和转让原则；⑦股份增减持原则；⑧合伙人行为"红线"原则；⑨合伙人贡献考核与股份相关利益挂钩原则；⑩合伙人委员会组建与运行相关规则。

股权激励方案在设计过程中，一般需要首先反复征求公司股东和最高决策者的意见，在获得他们的一致认可后，再征求核心管理层成员的意见，最后才征求计划/决定纳入合伙人序列的人才们的意见。

需要特别提醒的是，许多公司都有法律顾问，并且有的老板有证券、审计行业的朋友，因而他们在设计员工股权激励方案时，会请法律顾问或证券、审计行业的朋友提出意见，或干脆请他们代劳。这没有什么对错之分。问题只在于，如果受托的律师或证券、审计行业人士不擅长公司的经营管理，那么他们设计（或参与设计）的员工股权激励方案，可能在合规上不存在任何瑕疵，而且操作起来可能会十分简单，但却未必有利于公司的经营管理改善。毕竟，公司做股权激励的根本目的，是为了促使或迫使人才们持续地为公司创造最大化价值，进而人才们才能从合伙事业中得到更多，也只有如此，才是对人才们真正有效的激励。仅仅关注到制度的"合规"，而忽视了制度对公司经营管理的促进，可能是舍本逐末的做法。

此外，如果公司的薪酬体系存在缺陷，在这一阶段还有必要对公司的薪酬体系进行必要的优化。当然，也可在合伙人制度正式公布实施之后，再回过头来优化公司的薪酬体系。

步骤五：制定合伙人贡献管理标准。

在完成股权激励方案设计以后，有必要针对每一位入选合伙人设计出对其贡献进行考核的标准，并且要明确说明，将考核结果与每一位合伙人的股份行权、增量奖励、股份增减持以及合伙人身份升降挂钩的具体原则和方法。

现实中每一家公司都有既定的绩效管理标准。这是不是意味着，只要运用现行的绩效考核办法来考核合伙人的贡献就可以了呢？我们的观点是，对许多公司来说，可能需要优化其绩效考核办法，才能让绩效考核结果与合伙人的股份相关利益进行高度挂钩，因为如果公司现行的绩效管理办法存在缺陷，那么将其考核结果与合伙人的股份相关利益进行高度挂钩，将势必导致一系列的问题。我们建议大家参考本书第8~9章的相关内容，来设计适用于本公司的合伙人贡献管理标准。

我们的经验显示，公司在推行合伙人制度的初期（通常是半年到一年内），最好只针对持有股份的合伙人进行贡献考核，待所有合伙人熟悉了的贡献考核体系，并尝到甜头以后，再逐步将相似的贡献考核办法覆盖到公司全员。

步骤六：最终审议合伙人制度全案文件。

在完成上述合伙人贡献管理标准制定之后，公司合伙人制度体系的基础性文件也就全部出来了。这时，相关责任人就应该着手将以上五个步骤中形成的成果，进一步呈现为七份正式的核心管理文件：《合伙事业梦想与业务逻辑》《合伙人文化守则》《合伙人身份层级定义标准》《合伙人章程》《合伙人贡献管理标准》《合伙人股权协议书》和《合伙人一致行动协议》。

上述全部七份核心文件形成以后，首先要在公司最高决策层进行审议，审议通过后也就形成了组织决议。之后，应集中公司所有计划/决定吸纳为合伙人的人员以及部分员工代表（计划下一批纳入合伙人序列的优秀人才），对所有文件进行逐一宣讲。

宣讲完毕后，还应经历这样一个环节：现场发给每一位有资格进入合伙人序列的人员一份《合伙人申请书》，并说明只有签字确认并提交了申请书才可以成为合伙人，不提交申请书意味着放弃合伙人资格。让合伙人提交申请书有两层意义：一是体现合伙人制度的严肃性，二是表明所有合伙人都是自愿成为公司合伙人的。

步骤七：举行合伙人制度启动暨签约仪式。

在完成上一步骤以后，公司应选择一个"黄道吉日"，隆重举行"合伙人制度启动暨签约仪式"。我们一般建议，应选择一家高大上的星级酒店或高档会议场所举行仪式，目的是营造最佳氛围，以最大化地振奋人心。仪式的核心议程依次是：①公司领导讲话；②宣布公司合伙人名单；③公司领导与所有合伙人逐一现场签约（签订两份事前准备好的文件：《合伙人股权协议书》和《合伙人一致行动协议》）并颁发象征合伙人身份地位的证书及铭牌；④合伙人代表发表感言；⑤公司领导宣布合伙人制度正式启动。完成上述步骤大约需要3小时左右。

通常，我们为其提供合伙人制度全案咨询服务的客户企业，在上述仪式结束后，还会进行一场为期半天的培训活动。培训主题为《合伙人的自我修养》，目的是明确告知每一位合伙人，他们已经不再是普通的雇员，而是公司的合伙人了；作为公司的合伙人，他们应该具备怎样的心态、思维、行为和能力等等。

至此，公司合伙人制度的设计部分正式完成，但这仅仅意味着公司的合伙事业有了一个良好开端，要让合伙人制度成为持续推动公司发展的发动机，在未来制度执行过程中，还将有大量的工作要做。最重要的工作便是，如何通过本书第9章介绍的绩效贡献管理体系来倒逼每一位合伙人持续地学习和成长。只有合伙人得到了持续的成长，公司才能得到更好的发展，合伙人才能从合伙事业中收获到应有的工作回报，也只有这样，才是在真正地实现共利。

第 11 章
中国企业为什么会选择"共利模式"

◇ 11.1　中国企业特质与共利模式选择

◇ 11.2　传统文化与共利模式选择

◇ 11.3　现实国情与共利模式选择

◇ 11.4　共利模式的社会价值

在本书第4章第二节，我们大胆地提出了这样一个观点：共利型人才管理模式是由中国企业有意无意创造出来的。尽管在那一节我们已经给出了"粗线条"的证据，但相信仍然有许多读者对此观点是高度存疑的。因此，我们特地在本书的最后一章就此展开必要的进一步论述。

阅读本章，读者将了解到，大量的中国企业在"利他时代"到来之后，之所以会选择"共利型人才管理模式"，除了本书第4章已经论述过的原因之外，还与中国企业的个性特质、中国传统文化和中国现实国情有着复杂的因果关系。

▶ 11.1 中国企业特质与共利模式选择

为什么许多中国企业在利他时代到来后，会不约而同地选择共利型人才管理模式呢？要回答这一问题，我们有必要站在历史的高度，了解一下中国企业在崛起过程中个性化的经营与管理策略选择。

中国的管理学者们长期以来，一直是把西方企业的经营管理思想及方法视为神明的，即一直在基于西方企业的经营管理理论与经验，在为中国企业的经营管理出谋划策；中国企业的经营者们，在过去40年以来的大多数时间里，也一直是在努力学习西方企业的经营管理思想和实践经验。这一点或许是值得肯定的，因为中国在过去40年的发展壮大与崛起,在极大程度上得益于中国企业敢于和善于向西方企业学习。但同时有必要看到,中国企业并没有亦步亦趋地机械式地向西方企业学习,而是只学习对强化自身竞争力有用的方面,并在学习的过程中不断发展自身不同于西方企业的东西,这才是中国企业崛起的核心经验之所在,也是中国企业有意无意地创造出共利型人才管理模式的核心原因之一。

中国式"竞争战法"

20世纪90年代,随着大批西方跨国公司纷纷投资中国市场,有一种舆论焦点一直在伴随着中国企业的成长。这个舆论焦点就是"狼来了",即面对蜂拥而至的各个方面都实力强大的西方跨国公司(一群"狼"),在资金、技术、管理等各个方面都十分落后的中国企业(一群"羊")将会必然成为经济全球化的牺牲品。然而,在这种舆论声浪中,众多的中国企业不但没有被凶狠的西方跨国公司"吃掉",反而成长了起来,甚至有越来越多的中国企业已经成长为了跨国公司,成为令那些老牌西方跨国公司不能忽视,甚至于不得不审慎应对的一股力量。

2006年,本书作者之一张诗信的《第4次营销浪潮》出版。该书将中国企业没有被西方跨国公司打败抑或是中国企业崛起的经验,总结为了五大"竞争战法",它们分别是"西学中用""盲者先动""低价竞争""先战后变"和"先低后高"(见图11-1)。其中的"低价竞争",既是中国企业在竞争中屡试不爽的"撒手锏",也是中国企业倒逼自身在经营与管理上不断自我超越的"抓手"。该书将这一套"竞争战法"称为"中国式竞争理论"。以下是书中相关论述的节选。

图11-1 中国式竞争理论：五大"竞争战法"

（图中文字：西学中用、先低后高、盲者先动、低价竞争、先战后变、五大竞争战法）

这套"中国式竞争理论"，也许是中国人的传统智慧在现代商战中的具体表现的一个侧面。下面我们分别来看看五种"竞争战法"各自所承载的内容。

战法1：西学中用。

面对西方的经营理论和成功企业，中国企业一直是十分谦卑的。过去二十年，几乎没有一家中国企业敢说它的经营与管理达到了西方教科书的要求，也没有哪一家中国企业敢说自己在经营管理方面做得比西方跨国公司还要优秀。那时的中国企业不但没有这种自信，而且对西方的经营管理理论、西方企业的实践经验和西方著名企业的高级经理人士（包括在西方跨国公司待过一段时间的中国人）表现得从来就是打心底里崇拜的……

然而，学习归学习、敬奉归敬奉，中国企业在实际经营过程中，却并不是完全照搬西方教科书上的理论和西方跨国公司的经验。中国企业习惯于只选取来自西方的理论和经验中的那些可以"立竿见影"的部分来创造性地加以运用，并因为是创造性地运用，其学习行为和结果本身往往超越了西方理论和经验。比如，西方理论家和企业都十分强调品牌的作用，中国企业便因之有了极强的品牌意识，也试图通过建立强势品牌来获得更多的市场机会和价值。但是，中国企业在过去大多数时间里的品牌意识，是与广告宣传意识划等号的。所以，迄今为止，多数中国企业一谈到做品牌，就立即想到的是大批量地在强势媒体上投放广告。海尔的张瑞敏就曾这样认为：所谓"做品牌"，就是给产品定一个高价，然后大量做广告。这种看法，在中国企业家中间很有代表性。又比如，中国企业都认为西方的关系营销理论非常好，但中国企业所实践的关系营销，与西方企业所实践的关系营销有极大的不同。西方企业的关系营销是建立在市场价值互换基础之上的关系营销，中国企业的关系营销是建立在中国传统的"人情味"和"灰度智慧"基础之上的关系营销。再比如，在西方营销理论和企业经验中，差异化定价是一种有效的营销策略。中国企业也对此心领神会。但中国企业所理解的差异化定价，主要是用低价产品冲击竞争对手的市场，以使自己从市场上获得机会与好处。

总之，中国企业虽然在思想上是崇拜西方的理论和经验的，但在实际的经营过程中，却并不完全按照西方的理论和经验，因为中国企业追求的是"实用性"：哪一招更好学，在短期内更见效，就学习哪一招，而且一定会与中国的国情相结合。这样一来，中国企业便很容易在学习西方的理论和经验中，创造出属于自己的经营智慧和方法来。

这不是对中国企业的讽刺。如果中国企业完全按照西方的理论和跨国公司创造的经验来经营管理，中国企业很可能无论从哪一点来说都无法与跨国公司较量，或者说较量中必然败下阵来。在这种情况下，中国企业善于把从西方的理论和经验中学来的知识，创造性地应用于自身的经营管理实践中，从而创造出自己的竞争战法，可谓是一种有效的且了不起的做法，尽管这种做法一直在被大量的"理论家"所批评。

战法2：盲者先动。

迄今为止，99.9%的西方企业和中国企业所采取的商业逻辑，都是建立在双重博弈思维模式基础之上的。博弈每时每刻都在两条战线上展开。一是供求链条上的交易博弈，即供应商与生产商之间的博弈、生产商与商业企业之间的博弈、商业企业与消费者之间的博弈。二是同业企业之间的竞争博弈，即相互竞争的企业之间，为了获得更多的交易机会和利益，而竞相使用各种各样的策略和技巧。交易博弈和竞争博弈是一种相互推动、互为因果的关系：由于存在交易博弈，竞争博弈才呈现出刀光剑影；由于存在竞争博弈，交易博弈的技法才不断推陈出新；并且，来自竞争博弈的力量总是在不断加剧交易博弈的强度，来自交易博弈的力量又总是在加剧竞争博弈的强度，周而复始。由于这两种博弈形影相随、相互推动，所以我们又将它们称为"双重博弈"。

尽管都是博弈，但中国企业与西方企业有一个很大的不同就是，西方企业在博弈中的行为较多地表现为"理性"，而中国企业在博弈中的行为经常被批评为"非理性"。批评者一般认为：西方企业在博弈中的理性与中国企业在博弈中的非理性表现在，西方企业的交易行为是建立在"科学"地分析了各个方面的情况后采取的行动，中国企业的交易行为则是建立在"感觉"基础之上而采取的行动。打个比方说，在以什么样的价格销售产品这个问题上，西方企业往往会用数据说话，它们会充分分析买方心理和行为、竞争者心理和行为、市场供求变量、自身产品的成本等等，而后再做定价决策，它们之所以能够这么做，是因为西方人一直以来都比较崇尚科学和理性，它们在发展过程中十分注重各种历史数据的积累和科学分析工具的应用。而中国企业则正好相反，由于在历史上，中国人不大崇尚科学，缺乏科学的理性思维，中国企业一直不大习惯于积累各种数据，也不喜欢使用科学分析工具，因而中国企业在商业博弈中，往往搞不清楚买方心理和行为、竞争者心理和行为、市场供求变量等等，也不清楚自身产品的确切成本是多少。在这种情况下，西方企业会因为"心中有数"而按"原则"定价，而中国企业则由于眼前"一抹黑"而采取"随行就市定价法"。但所谓"随行就市定价法"，却并不是完全依据现实的交易行情来定价的，而更多的是在"提前交易心理"驱使下的定价，即由于中国企业在交易过程中，对市场供求变量、购买者心理和行为、竞争者心理和行为以及自身的成本都不能确切地了解，故而它们总是害怕机会有限，或机会被竞争者先行抢去，于是它们会提前采取行为，如率先降价销售。

中国企业在商业博弈过程中的这种非理性行为，早期（2000年以前）主要不是表现在与跨国公司之间的博弈中，而是表现在国内企业之间。比如，每年空调销售旺季还没有到来，总会有空调企业率先发动价格战，根本原因就是它们不知道对手会采取什么策略，不知道市场需求有多大，也不知道当年天气情况会怎样（空调业靠老天爷吃饭）等等。由于什么都不甚了解，便必然会害怕在竞争中失势，于是就多半会率先采取行动。这就是"盲者先动"策略的来源。

中国企业在经营方面所表现出的"盲者先动"战术，在商业活动中无处不在。比如，当A企业看到B企业的促销活动做得有声有色时，便以为对自身构成了威胁，以为对方获得了很大的利益，于是A企业会炮制出一场轰轰烈烈的促销活动来。也可能B企业的这次促销活动是劳民伤财、毫无成效的，但A企业并不知道。A企业之所以要炮制一场轰轰烈烈的促销活动，是建立在对B企业的促销活动的效果不了解因而"害怕"这个基础之上的。又比如，B企业看到C企业出了一款新产品，做了大量的广告，便以为C企业的这个新产品将会为C企业赚很多的钱，因而B企业就会推出一款"更新"的产品，与C企业对台吆喝。也可能C企业的这种新产品的市场潜力极小，根本就没有什么销量，B企业之所以也会推出一款类似的新品来，就是因为它对C企业的那一新产品的相关情况是无知的。

中国的许多产业市场之所以刚刚启动，很快就达到了供求平衡，刚刚供求平衡，很快又达到供过于求，在很大程度上就是与这种"盲者先动"竞争战法有关。许许多多的产业之所以昨天还盈利丰厚，今天便只有微利，明天一定会出现无利润，也与中国企业的这种"盲者先动"竞争战法有关。

这同样不是对中国企业的讽刺。在瞎子与明眼人博弈过程中，如果瞎子不提前动手，便可能被明眼人打败；瞎子如果试图使自己成为明眼人以后再与对手博弈，他可能已经没有机会了。从这个意义上说，"盲者先动"不无其合情合理的一面。

战法3：低价竞争。

这是"地球人都知道"的中国企业的制胜战法。价格战，可以说是中国企业的"一指禅"，也是西方企业几乎无可模仿的"绝招"。在中国的武侠小说中，一般说来，十八般武艺样样都精通的武林高手，往往敌不过在一招上能够置人于死地的武林大侠。在商业竞争中的道理似乎也相似，尽管中国企业在总体实力和营销技术上，根本无法同西方公司相比拟，但中国企业有低价竞争这个"一指禅"绝招，便有了与西方企业博弈的能量。

20世纪80年代末期和90年代早期，日本和韩国的家电品牌在中国市场大行其道，中国家电企业的实力和营销技术，与日韩家电企业相比差了好几个等量级，但中国家电企业仅凭着"低价竞争"这一招，便收回了日韩家电企业一度称霸的中国家电市场。到了2000年左右，中国的日化洗涤用品企业、饮料企业也是靠着低价竞争，使一度在中国市场大行其道的国外企业，不得不向中国企业越来越多地出让原先由它们所占领的市场。现在，这一幕又在汽车业、电信业、日化业、工业品制造业、现代服务业、软件业等几乎所有的产业重演。

西方经营理论和跨国公司都不主张低价竞争。其实，中国绝大多数企业也不主张低价竞争，甚至习惯于采取低价竞争的中国企业，也从来都在说对低价竞争深恶痛绝，并辩护说自己之所以采取低价竞争实属被逼无奈。但是，中国企业却一直在使用低价竞争。而且，它几乎已经成为中国企业在全球市场竞争中的无往而不胜的利器。

中国企业之所以"钟情"于低价竞争，有多方面的原因：一是中国企业的人力成本低，打得起价格战；二是中国的大多数老百姓还不富有，低价产品有广泛的市场（其实发达的西方国家也何尝不是如此：

物美价廉，全球通行）；三是中国企业在其他能力上比不过别人，就只好使用此一招了。既打得起价格战，消费者又欢迎价格战，何乐而不用之！

因此，这同样不是对中国企业的讽刺。过去，企业界和管理理论界一直有一句至理名言，就是"追求利润最大化是企业的本质"，这种哲学也许将为中国企业所改变。运用低价竞争也不是中国人所独创，在20世纪70年代和80年代，日韩企业挑战欧美企业，打的也是这张牌，只是后来日本和韩国的制造成本高了，这一招逐渐失灵了……

战法4：先战后变。

这是中国企业参与市场竞争的另一个不是策略的策略，即大致看准了，就先干起来再说，在干的过程中不断改变干的方式方法。但所谓"看准了"，并不是说通过周密的分析、科学的论证，有了十足的把握，就大胆地去干，而是感觉到面临机会，觉察到通过努力有望成功，想象中跳下水去可能不会被淹死时，便先把事情做起来，在做的过程中，如果碰到了问题再做出改变。中国企业通常把这种行动方式和哲学，称之为"在战争中学习战争"。

这又是与西方经营理论和经验大相径庭的。在西方的经营理论和经验中，对未知市场领域要先花时间、花精力、花金钱弄明白，并在确保"战必胜，攻必克"的前提下再采取行动。所以，西方的经营理论特别注重调研、计划之类的"基本功"。

应该说，中国企业也是强调营销调研、营销计划的。只是，西方企业把它落实到了行动上，而中国企业却是大多数时候"只说不练"。所以，绝大多数中国企业，基本上不像西方企业那样做营销调研和营销计划，即便是一些年销售规模达到了上百亿元的企业，它们可能也有一纸营销调研报告，也有一纸营销计划书，但如果你用西方营销理论给出的标准进行衡量，一定会发现它们的营销调研数据是不全的，或是有水分的，它们的营销计划更多的是出于当权者的感觉和意志，而非周密计算后的行动安排。

中国企业的这种行动哲学，可能有三个来源。一是如前所述，由于中国历史文化使然，中国企业一直不大注重历史数据的积累和科学工具的应用，而做营销调研和做营销计划恰恰是需要历史数据和运用各种相关科学工具的。在这一点上西方跨国公司比中国企业做得"好"也就成为必然。二是做营销调研和营销计划，需要大量地耗费时间、人力、物力和金钱，中国企业往往没有这个能力，或即便有这个能力却不愿意"太过铺张"，更没有这个耐心。相比之下，西方跨国公司有实力并知道基础工作的重要性和价值。三是中国企业的规模相对较小，而且大多数企业又是老板亲自做主。规模相对小，意味着企业可以凭着个人的经验来把握和随时修正企业的行动方向和纲领；老板亲自做主，意味着营销行为置于老板的亲自控制之下，老板可以随心所欲。跨国公司则正好相反，它们的规模大，必须在科学研究基础之下周密地规划未来的行动，才能保证有一个好的结果；另一点就是，跨国公司大多是由职业经理人控制的，由于股东不直接控制公司，股东们要想掌控公司，就只有依靠科学工具了。

在戴着西方经营理论的"有色眼镜"的人来看，中国企业的"先战后变"战法无疑是"低劣"的，而且它注定中国企业要在经营方面重复地"交学费"。但这种"低劣"的战法在特定的情况下又是有效的，比如在市场环境十分动荡、市场前景十分不确定的情况下，这种营销思想会更加灵活。这恰恰是跨国公司在与中国企业（间接的）较量中，中国企业的一种优势之所在。所以，这同样不是对中国企业的讽刺。

战法5：先低后高。

"先低后高"战法（也可称为战略）是指，面对强大的竞争者，中国企业善于用中低端的产品、中低端的价格切入中低端市场，在中低端市场站稳脚跟后，进而进入高端市场。这是一种在中国市场弱者与强者竞争中屡试不爽的战法。

一般说来，大多数产品市场都有高中低三个层次，其中高端市场也最为有利可图，但高端市场从来就是实力强大企业的专利。因为实力强大的企业资金雄厚、技术先进和品牌响亮，它们更有能力和更愿意在高端市场"撇脂"。在这种情况下，实力弱小的公司要想到产业市场分一杯羹，便只能采取低端切入策略。又由于实力强大的公司资金雄厚、技术先进、品牌响亮，它们在市场上的作为，往往能够率先把市场培育起来。但是由于它们出于品牌形象和追求厚利的考虑，往往不愿意服务于中低端市场，尤其是低端市场。同时在多数情况下，低端市场的规模总是最大（中国市场尤其如此），这便给实力弱小的企业以中低端产品和价格切入市场提供了机会。由于中低端市场规模大，实力弱小的公司很容易在中低端市场取得成功。通常，原先服务于中低端市场的企业，当其在中低端市场站稳脚跟以后，出于形象和盈利的考虑，接下来便一定会向高端市场进发。

无论是消费品产业还是工业品领域，大量的中国企业都是依靠这一战法而逐步发展起来的。这一战法，可以说已经被中国企业演绎得无与伦比、炉火纯青。这里有两个关键的背景因素在起作用：一是由于中国的人口多，文化差异大，且绝大多数人不富有，因此中低端市场规模最为庞大；二是中国企业的制造成本相对低，凭着低价格很容易达到广泛的市场，所谓"一个便宜三个爱"。

中国企业的上述五大"竞争战法"，产生于20世纪90年代初以来的中国市场，并不是中国企业的"劣根性"使然，而是中国企业在因应经济全球化的过程中被迫选择的经营策略组合。这一策略组合之所以被选择，《第4次营销浪潮》一书中归纳了七条原因：①中国历史文化对中国企业行为的影响。②中国市场的庞大和机会的众多。③跨国公司对中国企业的压力。④中国消费市场的多样化。⑤中国营销渠道的复杂性。⑥营销方法的可选择性。⑦内部竞争多于外部竞争。

正是这七个方面（或许不止于这七个方面）原因的复合，现今成为中国企业创造中国式"竞争战法"的空气和土壤。限于篇幅，在此不再展开介绍。

但需要强调指出的是，前面描述的"中国式竞争战法"现今已经发生了变化。因为，不仅中国企业在运用这些竞争战法的过程中在不断地积累经验，随着中国企业规模的不断扩大，营销范围的不断扩大（如参与国际市场竞争），以及中国企业在技术方面的长足进步和中国企业经营环境的变化，已经有越来越多中国企业在较多地吸纳和运用西方跨国公司的"正规战法"；与此同时，由于中国市场的吸引力，使得西方跨国公司在中国市场与中国企业竞争和在国际市场与中国企业竞争的过程中，不得不重视、研究与适应中国式竞争战法，当西方跨国公司的经营策略因为中国式竞争战法而发生一定的变化时，其竞争策略本身将部分地注入中国企业竞争战法的内涵。

中国式人才管理策略选择

在谈论了中国企业的竞争战法之后，我们再回过头来看一看中国企业为什么选择"共利型人才管理模式"，而不是像西方公司那样选择"后交易型人才管理模式"。

尽管前述中国企业的竞争战法来自十六年前的观点，但有一点应该是能够大致获得大家的认同的，这便是总体而言，至少在2013年之前的二十多年时间里，中国企业之所以没有被西方跨国公司击败，反而在腥风血雨的残酷商战中得以立足与成长，甚至具有了全球竞争优势，至关重要的一点就是，中国企业一直在采取"低价竞争"策略参与国内和国际市场竞争，并且至今仍然在运用这一策略。

那么，接下来的一个观点也就是成立的：中国企业的低价竞争策略之所以被有效运用，主要来源于中国企业的用人成本相对低廉，而这一点则又得益于中国社会长期存在的"人口红利",至少在2013年之前是这样的。

尽可能地追求较低的用人成本是全球所有企业的共性,这也是为什么当年有那么多的西方跨国公司要到中国设立工厂、销售公司或研发中心的核心原因之一,也同样是为什么在中国的人口红利不再以后,西方跨国公司纷纷关闭中国工厂、销售公司或研发中心的核心原因之一,同时也是众多中国公司近年来纷纷要到国外设立工厂、销售公司或研发中心的核心原因之一。然而,相对于西方跨国公司对低人力成本的追求,中国企业对低人力成本的追求更为本质或敏感,也是因此之故,中国企业在2013年左右起,走上了一条有别于西方跨国公司的人才管理之路。

谈到这一点,不得不首先谈一谈西方跨国公司在这方面的个性。西方跨国公司虽然也会在成本低廉的地区和国家开办工厂、销售公司或研发中心,但它们这一行为的背后是追求更高的利润。正如大家知道的那样,它们一贯采取的是"高端撇脂"战略,即在竞争中采取高定价策略,而之所以采取这一战略,是与它们拥有先进的技术、雄厚的资金和巨大的品牌影响力直接相关的。

"高端撇脂"战略下,西方跨国公司虽然也会追求相对较低的用人成本,但为了维持自身的形象、影响力以及运营效率,每进入一个国家或地区,它们还是会用高于本地人才市场平均价格的成本来获取当地的人力资源。这虽然从理论上讲会消耗掉一部分利润,但是由于销售和利润的增长,这部分成本在进入新市场的早期和中期是可以忽略不计的。因为在进入新市场的早期和中期,其销售增长最为迅速、获利最为丰厚,只有等到销售和利润双双持续降低,它们才会感受到较高的用人成本所带来的压力。不过,面对这一问题时,它们是有着既定策略予以应对的,这个既定策略便是,关闭用人成本较高的国家或地区业务,到新的用人成本更低的国家或地区继续开办工厂、销售公司或研发中心。

相比之下,中国企业则没有这份幸运。改革开放的前三十年间,中国企业在家门口遭遇了西方跨国公司。面对西方跨国公司雄厚的资金实力、强大的生产能力和产品技术能力，以及巨大的品牌影响力，中国企业只能采取前述低价竞争的策略来实现生存与发展。也正是从这个意义上说，西方跨国公司在乎用人成本的高低，是在乎盈利率的高低；而中国企业在乎用人成本的高低，则是在乎企业的生死存亡，因而低成本对于中国企业而言是性命攸关的。

也是因此之故，尽管中国企业一直试图学习西方跨国公司的经验，但过去四十年的几乎任何一个时期，总体上讲，中国企业大多都不敢采取西方跨国公司那样的高薪高福利的用人政策。即便在2013年左右，随着中国企业开始从中低端市场向中高端市场进军，因而急切地希望获得和保有优秀的人才，也有大量的中国企业在反复听到各路"和尚念经"之后，一度也尝试用更高的薪酬和福利，来吸引来自跨国公司"分流"出来的优秀人才，但在经过了无数的"血的教训"以后，中国企业最终还是回归到了"追求尽可能低的用人成本"这一理性上来（参见本书第4章的相关论述）。

但是，如果不能向优秀的人才开出较高的薪酬和福利条件，中国企业就无法获得和保留优秀的人才群体；不能获得和保留优秀的人才群体，企业的可持续发展就会存在问题。正当中国企业面临追求低成本用人与追求公司持续稳健发展之间的矛盾时，"股权激励"这一概念进入了中国企业家的视野，但随着时间推移和实践的深入，单纯股权激励的问题也大量地暴露了出来。在面对新的问题时，中国企业又操持起"权变"的法宝，最终使得中国企业有意无意地选择了"共利型人才管理模式"（参见本书第4章的相关论述）。

中国企业如此选择的背后，有一个考量就是：企业授予特定人才以股份，意味着企业便无需在当下支付直接的现金成本，而授予的股份对于人才们的价值究竟有多大，则取决于大家是否能够通过努力拼搏让企业的价值持续增加。换言之，中国大多数企业选择共利型人才管理模式，最初是充满"权变"考虑的，不过由于这一模式的性质使然，一旦被选择，便只能在这条道路上努力做到更好，而不能随便放弃。

以上论述，应该说比较清晰地表达了这样一个观点：共利型人才管理模式更像是中国企业的"专利"，甚至可以说，中国企业在人才管理方面拥有自己的主见，正是从有意无意地发现和创造"共利模式"（合伙人制度）开始的。

然而，必须提请大家注意的是，本节阐述中国企业的特质，只是中国企业选择共利型人才管理模式的原因之一。继续阅读随后两节的内容，大家将进一步了解到，许许多多的中国企业不约而同地选择共利型人才管理模式，还与中国的传统文化和现实国情有着千丝万缕的联系。

▶ 11.2 传统文化与共利模式选择

任何一个时代和任何一个民族的人们，其心理、思维和行为中，都有大量历史文化因素在发挥着作用。比如，现在正值2021年春节，此时此刻我（张诗信）在书写这段文字的同时，心里却有这样一个计划：写完这段文字后再过一会儿，我就要随同家人到亲戚家拜年了。与此同时，我一边喝着一位苏州朋友送给我的碧螺春，一边心里在想，昨天晚上聚餐时我不该喝那么多杏花村，直到现在还有些醉意。我想说的是，春节时携家人到亲朋好友家拜年、品茶、聚餐、喝酒，我们的这些行为，在极大程度上都是由传统文化主导的。事实上，此时此刻，当我用中文书写我想要表达的意思时，我的这一思维和行为的过程中，也是充斥着的中国传统文化因素的。

企业组织是由许多单一的个体组成的，在心理、思维和行为上，深受传统文化影响的个体，势必会在相应程度上影响企业组织的心理、思维和行为。一个简单的例子可以说明这一点：中国企业的人治色彩普遍较浓厚，因而许多民营企业一直无法建立起有效的制度文化，即便是建立起了看似健全的各种规章制度，但那些规章制度也是从属于人治文化的；当"人治与法治"发生冲突时，老板们便会自觉不自觉地"用人治的办法来解决法制的问题"。

我们认为，中国许多企业之所以倾向于选择共利型人才管理模式，在极大程度上可能与中国传统文化中的"帝王意识""家文化""抑商文化""机智文化"和"民本思想"等有深层次的和微妙的因果联系。

"帝王意识"的影响

中国有2000多年的封建历史，这导致了中国人历来就不缺乏"当头"的欲望，包括当皇帝、当霸王、当诸侯、当大臣、当"山大王"，当一个组织里的"皇帝"或"二皇帝"，等等。而且，许多人一旦成为了某种形式的"头"，无论大小，都会有一种在特定的人群中高人一等的感觉，因而我们见到，许多人手里一旦获得一星半点儿的权力，就会对人颐指气使，优越感十足。

但是，要想当"头"或当更大的"头"，并不是一件容易的事情，因为当许多人都想当"头"时，意味着竞争也就会激烈起来。于是，那些想当"头"的人，便有了一个基本的渴望，这便是希望有人追随自己，并臣服于自己、忠诚于自己。这种心理和追求，进而导致了中国企业在人才管理上有三个特点。一是渴望有能人追随自己，即便是极为平庸的老板，也希望有天才投奔到自己门下，对自己俯首帖耳、言听计从。二是特别强调员工对组织或老板的忠诚，这跟西方企业特别强调契约精神（用契约关系来替代人治化管理）有着鲜明区别。三是不明确表明员工努力工作能够得到什么，而是通过各种方式告诉员工，"只要好好干，我是不会亏待你（大家）的"。中国企业的管理文化与制度，也就因此而有了自己的"特色"。由此可见，传统的中国文化对中国企业的影响是深层次的、无意识的、无处不在的。

当然，中国企业家深层心理中存在的这种"帝王意识"或其变种，也有其积极的一面，即当中国企业家意识到，可以用来更好地解决人才的追随问题和忠诚问题时，他们在适当时机，选择具有"共利性质"的人才管理方式也就是顺理成章的事情了。

"家文化"的影响

中国有长达五千年的农耕文化。在农耕文化中，"家文化"是其核心。家文化的核心内容是以父辈家长为中心、以嫡长子继承制为基本原则的宗法制度，它包括家族成员之间相互关系的伦理道德规范、家族成员的行为规范，以及家族成员对自身、社会与家族关系的认知等等。传统的家文化对中国企业经营管理的影响几乎无处不在，既有消极的影响，也有积极的影响。

传统的家文化对企业经营管理的消极影响主要表现在，由于中国人存在浓厚的家文化意识，故而中国的大多数民营企业（尤其是家族企业）都很难建立起"所有权和经营权分离的现代企业制度"。因为，受传统家文化的熏陶和浸染，中国许多民营企业主往往不相信"外人"，即很难吸收优秀的非家族成员进入管理高层，企业的所有权和经营权大多集中在家族成员手中，这导致企业内形成了一个由家族成员为核心的团体，即便有非家族成员进入管理高层，其所享有的权力实际上也往往低于家族成员。这类企业处理内部人际关系问题时，常常也是从所在家庭、家族的利益出发，把亲情放在十分重要的位置，以至于在任用人才时，总会习惯性地觉得父子、兄弟、亲戚、族人最为可靠，正所谓"打虎亲兄弟，上阵父子兵"，因而把亲情、族情乃至乡情置于"公理"之上。这使得在一些家族企业内部，形成了"圈内人"与"圈外人"这两个"圈子"。不同的圈子在表面上采取的是相同的管理方式，而实际上两个圈子的隐性管理文化则有着微妙甚至是明显的不同：通常对"圈内人"采取的是随机的"人治"管理，而对"圈外人"则采取的是既定的规章制度名义下的"法治"管理。

不过，家文化对中国民营企业的经营管理也有积极影响。过去许多年以来，许多民营企业迫于现实压力，开始有意识地"去家族化"，甚至有许多民营企业刻意不让与自己有任何姻亲、血亲和沾亲带故关系的人员在公司任职，与此同时则刻意在公司中营造一种"家"的氛围，甚至有许多公司公开地将员工称为"家人"，更有大量的公司老板刻意抑或是真心地将一部分核心人才视为"亲信"或"心腹"。中国企业中的这种由"家文化"而衍生出来的人才治理意识，带来的一个效应是：既然那些被老板们认可的"家人""兄弟"如此重要，那么老板们便有理由善待他们，而善待他们（人才）的最佳方式或最新趋势，就是让他们持有公司的股份，以此把他们捆绑在自己的"战车"上，实现共担、共创、共享。

"抑商文化"的影响

众所周知，中国在漫长的封建社会，一直有着"重农轻商"的传统。所谓"士农工商"，"商"居末位，大致折射出了中国封建时代的国家治理思想。

"抑商文化"在古代出现的一个社会政治效应是，商人的社会地位较低。在治世，他们无法成为统治阶层，也无法在统治阶级中找到自己的代言人；而在乱世，商人因为没有地位，无法掌握军政大权，却拥有大量的财富，因而成为权势阶层或暴徒团伙率先侵害的对象。这意味着什么呢？这意味着在中国古代，商人们不能为所欲为，不敢过分作恶；相反，其行为必须符合统治阶层和社会大众的道德观念，才能保全自己的利益甚至身家性命。别小瞧了这一点，如果不是这样，即如果商人可以随便登上政治舞台，或者能够轻易在统治阶级中找到自己的代言人，那么他们的势力就会日渐壮大，他们也会像西方古代的有钱人一样"残酷剥削和压迫"民众。

抑商文化阻断了商人们获得政治权力的路径，于是商人们为求自保，便只有两种路子可走：一是尽可能地不得罪官府，二是尽可能地善待自己的伙计。前者是乱世商人们竞相奔走的路子，后者是无论乱世还是治世，商人们必走的路子。下面介绍的是中国古代晋商走第二路线的经验。

300多年前，中国历史上的晋商就发明了一种商号股东与员工之间的利益分配制度，叫做"身股制度"。它是晋商商号中一种特有的组织管理及利润分红制度。有研究者指出，晋商发明的这种制度在明末清初的晋商中间已经广为流行，这个制度直到1949年后才逐渐消失。

身股制度的大致内容是，把商号中的"股份"分为三种形式：银股、身股和财神股。

"银股"指财东（商号的出资人）在订立合约时的股资。如出资30万两，每万两为1股，则银股共为30股。"身股"是指商号中的掌柜（经理人员）以及资历深而又有功劳的伙计（职员）的报酬，也以"股份"的形式分配。"财神股"类似于现在的公积金。下面重点说说"身股"。

持有身股的掌柜或伙计无需出资，但在利润分配上却享有同银股一样的权利。在有些商号，掌柜或伙计去世后，每逢账期，已故的掌柜或有功伙计仍然按照其生前所拥有的身股参加1至3个账期的分红。

身股的分配依掌柜或伙计的资历不同而不同。一般而言，总号掌柜为1股，在与财东订立合约时，就写入合约内。伙计的身股则不在合约中列明，而是随着商号的经营发展而逐渐分配给那些工作时间较长和贡献较大的伙计。因此，随着时间的推移，身股的数量会渐次增多，甚至最终会多于银股。

晋商中的代表乔家大德通票号，其股份变迁就是晋商身股制度的一个很好的例子。根据记载，在1889年第一账期分红时，大德通票号有银股20股，身股9.7股，其中的身股分别为23名掌柜和伙计所持有。到1908年时，大德通票号的银股仍然是20股，但身股已经从9.7股上升到23.95股，拥有身股的掌柜和伙计也从23名增加到57名。

徐崇寿先生在其《晋人经商渊源与近代票号始末》中，对晋商实行的身股制度有过这样的评述："关于人力方面，除依例给年薪外，掌柜顶身股一份，其他同事及分号经理，由顶一厘起码，渐次亦可顶到一份。……大谱四年开张一次（即分红），所余纯益金，人银股平均分配，按尔时每次每一份约可分得白银万余两。如到年老不能任职，仍照旧分红，至病故后，照规定还可再分四年后一次红利。生前若对号有特殊功绩者，还可再继续分三五次不等。再如创办人有功绩，更可顶到永远股利，即只要原票庄字号存在营业，即可分红。"

晋商身股制的发展，也经历了一个从无到有、从短期到长期、从松散到稳定、从单一到多元的变迁，且不断因时因势变化的过程。学术界普遍将晋商身股制的发展历程划分为了三个阶段：合伙制→伙计制→身股制。

"合伙制"是身股制的初级阶段。它是晋商为了突破无固定地点、时间、货品的"小贩式"经营方式，而产生的出资者与经营者分离的经营模式。在合伙制模式中，出资者将一部分资本交与他人经营，并与经营者共同分享利润。

"伙计制"是身股制发展的中级阶段。它的中心内容是"东家出资，伙计经营"。这种制度解决了出资者面临的许多问题与矛盾，从而极大地促进了晋商的发展。因为在这种制度中，出资者并没有完全交出经营权，商号的经营与管理仍然由他们来决定，只是他们由于本身能力和精力有限，没有办法管理好所有的分号，因而不得不雇用伙计来为其经营分号，所以此时，股东与伙计属于不完全的委托代理关系。

"身股制"是身股制发展的高级阶段。随着晋商经营规模的不断扩大，管理权力的下放越来越多，出资者越来越需要有管理能力的伙计为其经营，有些财东甚至完全退出经营，而将商号的全部生意都交给掌柜和伙计管理，他们只是在期末参与分配商号的收益。在两权分离的管理模式中，股东作为委托人，只是负责提供票号所需要的生产要素和资本，并聘用代理人即大掌柜来经营票号。股东拥有选择、激励和约束代理人的权力，以及对少数重大事务的决策权，而大掌柜（经理人）则享有经营决策权、财务权与人事权等权力。

研究者普遍认为，晋商历经三百余年而不衰，与其所实行的身股制度有着十分直接的关系。而我们在此想说，晋商的身股制度是中国传统文化下劳资关系的一种最佳体现。

我们不能说当下已经推行了合伙人制度或股权激励计划的企业，都受到了上述晋商的启示。但是，有一点是可以肯定的，即在中国企业家的传统记忆中，善待员工不仅是持续有效的生财之道，也是自我保全之道，因为在抑商文化环境下，商人与其雇员的关系，在极大程度上决定了商人自身的利益和命运。

"机智文化"的影响

"机智文化"是我们杜撰的一个概念，我们想用它来表示中国传统文化养育出来的中国人的机智性和应变力。

《第4次营销浪潮》一书曾比较研究过中国企业与西方跨国公司在营销策略应用方面的区别，我们可以从中窥见中国人和中国企业的机巧。

中国企业擅长于用"非正式手法"运作销售渠道。中国企业运作销售渠道抑或是中国销售渠道的复杂性主要表现在三大方面：一是"灰度智慧"，二是"诡秘政策"，三是"人情营销"。这三个方面不仅是跨国公司很难适应的，而且使得跨国公司里的人看中国的销售渠道，从来就是一头雾水。

（1）灰度智慧。

我们先来看一个并非极端的例子——

中国家电业在20世纪90年代流行着一个叫做"模糊返利"的不成文的政策。所谓模糊返利，就是厂家在年终的时候根据自身的盈利情况、经销商的业绩、当年经销商销售厂家的产品赚钱多少等情况，从利润中拿出一部分对经销商进行奖励。但这种奖励不写在合同上，事前只口头说"可能奖，也可能不奖"，即使奖，奖多少也不说，所以叫模糊返利。模糊返利最初的一般处理办法是，将返还给商家的那一部分利润作为该商家下一销售年度的货款。后来，少数聪明的厂家对此进行了"创新"：不再将年终返利转为下一年度的货款（因为转货款是"公对公"的），而是到了年终的时候，直接将现款交到经销商老总手上，至于经销商的老总们是将之交给企业，还是自己装进腰包，还是同几个要害人物一道私分掉，厂家是不管的。由于这笔钱是不需开具发票的，这些厂家通常并不直接操作，而是让其各地的代理商代其行事。厂家的想法和意图非常明显：即便经销商是私营企业，其老总们将不将"返利"交公是一回事，但由于这笔钱是"意外"的收入、纯粹的利润，因而也具有激励其下一年度保持积极合作的功能；如果经销商（含零售商）是国营企业就有猫腻了，有些老总可能会同他的家电部门业务经理将这笔钱私分掉，甚至独吞这笔钱，厂家要的也就是这种效果，只要拿钱的那些老总没有把钱交公，下一年度该商家一定会优先向这些厂家打货款（家电业企业多半执行的是"先款后货"的销售政策），也一定会将更好的展位给这些厂家，并会在其他政策条件上对这些厂家进行特殊照顾。

这只是一个一斑窥豹的"灰度智慧"案例。类似的"灰度智慧"在中国生产商与经销商之间、代理商与二三级经销商之间一直都在不间断地和心照不宣地发生着。中国企业的这种"灰度智慧",最初令一向正统的跨国公司所不齿(国外的法律不允许企业这么做),后来跨国公司迫于中国的普遍"国情",也试图作出适应,但收效大多并不明显。因为,虽然许多跨国公司一直在推行所谓"本土化"策略,比如让更多的中国人出任公司的高层经理,但即便是那些来自中国本土的中国经理们深谙中国式销售渠道,想适应中国式销售渠道,但也不可能做到中国企业那么灵活。因为跨国公司有自己一贯的财务制度,不可能采取个人化的操作方式。即便跨国公司学着中国企业那样跟渠道商打交道,也只能学到皮毛,而很难学到精髓,因为跨国公司充其量只会允许在政策层面做有限的松动,而中国企业则可以根据中国市场的渠道特性,随时制定和采取360°的策略。

(2)诡秘政策。

与"灰度智慧"并驾齐驱的另一个中国销售渠道特色是"诡秘政策"。"诡秘政策",包括三个很"艺术"性的方面。第一种"艺术"是,虽然销售政策基本是统一的,但厂家在操控渠道时,却往往使每一家经销商都感到厂家的心眼是偏向了自己这一边的。这与中国人处理人际关系的"艺术"有关。有一个小故事能够说明这一点,说是某民工老板为调动工人的积极性,在每人的饭里都埋一块肉,每一个工人在吃到这块肉的时候,心想这是老板对他特殊的款待,其他人没有享受到这一特别的待遇。于是,每一个工人都默默地吃下肉,之后便拼命地为老板效力。中国生产商普遍善于同渠道商玩这种"艺术"。

第二种"艺术"是,中国企业在与渠道商打交道时,在政策方面总是会留一手。即不一次性把政策告诉渠道商,而是只告诉一部分,留一部分作为机动。比如,明明准备给经销商15%的折扣,但先只给10%,另外5%留作机动,并且让经销商知道后面还有,却又不告诉经销商后面还有多少(类似于上面列举的那个"模糊返利")。经销商知道生产商手中留有余地，但并不知道究竟有多少，于是不仅能够接受当期的10%的折扣，而且还会为得到后面的不知是多少的那部分政策而努力奋斗。

第三种"艺术"是，生产商随时可以根据不同经销商的"表现"，给予其特殊的政策，即所谓"政策之外的政策"。这个"政策之外的政策"有多少，通常连生产商自己也说不清楚。比如，某企业老板到区域市场走访经销商，有的经销商把生产商老板招待得十分好，在恰到火候的时候，经销商便会在生产商老板面前叫苦说没有赚到多少钱，或请生产商老板给予特别的关照。这时候，生产商老板则可能给他一些特殊的政策，如给这位经销商更多的畅销产品，减免这位经销商的某些费用，给这位经销商以更多的人员、促销和广告支持等等。

毫无疑问，在这一点上跨国公司是难于望中国企业之项背的。跨国公司做事的风格是"先小人后君子"，一就是一，二就是二，经销商经销跨国公司的产品，能赚多少钱，需要承担什么责任、义务和风险，一切的一切，事先都明确地写在合同里面。经销商能够获得多少利益，关键不在于经销商如何处理好与跨国公司里的某些个人的"关系"，而在于其实际业绩。然而，这里存在一个心理问题就是，普遍地讲（东方人和西方人应该都是如此），一清二楚的东西，在许多时候不如朦朦胧胧的东西对人更具诱惑力。这正如在感情上，越是到手的东西越是不被珍惜，得不到又有希望得到的往往更觉珍贵；阳光下的女人，总是没有月光下的女人美丽。这一点在中国的销售渠道上的表现就是，虽然经销跨国公司的产品可能最终获得的利益更大，但由于跨国公司在同中国的经销商打交道中太"实在"，反而在心理上不能对经销商更具吸引力。中国的经销商对自己的小聪明往往十分自信，他们都在绞尽脑汁地与生产商处理好关系，以便争取更多的利益，至于最终能否得到比经销跨国公司的产品更多的利益，通常并没有机会来比较和验证。这是跨国公司在中国市场面临的一个不小的悲哀。

（3）人情营销。

中国企业在与经销商打交道的过程中，具有很浓厚的中国式"人情"色彩，也表现在分销商与零售商、零售商与消费者打交道的过程中。"人情营销"在现实中的表现，与上述"灰度智慧"和"诡秘策略"是相辅相成的，"灰度智慧"和"诡秘政策"都是在"人情营销"的外衣下进行的。

"人情营销"的典型特征是，交易双方均十分看重与对方的"感情"，交易中的卖方一直在通过"感情投资"来争取与对方的交易与合作，而交易中的买方从骨子眼里相信只要与卖方的"感情到位"，就能从交易中获得较多的利益。有一种说法是，感情需要有利益来做支撑，有了利益就能产生感情，中国人也大多相信这个道理。但是，中国的经销商在实际经营中，更多时候又往往是倒着来理解这一哲理的，他们相信利益是建立在"情感"基础之上的，有了"情感"自然就有了利益，因为现实中的确存在大量的先有情感、后有利益的标杆性的成功案例。比如，某分销商由于处理好了与生产商的关系，在生产商的扶持下获得了区域总代理权力，于是便迅速发展了起来。

在中国的北方地区，往往会出现这样的一些让西方人更不能理解的行为。G品牌在某地区有A和B两家分销商。当初是A分销商介绍B分销商来做G品牌的。如果A分销商与G品牌的关系处理不好，不再经营G品牌，通常B分销商也可能会放弃G品牌。这不仅是因为B分销商是A分销商介绍来做G品牌的，还在于A分销商在退出G品牌的同时，会劝说B分销商也退出G品牌的经销，B分销商为了维持与A分销商的关系，一般也会考虑退出G品牌的经销。还有另一层原因就是，由于B分销商是A分销商介绍来做G品牌的，如果B分销商不退出，G品牌生产商很可能在以后会担心B分销商会背离，而提前对B分销商不信任。这是中国渠道复杂性的一个侧面。

在这一点上，跨国公司与中国企业相比又是处于"弱势地位"的。

由于跨国公司追求的大多是正式的管理方式,对中国式的"人情营销"往往极不理解、极不适应。跨国公司中的中国管理者,虽然可能熟谙中国式的"人情营销",但由于公司方面不能够在政策上给予支持,他们往往是"心有余而力不足"。

我们为什么要大篇幅地引用那本已经"过气"了的图书中的文字呢?这么做仅仅是想以此说明:中国人在经营管理企业方面是有着超高智慧的。上述中国企业在销售渠道策略运用方面的智慧,正好从一个侧面反映了中国人的经营管理智慧。这种智慧,有可能来源于中国传统军事思想中的"正奇理论"。

2000多年前的中国军事家孙武,在其所著的《孙子兵法·势篇》中这样写道:"凡战者,以正合,以奇胜。故善出奇者,无穷如天地,不竭如江海。终而复始,日月是也。死而复生,四时是也。声不过五,五声之变,不可胜听也;色不过五,五色之变,不可胜观也;味不过五,五味之变,不可胜尝也;战势不过奇正,奇正之变,不可胜穷也。奇正相生,如循环之无端,孰能穷之!"翻译成现代汉语就是——

作战时,要用"正"兵御敌,用"奇"兵取胜。所以善于出"奇"的将帅,其战法变化就像天地那样运行无穷,像江河那样奔流不竭。入而复出,如同日月的运转;去而又来,类似四季的更迭。乐音不过五个音阶,可是五个音阶的变化,就听不胜听;颜色不过五种色素,可是五种色素的变化,就看不胜看;滋味不过五样味素,可是五样味素的变化,就尝不胜尝。作战的形式不过"奇""正","奇""正"的变化,可以无穷无尽。"奇""正"相互转化,就像圆环一样,无始无终,谁能穷尽它呢?

这种"正奇智慧",可以说已经流淌在中国人的血液里。所以我们看到,中国企业一方面在全方位地学习西方企业"科学"的经营与管理方法,另一方面又绝对不会死板地学习西方企业的经营与管理方法,而是极善于把西方的企业管理理论与中国具体的市场和人文环境相结合，不断创造出属于自己的经营管理理论与方法。

我们同时想借此表达这样一个观点：中国企业在人才管理方面，也是既虚心向西方企业学习，但又不囿于西方人创造的人才管理理论，而是一直在因地制宜地探索着属于自己的、以实践为检验标准的理论与方法。

虽然我们在上文中已经指出，中国的晋商在300多年前便已经普遍对掌柜和伙计实行了股权激励，但我们相信，大多数中国企业之所以要推行合伙人制度或股权激励计划，则并不是因为晋商已有经验在先，而是来自西方企业在股权激励方面的经验对我们的启示。但是，中国企业在学习西方企业的相关经验时，又不是全盘照搬西方企业创造的相关经验，而一般做法是：拿过来经改造后再加以利用。比如，华为公司所推行的员工持股计划，最初就是参考玫琳凯公司的"虚拟股权激励"政策，但是华为公司最终实行的股权激励政策，在西方企业是根本就找不到的，因而，在2019年西方媒体质疑华为是中国政府控制的公司后，华为的高管和法律专家站出来公开了华为的股权结构，结果西方人根本就不相信那是真的，因为在华为的股权架构中，创始人任正非仅持有1%多一点的股份比例，这在西方人看来是完全不可思议的。

我们认为，许多中国企业运用股权来激励人才，最初只是一种"术"的考虑，相当于前文中的"用奇"，但是由于股权这个东西极为敏感，一旦白纸黑字相互约定下来，就不能随便更改了（除非向有利于人才的方向更改），否则就会导致人才们对企业的深度不信任，甚至会动摇企业的根基。因而，虽然大量的中国企业是把股权激励当作"出奇制胜"的"术"来运用的，但是用着用着便发现，将之作为"道"（即"正兵"）对企业的长远发展更为有利，于是越来越多的中国企业，便开始思谋着如何在这条道上行稳致远。这也是中国传统文化智慧的一种显现：奇可转正，正可变奇；正奇并用，变化万千；正奇之妙，制胜之道。

"民本思想"的影响

熟悉中国文化史的读者都知道,在长达数千年的奴隶社会和封建社会里,"民本思想"一直是各个朝代英明的统治者所遵循的最基本的治国理念。孟子的"民为贵,社稷次之,君为轻",五子(我国第一个朝代的建立者夏启的儿子,具体名字不明)的"民为邦本,本固邦宁",荀子的"水能载舟亦能覆舟",范仲淹的"先天下之忧而忧,后天下之乐而乐",等等,都是中国传统政治文化中民本思想的具体体现。

尽管各朝各代在动乱年代,推行这一治国理念的效果并不令人恭维,但在所有的治世,这一治国理念都有着良好的效果。特别是在盛世时期,几乎所有的古代君主都奉行了这样一种治国理念。比如在西汉初期出现的"文景之治"。这一时期到来之前,因为多年战乱导致社会经济凋敝,汉文帝和汉景帝及其大臣推崇黄老治术,采取"轻徭薄赋""与民休息""除田租税之半""劝课农桑,置三老、孝悌、力田"等政策,等等,都是民本思想的最佳体现。

我们认为,中国传统政治文化中"民本思想",很可能从三个方向在对中国现代企业的人才治理思想构成影响。其一,中国的企业家从小就熟知中国传统的民本思想,这一思想应该在他们后来经营管理企业的过程中,起到过潜移默化的作用。其二,中国企业里的中国员工也大多熟知这一思想,他们会基于这一思想,来评判企业经营管理者的好坏优劣,这有可能促使中国企业主不得不善待员工。其三,当代中国政府在继承这一传统的政治思想以后,进而直接或间接地要求中国企业必须善待员工,2007年出台的对中国企业有更严格要求的劳动法,可以说就是中国传统政治文化中的"民本思想"在现今新的历史条件下的具体体现。

11.3 现实国情与共利模式选择

在上一节，我们探讨了五个传统文化因素，对现实中的中国企业人才管理行为可能构成的间接影响。现在，我们再从另一个视角来看一看，中国社会的现实国情可能对中国企业人才管理行为构成的影响。

"现实国情"是一个极具"包容性"的概念，我们试图用它涵盖中国现实社会的方方面面。事实上，也是从逻辑上讲，中国企业的人才管理行为，一定会受到现实社会诸多因素的直接或间接影响，包括意识形态、政治体系、经济环境、舆论因素、地区及行业差异、教育因素、大众心理乃至人口因素等等。不过，出于多种考虑，在此我们仅谈其中三个方面的因素：社会主义的政治体制、多种经济成份并存和国家的战略导向。

社会主义的政治体制

中国实行的是社会主义政治制度。

在马克思主义学说传播到中国的一百多年来，中国共产党人把马克思主义的普遍真理同中国革命和建设事业的具体实践相结合，创造出了中国特有的政治制度，使得中国社会发生了沧桑巨变。与此同时，马克思主义理论（哲学、政治经济学和科学社会主义）深刻地影响了几代中国人的思维方式，因为每一个中国人从上小学开始，就在接受马克思主义教育、热爱中国共产党的教育和热爱社会主义中国的教育。

社会主义政治体制对中国企业人才管理行为的影响，主要是从三个方向上展开的。首先，用马克思主义武装起来的中国共产党和国家政府，是以"为人民服务"为根本宗旨的，这决定了中国的党和政府是不允许企业主有"残酷地剥削和压迫工人阶级"的行为的。1994年7月，中国出台了第一部《中华人民共和国劳动法》，它确立了企业管理员工的行为底线原则。2007年6月，中国又出台了新版《中华人民共和国劳动合同法》，这部当年被各界称为史上最严格和"超前"的法律，进一步体现了社会主义政体下党和政府的执政理念和意志，因为它大大抬高了企业管理员工的行为底线。

第二个方向的影响是看不见、摸不着的，但却可能是真实存在的，这便是在马克思主义教育以及爱国爱党教育中成长起来的中国企业家，特别是其中的共产党党员，以及那些被选举为各层级人大代表或政协委员的许多企业主们，他们在经营管理自己的企业时，会尽可能地避免剥削和压榨员工的行为。

第三个方向的影响也是看不见、摸不着的，但却同样可能是真实存在的，那就是中国企业里的广大员工的社会主义意识对企业的人才管理行为可能构成的影响。

多种经济成分并存

中国有三类性质的经济主体，分别是国有企业、民营企业和外资企业。这三大经济主体早期在人才管理上的各具特色，对中国企业的人才管理方式选择有过十分深远而又微妙的影响，并最终促使了中国企业（含国有和民营）倾向于选择共利型人才管理模式。

2013年之前，学历背景好的中国年轻人大多愿意到外资企业去工作，主要原因无非是两点：一是外资企业的薪酬普遍高于民营和国有企业；二是在当年"西风劲吹"的大时代背景下，人们普遍认为到外资企业工作很体面。然而，无事不在变化之中。最近十年来，外资企业的相对薪酬水平已经大不如从前，在外资企业工作已经不再值得骄傲和自豪了，这是因为，传统行业中的外资企业在中国的盈利状况总体上江河日下，外资企业内部的官僚化习气和残酷无情的职场竞争更是令人感到不安。因此之故，大量的外企人才过去十年间一直在向民营企业流动。

民营企业的薪酬水平总体上比国有企业要高，但却比外资企业要低。因而在十年之前，进不了外企和国企的人，只有选择到民企去工作。那时的民营企业面临的主要竞争对手是外资企业，而不是国有企业。因为，那个时候的国有企业，大多只在没有开放的行业谋求发展，民营企业没有资格与之竞争，外资企业和民营企业则在开放的行业市场相互"争食"。不过，由于那个时候民营企业无论是资金能力、技术能力、生产能力还是品牌影响力，都远不及外资企业，因而各个行业领域的高端市场都为外资企业所占有，外资企业的利润普遍十分丰厚，这也是外资企业愿意并敢于向其员工支付较高薪酬的原因之一。那时的民营企业，生存是比较艰难的，因为资金、技术、生产、品牌也包括人才群体的能力素质均不如外资企业，同行业中的众多民营企业便只能在中低端市场相互厮杀，结果是企业产品销售的单位毛利水平进一步降低，并且盈利预期也越来越难于确定，也是因此之故，中国民营企业只能向员工支付较低的薪酬和福利。

一个不争的事实是，在中国率先实行员工股权激励的是民营企业。在2000年左右，一部分转制而来的民企尝试股权激励；随后，一大批民企尝试股权激励；再后来，越来越多的民企实行股权激励；继而，在推行股权激励成为管理思潮之后，国家开始尝试在国有企业和国有混合改制企业推行股权激励。而今，中国境内除外资企业以外的众多企业，要么已经推行了员工股权激励，要么正在计划推行股权激励政策。

我们在此要表达的重点是，中国民企之所以在最近十年来有极高的热情来推行员工股权激励计划，是与民企试图以此方式引进人才有关的。早期，外企普遍采取的是高薪酬政策，民企基本上望尘莫及，因而那时的民企干脆也就不去与外企争夺人才了，"高素质人才"的竞争只发生在外企与外企之间。之后，随着民企的不断发展壮大，民企开始不断用"性价比"更高的产品来挤占此前属于外企的市场，外企的盈利因此逐步受到影响，因而外企的相对薪酬优势逐年降低。由于外企风光不再，大量的外企人才希望到民企寻求进一步的职业发展，而恰在此时，经营和管理需要不断转型升级的民企也希望大量引进来自外企的高素质人才，与此同时，像雨后春笋般冒出来的一大批新兴公司（绝大多数是民企）也把猎获人才的目光投向了外企。然而，民企一方面希望大量地引进有意愿"转战"民企工作的高素质人才，另一方面却又不愿意或没有能力向来自外企的人才支付高于外企的薪酬；同时，聪明的民营企业家知道，传统行业的外企之所以会在与中国民企的竞争中逐步由强势地位变为均势地位，恰恰与外企普遍长期推行的高薪酬政策有关。为避免重蹈外企的覆辙，也是在有了大量民企高薪引才失败的惨痛教训之后，越来越多的中国民企找到了一种"折中"的解决办法，这便是通过授予人才们以股权的方式，来解决既要引才和留才，又不能因此而冒险的问题。

国家的战略导向

过去三十年，特别是过去十年，党和政府越来越重视解决民众的就业问题、地区和城乡发展不平衡的问题、经济建设与环境保护的矛盾，进而又提出并实施了一系列重大战略，如乡村振兴战略、西部大开发战略、沿江经济带战略、高速公路和铁路网建设战略、"一带一路"倡议、"精准扶贫"战略等。这些国家级战略和倡议的出台与实施，带来的一个效应就是，制造了大量新的创业和就业机会，促进了人才的跨地区、跨行业、跨城乡流动与就业。

这一效应对绝大多数具体的企业而言，意味着人才流动率的上升，进而意味着企业不得不一方面努力保留现有的人才，另一方面不得不努力通过一切途径招聘人才。当几乎所有的企业都面临了相似的人才保留和招聘问题时，企业的用人成本和管理人才的难度，也就会因为产业和企业之间的人才竞争而不断攀升。在这种背景下，任何一家企业要想在人才竞争中至少不处于绝对劣势，摆在面前的便只有两种选择：要么采取本书所说的"后交易型人才管理模式"来解决人才的招用育留问题，要么采取本书所说的"共利型人才管理模式"来解决人才的招用育留问题。显然，一大批的中国企业直接选择了第二种模式，或者说在选择第一种模式碰壁后不得不选择第二种模式，只有极少数由于各种原因比较"牛气"的公司（比如联想公司）选择的是第一种人才管理模式。

11.4 共利模式的社会价值

迄今为止，一谈及合伙人制度或股权激励，人们便马上想到这是一种人才激励手段，有利于企业招聘和保留人才，有利于企业的长期发展，却很少有人谈论这种来自企业组织的人才管理行为，具有怎样的社会层面的价值。我们认为，企业实行合伙人制度或对特定员工实行股权激励，看似只是能够为企业的经营与管理带来一定好处的企业人才管理行为，但实际上却有着多层面的巨大社会价值。一是可以缓解日益突出的贫富矛盾问题，二是可以增加国家的经济活力，三是可以促进国家层面的人力资源开发。下面逐一进行提示性说明。

缓解贫富矛盾问题

贫富差距问题是一个世界性难题，不仅西方发达资本主义国家普遍存在这个难题，包括中国在内的众多发展中国家现在也面临了这个难题。造成贫富差距的原因有很多，其中最大的原因就是，国家越是追求经济发展，越是容易造成贫富差距。贫富差距问题解决起来难度特别大，因为采取任何一种方式来解决这一问题，其连续性后果都可能走向愿望的反面。

企业推行以股权激励为中心内容的共利型人才管理模式，假以时日，将不仅会在一定程度上缓解贫富差距的矛盾，而且还将会大大地促进社会财富的积累。这是因为，企业股东拿出一定比例的股份来激励员工时，员工通常需要以出资的方式获取公司股份，在这个意义上讲，企业股东向员工出售股份时，其利益不仅并没有受损，反而极有可能会因此而使他们的收益持续得到增加，因为采取这一政策以后，理论上讲员工们会更加努力地工作，这会导致公司的销售和利润增长，并且使公司的股票在一级或二级资本市场上增值。而对于员工来说，持有公司股份以后，他们的薪酬和福利至少可以维持在持股之前的水平（通常，随着公司的发展，员工的工资性收益和福利还会水涨船高），但却增加了获得股份分红、增量奖励和股份溢价收益的机会，而且只要他们在公司继续工作下去，这些机会会一直持续存在。

换言之，当全社会有更多的企业员工持有其所在公司的股份时，全社会也就在相应程度上和范围内实现了财富的再分配（符合"共同富裕"的国家战略），社会性贫富差距矛盾就可能会因之而得到相应缓解。此外，值得注意的是，当普遍的企业采取共利型人才管理模式，因而使一大批员工成为公司股份的持有者以后，还会带来一系列的其他社会效应。包括但不限于：持股员工的收入会持续增加，因而其消费能力（也包括其主要亲属的消费能力）会因此而提高；持股员工为了保有既得利益或争取更大利益而更加努力地学习与工作；持股员工的行为及其结果将激励更多的员工努力学习、奋发向上（以争取成为公司的合伙人）；等等。

增加国家的经济活力

过去几年，我们参与了上海华创教育研究院以科创企业的创业者为受训对象的EMBA项目。这一项目的受训者中有数以千计的创业者，其中的许多人是华为、阿里、万科、小米等公司的前合伙人或中高管。他们之所以敢于创业，是因为三点：其一，他们拥有创业所需的资金资本；其二，他们拥有创业所需的技术和管理能力；其三，他们拥有创业所需的人脉关系。而他们之所以拥有这三个方面的能力/资本或条件，在极大程度上是因为，他们在过去工作的公司大多是一定层级的合伙人（持有公司的股份），最重要的是，在他们创办或参与创办的公司中，几乎无一例外地都推行了合伙人制度（即采取了共利型人才管理模式）。

我们的观察显示，近十年来，在中国一二线城市创办公司的创业者中，大多数曾经在不同的公司担任过中高管或合伙人。这部分人之所以选择创业，主要是上面我们已经提及的三个原因。虽然乍看起来，某一位或多位公司的合伙人，最终选择自主或联合创业，这会给他们原来工作的公司造成一定的损失，但长期看来，这并不影响其原来工作过的公司的发展。有两点理由：其一，一旦一家公司按照本书所倡导的"1+4模型"构建起了共利型人才管理模式，那么这种模式会源源不断地为这家公司吸引到优秀的经营、技术和管理人才，在这个意义上说，少数合伙人选择离职创业，并不会影响公司的发展；其二，由于共利型人才管理模式具有快速造就优秀的经营、技术和管理人才的功能，当一部分人才因为这种模式而得到了成长，因而其个人的事业梦想发生了变化，而其所在的公司不再成为其实现梦想的最佳平台时，他们选择离开原来的公司转而创业，这是有利于社会资源的合理配置的。

如果说部分优秀人才离职创业，听起来多少有点令人感伤，那么我们观察到的另一种现象则可能会弥补这一遗憾，即现实中有大量的公司出于保留人才的考虑，会在公司内部为那些特别拔尖的具有经营能力/潜力的人才们提供"内部创业"机会，通常的做法是设立分/子公司，让那些特别拔尖的人才带领团队全权负责经营与管理。公司为了激励那些特别拔尖的人才及其团队成员，通常会拿出分/子公司的高比例（甚至高达30%左右）的股份授予给人才们。比如，我们在为苏州一家客户公司设计合伙人制度一年以后，由于人才们的快速成长和公司业务的快速发展，该公司进而要求我们为其设计"内部创业"计划，这个计划迄今已经让多位拔尖的人才成为公司的内部创业者。又比如，我们在山东有一家工程咨询行业的集团公司客户，其在请我们设计合伙人制度时，直接就将公司里的若干业务部门升级为了相对独立的事业部，而让这些业务部门的负责人直接"晋升"为事业部的经营者，从而实现了内部创业。

创业公司是国家科技发展新的希望所在，是增加就业的机会，预示着经济发展的未来。一个国家的创业公司特别是新兴的创业公司越多，这个国家的经济、科技和市场越是有活力。

2021年，有一个十分流行的词叫"躺平"。我们经常在讨论，什么人会躺平呢？答案是：看不到希望，因而没有梦想的人才会躺平。那么"希望"或"梦想"来自哪里呢？我们认为，就职业或事业希望而言，当一个社会中只有极少数的人拥有财富，大多数人只能为少数人打工，那么大多数人无论如何都只能获得有限的工资性收入，因而怎么奋斗也不可能获得更多财富时，便会有一大批人因为看不到希望或没有了梦想而躺平。为此，我们想：企业推行共利型人才管理模式，将会让更多的企业人才看到希望、拥有梦想，因而具有奋斗精神；假以时日，就会出现成千上万的人才自主创业、联合创业，或者在其所工作的公司实现内部创业，从而进一步激活国家经济的活力。

换言之，来自这一方向的经济活力的增加有两个来源：一是发源于部分"有野心"的人才离开原来工作的公司，而选择自主或联合创业；二是发源于企业为了保有人才，而创造条件让特定的人才实现内部创业。

促进国家层面的人力资源开发

一个国家有没有活力，有没有希望，在极大程度上，取决于这个国家广大民众受教育的程度和工作的斗志。

民众受教育的方式有两种：一是通过课堂式学习获得知识和能力，二是在工作过程中获得知识和能力。民众的工作斗志也有两个来源：一是内生的斗志，即当一个人希望实现其某种工作/职业/事业或人生目标时，他便会竭尽全力地为自身的目标而奋斗；二是来自外力作用后而生发的斗志，即当一个人所在的组织在给予他足够的利益诱惑，并对他提出严格的工作要求时，他为了保有或争取自身的利益，而不得不竭尽全力地满足组织的要求。

过去几年来，我们一直在讲，从工作态度上来说，员工可以分为四种类型：①三心二意工作的员工；②尽力而为工作的员工；③竭尽全力工作的员工；④向死而生工作的员工。我们的这一观点想要表达的意思是，作为一家公司的合伙人，最好要有"向死而生"的工作状态，起码要做到"竭尽全力"地工作，不可以只是"尽力而为"地工作，绝对不可以"三心二意"地工作。因而，我们所主张的共利型人才管理模式，有必要确保所有合伙人至少达到"竭尽全力工作"的状态。因为我们相信（事实也一再证明），当一个人达到竭尽全力或向死而生的工作状态时，他便会更快速地得到成长，其工作成果就会因为其成长而更加丰硕，进而他便会得到更多和更大的金钱、精神和机会回报。

事实上，在现实中，已经有大量推行了合伙人制度的企业，也是在这样要求其合伙人的，其中有部分企业已经做到了从顶层的制度设计层面上，来确保合伙人具备竭尽全力甚至于向死而生的工作斗志。我们想说的是，当众多的企业推行共利型人才管理模式，因而大量的优秀员工成为了公司股份的持有者时，这对国家层面的人力资源开发绝对是有利的。

中国企业之所以在过去二十年来能够快速崛起，除了中国有庞大的人口基数和巨大的市场机会及潜力以外，在相当程度上，与中国涌现出了大量的创业者、科技人才和管理人才有着密不可分的关系，也正是由于中国有大量的优秀经营者、科技人才和管理人才，中国企业才能在西方跨国公司的"围剿"中突围出来，并逐步脱颖而出。

我们想要进一步表明的是，当更多的中国企业采取并不断完善共利型人才管理模式时，这一模式极有可能在国家人力资源开发层面出现两种效应：一是可能激励和迫使数以千万计的优秀人才更进一步地得到成长，他们的成长将带来一系列怎么评价都不会过分的积极的社会效应；二是数以千万计的优秀人才成为其所在公司的合伙人以后，他们在普通人才大军中的"灯塔效应"，将激励数以亿计的普通人才或后备人才梯队，努力成为他们那样的被企业重视或重用的人才。当这两种效应出现时，对中国社会的发展意味着什么，将是不言而喻的。